Pépites

Français CM1
Livre unique

Coordonné par
Catherine Savadoux-Wojciechowski
Inspectrice de l'Éducation Nationale

Magali Caylat
Conseillère pédagogique

Laure Degoul
Conseillère pédagogique

Marie-Ange Maurouard
Professeur des écoles – Maître formateur

Sylvie Moussaoui
Conseillère pédagogique

MAGNARD
www.pepites.francais.magnard.fr

Sommaire Lecture • Écriture • Oral

Être capable de :

- Identifier le narrateur d'une histoire.
- Repérer le temps et le lieu dans un récit.
- Identifier les personnages.
- Comprendre les relations qui unissent les personnages.
- Justifier son point de vue.
- Exposer ses arguments.

Être capable de :

- Identifier les éléments d'une situation de communication :
  – qui parle ? à qui ? quand ? où ?
  – de quoi ? pourquoi ?
- Reconnaître les émotions exprimées.
- Préparer une lecture à voix haute.
- Lire un texte à haute voix avec fluidité et de manière expressive.

Être capable de :

- Identifier les actions.
- Déterminer le rôle des personnages dans l'action.
- Repérer les déplacements des personnages.
- Repérer l'enchaînement logique ou chronologique des actions.
- Saisir l'atmosphère d'un texte narratif.
- Produire un récit structuré à l'oral et à l'écrit.

Être capable de :

- Repérer ce qui est décrit.
- Repérer les éléments de la description.
- Repérer les mots qui donnent des précisions, des détails.
- Saisir l'atmosphère d'un texte descriptif.
- Décrire un document pour le présenter à la classe.

Être capable de :

- Repérer à qui s'adresse le texte.
- Identifier la forme des verbes utilisés.
- Identifier l'enchaînement des actions.
- Donner des consignes pour fabriquer un objet.

Être capable de :

- Identifier le lexique spécifique d'un thème.
- Identifier l'idée essentielle d'un texte.
- Identifier la chaîne des substituts.
- Identifier les liens de cause et de conséquence.
- Expliquer un raisonnement.
- Comprendre l'organisation d'une page documentaire.

✦ *Titre inscrit sur la liste de référence des œuvres de littérature pour le cycle 3.*

Sommaire **Lecture • Écriture • Oral**

7 Lire des poèmes

Être capable de :

- Identifier les spécificités du texte poétique.
- Comprendre ce qu'est un poète.
- Mémoriser un poème.
- Dire un poème de manière expressive.

8 Lire un roman policier œuvre intégrale

Être capable de :

- Lire un ouvrage en intégralité et le comprendre.
- Identifier les caractéristiques du récit policier.
- Reconnaître le personnage du détective.
- Utiliser les compétences travaillées au cours des différents chapitres.
- Présenter un travail à la classe en s'exprimant en phrases correctes et dans un vocabulaire approprié.

✦ *Titre inscrit sur la liste de référence des œuvres de littérature pour le cycle 3.*

Étude de la langue

GRAMMAIRE

CONJUGAISON

ORTHOGRAPHE

VOCABULAIRE

Ton manuel est divisé en 2 parties.

1 Lecture • Écriture • Oral

Cette partie est découpée en 8 chapitres.

Un **texte à lire**

Des premières questions pour **découvrir le texte**

Des activités pour t'aider à **bien comprendre le texte**

VOCABULAIRE Des questions pour **comprendre et enrichir ton vocabulaire**

DÉBAT Des moments de débat pour **échanger sur le sens du texte** avec la classe

Une activité d'écriture courte pour prolonger la lecture du texte

À la fin de chaque chapitre, tu trouveras :

une séquence d'expression orale

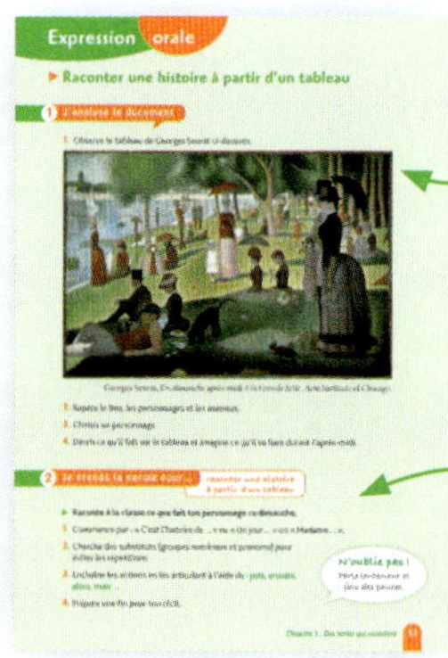

Un ou plusieurs **documents à analyser**

Les étapes pour **organiser ta présentation orale**

un projet d'écriture

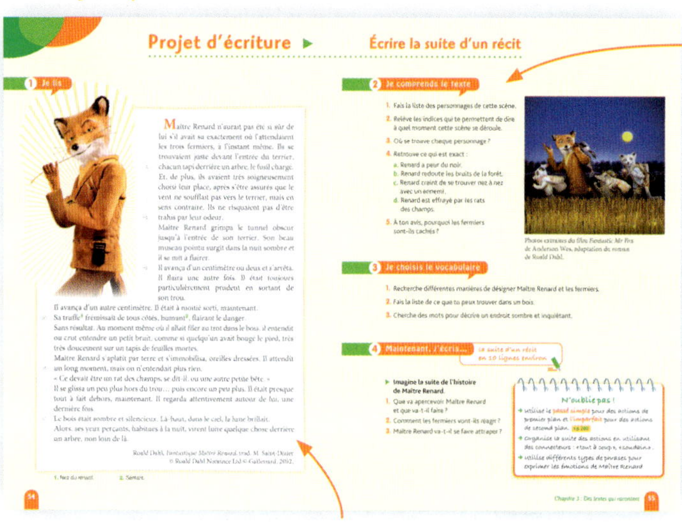

Des activités de **préparation du travail d'écriture**

Un texte à lire

un bilan

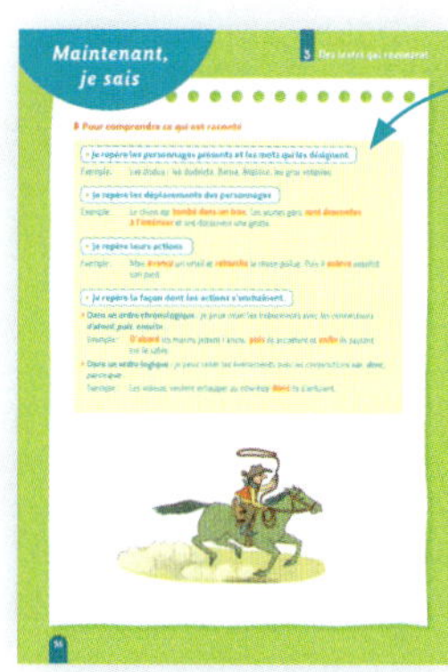

Un **rappel** de **ce que tu as appris** dans le chapitre

2 Étude de la langue

Cette partie est découpée en 4 domaines :
Grammaire, **Conjugaison**, **Orthographe**, **Vocabulaire**.

Une **activité de recherche** à partir d'une illustration, d'un texte, d'un ensemble de phrases ou de mots

Ce que tu dois retenir

Des premiers exercices de **repérage**

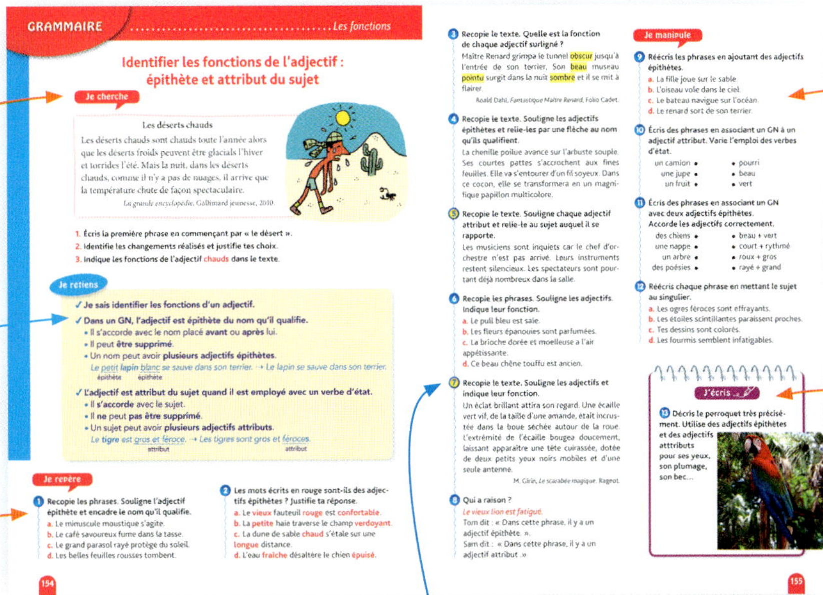

Des exercices de **manipulation**

Une **activité d'écriture** sur la notion étudiée

Les **exercices les plus difficiles** sont numérotés sur une **pastille jaune**.

Tu retrouveras toujours cette organisation dans la partie *Étude de la langue* :

Dico Ce pictogramme indique que tu peux utiliser un dictionnaire pour l'exercice.

Lecture
Écriture
Oral

1

Trouver des indices pour comprendre un texte

Dans ce chapitre, tu vas apprendre à :

- Identifier **le narrateur** d'un texte.
- Repérer **où et quand** l'action se déroule.
- Identifier **les personnages** d'un récit, les caractériser, identifier **leurs émotions**.
- Comprendre **les relations** qui les unissent.
- Justifier **ton point de vue** à l'écrit et à l'oral.

Tu pourras ensuite :

- **Prendre la parole pour justifier ton choix.**
- **Produire un dialogue à partir d'un récit.**

1 Devoir de vacances

J'étais au CM2, c'était la fin du premier trimestre et l'instituteur eut l'idée sournoise de nous donner un devoir de vacances : une rédaction dont le sujet était le bonheur. Cette désolante nouvelle fit soupirer la moitié de la classe et râler l'autre moitié.

– Maître ! Maître ! a dit Fabien. Le bonheur, c'est de ne pas avoir de devoirs à faire pendant les vacances ! Ce qui fit rire toute la classe.

J'ai toujours préféré me débarrasser des corvées le plus vite possible. Aussi, le premier jour des vacances de Noël, j'ai pris mon stylo quatre couleurs et j'ai écrit en rouge sur mon cahier de brouillon : *Le bonheur*.

J'ai un peu réfléchi tout en me tripotant l'oreille gauche, puis j'ai souligné en vert : *Le bonheur*.

L'inspiration ne venant pas, je me suis mis à mâchouiller furieusement le bout de mon stylo tout en comptant les fleurs de la tapisserie de ma chambre.

J'ai compté jusqu'à quatre-vingt-dix-huit. Soudain, plein de bonnes intentions littéraires, j'ai barré ~~*Le bonheur*~~ et à côté j'ai écrit : LE BONHEUR en lettres majuscules et en noir, cette fois. Voilà, c'était mieux.

Mais je n'avais pas l'ombre d'une idée. Pour lutter contre l'angoisse de la page à gros carreaux, j'ai gribouillé un cow-boy qui tirait avec son pistolet, et le démon du dessin s'est emparé de mon stylo : j'ai dessiné un Indien qui renvoyait les balles du cow-boy avec une raquette de ping-pong... un monstre aux yeux carrés attaqué par des mouches géantes... un robot qui crachait des boulons enflammés... et j'ai déchiré la page de mon cahier.

Cette rédaction commençait à m'énerver.

Mathis, *Cinq six bonheurs*, Petite Poche © Éditions Thierry Magnier, 2004.

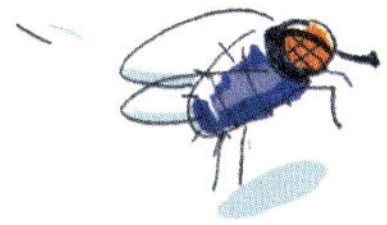

Je découvre le texte

1 **Qui raconte cette histoire ? Justifie ta réponse.**

2 **Relève dans le texte les indices qui te permettent de dire quand ce récit se déroule.**

3 **L'action se déroule dans différents lieux : lesquels ? Justifie ta réponse.**

Je comprends le texte et j'explore le vocabulaire

4 **VOCABULAIRE** **À quels registres de langue les mots en bleu appartiennent-ils ?**

a. « … en me **tripotant** l'oreille gauche » (ligne 22)
b. « … je me suis mis à **mâchouiller** furieusement le bout de mon stylo » (ligne 24)
c. « … j'ai **gribouillé** un cow-boy qui tirait avec son pistolet » (ligne 30)

Remplace chacun d'eux par un synonyme appartenant à un autre registre de langue.

5 **Que veut dire le narrateur dans la phrase suivante :**
« J'ai toujours préféré me débarrasser des corvées le plus vite possible. » (ligne 17) ?

6 **VOCABULAIRE** **Explique l'expression** « plein de bonnes intentions littéraires » (ligne 26).

7 **DÉBAT** **À ton avis, pourquoi l'enfant écrit-il plusieurs fois le mot *bonheur* et de différentes façons ?**

8 **Explique ce que signifie l'expression suivante :**
« Pour lutter contre l'angoisse de la page à gros carreaux… » (ligne 29).

9 **Que fait le héros pour chasser cette angoisse ?**
Justifie tes réponses en relevant des expressions du texte.

a. Il compte les fleurs de la tapisserie.
b. Il écrit plusieurs fois le mot « bonheur ».
c. Il dessine.
d. Il questionne son voisin de table.

10 **VOCABULAIRE** **Le mot *inspiration* (ligne 24) peut avoir plusieurs sens. En t'aidant du dictionnaire, choisis celui qui conviendrait le mieux pour expliquer cette phrase.**

11 **DÉBAT** **D'après toi, comment l'inspiration peut-elle venir à l'enfant ?**

J'écris pour mieux comprendre

12 **Dans la suite de l'histoire, l'enfant descend voir sa mère qui prépare une tarte aux pommes dans la cuisine. « Tu veux me demander quelque chose, canard ? demanda-t-elle... »**
Écris en sept lignes maximum ce que l'enfant va répondre à sa mère.

2 Le cri de la hulotte

1. Espèce de chouette.

2. Indulgent, bienveillant.

Le cri de la hulotte[1] s'élève d'un buisson touffu planté à gauche du poteau indicateur dressé au carrefour perdu en rase campagne. Un hululement similaire lui répond depuis le buisson planté à droite.

Un troisième sort de la haie située en face. Le dernier cri du rapace nocturne diffère un peu des précédents : il évoque plutôt une roucoulade de pigeon asthmatique mélangée à un hurlement de loup enrhumé.

– Dédé, t'es nul !

Du buisson de gauche jaillit un blondinet furieux, de celui de droite un petit brun tout aussi mécontent. Un rouquin aussi haut que large s'extrait péniblement de la haie, penaud. Il transpire à remplir un arrosoir, des feuilles plein sa tignasse flamboyante. Les deux autres l'attendent, poings sur les hanches. La jonction du trio s'opère à la croisée des chemins, au pied du poteau indicateur.

– Dédé, t'es nul ! répète Lucien le blondinet.

– Si t'es pas capable de faire le cri de ralliement comme il faut, tu ne vas plus faire partie de la bande, c'est sûr, déclare Marco, le petit brun.

La Bande des Trois : Lucien, Dédé et Marco. Une petite brochette d'aventuriers intrépides pas toujours raisonnables, mais pas au point de constituer une horde sauvage semant la terreur dans tout le département.

Ils auraient bien voulu s'appeler les « Trois Mousquetaires », sauf que pour cela il fallait être quatre (Lucien a vérifié dans l'encyclopédie familiale).

– Je crève de chaud, j'ai la bouche comme du buvard, ça me gêne pour chanter ! proteste le gros Dédé en s'épongeant le front. Et pis, vous êtes marrants, la hulotte… c'est pas de la tarte à imiter, voilà !

– Ça va pour cette fois, dit Lucien, magnanime[2].

– Merci, t'es un pote, Lulu…

Jean-Hugues Oppel, *Trois fêlés et un pendu* © Syros Jeunesse, 1999.

Je découvre le texte

1 Identifie et nomme les personnages de cette histoire.

2 Relève dans le texte ce qui te permet de dire où se déroule l'action.

3 Relève dans le texte ce qui te permet de dire à quel moment de la journée la scène se déroule.

4 D'après toi, le narrateur est-il un personnage de l'histoire ? Justifie ta réponse.

5 La Bande des Trois est composée :
de brigands • d'enfants • de rapaces nocturnes • d'explorateurs

Je comprends le texte et j'explore le vocabulaire

6 Donne le prénom de chaque personnage en l'associant à la description qui lui correspond.

un blondinet furieux | un petit brun | un rouquin aussi haut que large

7 Explique ce que signifie la phrase suivante :

> Une petite brochette d'aventuriers intrépides pas toujours raisonnables, mais pas au point de constituer une horde sauvage semant la terreur dans tout le département. (ligne 16)

8 Cherche, toi aussi, dans une encyclopédie qui sont les Trois Mousquetaires.

> Ils auraient bien voulu s'appeler les « Trois Mousquetaires », sauf que pour cela il fallait être quatre (Lucien a vérifié dans l'encyclopédie familiale). (ligne 19)

9 **VOCABULAIRE** Qu'est-ce qu'un cri de ralliement ?
a. C'est un cri qui marque le début d'un rallye.
b. C'est un cri de reconnaissance pour se réunir.
c. C'est un cri de guerre pour effrayer les oiseaux.

10 **DÉBAT** D'après toi, pourquoi est-ce important de faire le cri de ralliement correctement ?

11 Relève dans les dialogues les expressions appartenant au registre de langue familier, puis reformule-les en langue plus soutenue.

12 **DÉBAT** À ton avis, pourquoi ces enfants se sont-ils donné rendez-vous ? Que vont-ils faire ?

J'écris pour mieux comprendre

13 Raconte cette scène comme si tu étais Dédé, en sept lignes maximum.

3 Un étudiant malheureux

Il était une fois un jeune étudiant très malheureux. Rien qu'en regardant sa figure, on devinait pourquoi : il était laid. Avait-il le nez rouge ? Les cheveux verts ? Les oreilles trop grandes ? Les yeux de travers ?

Personne ne le sait plus aujourd'hui.

Mais aucune jeune fille n'en voulait pour époux, aucun garçon n'en voulait pour ami. Et lorsqu'il se présenta aux concours d'État, l'huissier[1] lui interdit d'en franchir la porte.

– Pas question de devenir fonctionnaire avec une tête pareille ! Les gens en perdront tout respect pour les mandarins[2] ! Même le roi, que le Ciel protège, en serait ridiculisé !

« C'est trop injuste ! pense l'étudiant en s'en allant, tête basse. Je ne l'ai quand même pas choisie, ma figure ! ».

Et puis il se rappelle une berceuse que lui chantait sa mère, lorsqu'il était tout petit.

Au pays de l'ouest
au pays des orages
il y a une montagne
qui touche les nuages.
La Terre y rencontre
le Ciel étoilé,
trois génies, toutes réponses…
Mais comment y aller ?

« Je dois trouver cette montagne. Je l'escaladerai et demanderai aux génies pourquoi j'ai été affligé d'une figure aussi disgracieuse ! » se dit l'étudiant. Et il part vers l'ouest.

Il marche longtemps.

Au début, il dort dans les champs. Il craint les moqueries qui l'accueilleraient dans les auberges. Mais au fur et à mesure qu'il avance, les villages sont plus petits, les distances entre eux plus grandes. La route devient un sentier étroit qui commence à grimper. Parfois, lorsqu'il fait clair, on voit une montagne entourée de brumes flotter au-dessus de l'horizon. Et les orages sont de plus en plus fréquents, de plus en plus violents.

« Je suis sur le bon chemin », se dit l'étudiant.

Un soir, un orage terrible se déchaîne. Le tonnerre gronde, les éclairs déchirent le ciel. L'étudiant est trempé jusqu'à l'os. En voyant une ferme isolée, il prend courage et frappe à la porte.

1. Portier.

2. Haut fonctionnaire de l'Empire chinois.

Un vieil homme aux yeux tristes lui ouvre. Il ne semble pas remarquer la laideur de son hôte. Il l'accueille, le nourrit, l'invite à se réchauffer auprès du foyer, comme si l'étudiant était un visiteur de marque. Ce n'est que le lendemain qu'il demande :
– Excusez la curiosité d'un vieil homme… mais que faites-vous, un étudiant, dans ce pays perdu, si loin des écoles ?

Béatrice Tanaka, *La montagne aux trois questions* © Albin Michel Jeunesse, 1998.

Je découvre le texte

1 **De quel genre de texte s'agit-il ? Justifie ta réponse.**
a. un récit historique **b.** un conte **c.** un documentaire

2 **Qui raconte cette histoire ? Est-ce un personnage de l'histoire ?**

3 **De la ligne 1 à la ligne 10, relève les indices qui te permettent de situer cette histoire dans le temps.**

Je comprends le texte et j'explore le vocabulaire

4 **Remets ces phrases dans l'ordre chronologique.**
L'étudiant se présente au concours. • Il se réchauffe auprès du foyer. • Il rencontre un vieil homme. • L'huissier lui interdit de franchir la porte.

5 **Relis la berceuse et relève dans le récit les indices qui montrent que l'étudiant est sur la bonne route.**

6 **Complète les phrases avec *parce que* ou *donc*.**
a. Il est laid … personne ne veut l'épouser ni être son ami.
b. Il part vers l'ouest … c'est la route indiquée dans la berceuse.
c. Il dort dans les champs … il craint les moqueries.

7 VOCABULAIRE **Cherche le radical du mot *disgracieuse* en t'aidant du dictionnaire. Recopie la phrase du texte (lignes 23-24) en remplaçant ce mot par un synonyme.**

8 **Au cours de l'histoire, l'étudiant ressent différentes émotions. Replace-les dans l'ordre chronologique en justifiant ta réponse.**

espoir tristesse courage révolte

9 VOCABULAIRE **En t'aidant du dictionnaire, indique ce que signifie le mot *foyer* (ligne 39).**

10 DÉBAT **D'après toi, qu'est-ce que ce voyage va changer dans la vie de l'étudiant ?**

J'écris pour mieux comprendre

11 **Écris en sept lignes ce que l'étudiant va répondre au vieil homme.**

> Excusez la curiosité d'un vieil homme… mais que faites-vous, un étudiant, dans ce pays perdu, si loin des écoles ? (ligne 41)

4 Une boîte de conserve bien mystérieuse

Un matin, le facteur livre un étrange colis à Mme Bartolotti. Il s'agit d'une énorme boîte de conserve dont elle ignore le contenu. Elle se décide à l'ouvrir.

Le ruban de fer-blanc avait commencé à se détacher. Elle continua donc à tirer. Il y eut comme un sifflement. Elle acheva de tirer, la moitié supérieure de la boîte se retrouva posée de travers sur la moitié inférieure et le sifflement cessa. Ça sentait le phénol[1], l'hôpital et le parfum d'air frais à l'ozone[2].

« Jamais mangé un corned-beef[3] ayant une odeur pareille ! À moins que ce ne soit un corned-beef de très mauvaise qualité ? » se dit Mme Bartolotti en soulevant la moitié supérieure de la conserve.

Elle eut alors de la chance qu'une chaise de cuisine se trouve placée juste dans son dos, car la frayeur la contraignit à s'asseoir. Elle se mit à trembler comme une feuille, depuis la racine argentée de ses cheveux jusqu'aux ongles de ses doigts de pied laqués vert pomme. Une sorte de vertige lui fit tourner la tête, elle vacilla sur ses jambes et chut[4] lourdement sur la chaise.

L'être accroupi dans la boîte dit alors en inclinant poliment la tête :

« Bonjour, chère maman. »

Quand Mme Bartolotti éprouvait une frousse bleue, elle ne se contentait pas d'avoir des vertiges et de trembler comme un jeune saule. Quand elle avait vraiment très, très peur, elle apercevait aussi de petites étoiles dorées entourées de halos violets.

Or Mme Bartolotti venait d'avoir horriblement peur. Elle vit donc de petites étoiles cernées de halos violets et, au-delà, émergeant de la moitié inférieure de la boîte de conserve, une sorte de nain rabougri qui la dévisageait. Elle aperçut en effet une tête rabougrie ridée de mille plis emmanchée sur un cou rabougri, planté sur un torse rabougri, doté de bras rabougris.

La bouche toute rabougrie de ce nain rabougri s'ouvrit de nouveau :

« Ma chère maman, le bouillon de culture est dans le couvercle. »

1. Produit chimique.
2. Gaz odorant.
3. Viande de bœuf en conserve.
4. Tomba.

Mme Bartolotti hocha la tête et battit des paupières pour tenter de chasser les étoiles et les halos violets. Les étoiles s'éteignirent mais les halos violets persistèrent sans pour autant l'empêcher d'apercevoir dans la moitié supérieure de la boîte un sachet bleu ciel portant une inscription en majuscules:

BOUILLON DE CULTURE

puis en dessous en minuscules:

Vider le contenu du sachet dans quatre litres d'eau tiède et les verser sur le contenu de la boîte dès ouverture.

Christine Nöstlinger, *Le môme en conserve*, trad. A. Royer © Livre de Poche Jeunesse, 2007.

Je découvre le texte

1 **Dans cet extrait, le narrateur est-il un personnage de l'histoire ? Justifie ta réponse.**

2 **Quels sont les personnages de cette histoire ? Relève les mots qui les désignent.**

3 **D'après toi, où se déroule cette scène ? Justifie ta réponse.**

Je comprends le texte et j'explore le vocabulaire

4 **Choisis parmi ces propositions celle qui est exacte. Justifie ta réponse.**
- a. Mme Bartolotti est assise dans la boîte, le nain rabougri est près d'elle.
- b. Mme Bartolotti est assise sur une chaise, le nain rabougri est debout près de la boîte.
- c. Mme Bartolotti s'assoit sur une chaise, le nain rabougri est dans la boîte de conserve.

5 VOCABULAIRE **Relève dans le texte les expressions qui indiquent que Mme Bartolotti a peur.**

6 DÉBAT **Pourquoi Mme Bartolotti a-t-elle peur ?**

7 VOCABULAIRE **Propose un synonyme du verbe *vaciller* (ligne 12) et du verbe *dévisager* (ligne 21).**

8 **Choisis la phrase qui résume le mieux l'extrait.**
- a. Mme Bartolotti reçoit du corned-beef en conserve.
- b. Mme Bartolotti reçoit un enfant dans une boîte de conserve.
- c. Mme Bartolotti nourrit son enfant avec du corned-beef en conserve.

9 DÉBAT **Quel adjectif qualifie le mieux la scène racontée ? Justifie ta réponse.**

effrayante — étrange — comique — triste

10 DÉBAT **Selon toi, pourquoi l'être qui est au fond de la boîte appelle-t-il Mme Bartolotti** « chère maman » (ligne 14) **?**

J'écris pour mieux comprendre

11 **Mme Bartolotti suivit les indications et coupa le sachet de bouillon. Écris en sept lignes ce qui va se passer ensuite.**

5 Noir comme un diable…

C'était un très beau chat, un chat noir, avec un pelage si lisse et si luisant qu'on l'aurait cru peint à la laque. Il était assis au milieu de l'allée, le dos droit, ses deux pattes avant jointes et sa longue queue ramenée soigneusement par devant. Les moustaches raides, les oreilles dressées, il me regardait venir sans bouger un cil. En m'approchant, j'ai vu qu'il était totalement noir, sans le moindre poil blanc.

J'aime bien les chats. Mais en passant près de lui, je ne me suis pas penché pour le caresser. Ce chat-là m'intimidait. Il avait l'air si… comment dire ? si sûr de lui !

J'ai couru vers le perron[1] en appelant :

– Da! Tu es là ? C'est moi !

Da est sorti de sa petite cuisine et il a posé ses deux mains sur mes épaules :

– Ça va, Sébasto ?

On ne s'embrassait jamais, avec Da. Mais il avait une façon de me prendre par les épaules qui en disait peut-être plus.

Da était mon grand-père d'adoption, car je n'ai pas de grands-parents. Mon père et ma mère sont tous les deux orphelins, des enfants de l'Assistance, comme on dit. C'est sans doute ce qui les a rapprochés quand ils se sont rencontrés. Ils se sont aimés, ils se sont mariés. Ils ont rêvé d'une grande famille avec beaucoup d'enfants, la famille qu'ils n'avaient jamais eue. Mais les choses ne vont pas toujours comme on les a rêvées. Je suis né, et ça ne s'est pas bien passé. Les médecins ont dit à maman qu'elle n'aurait plus jamais d'enfant. C'est sans doute pourquoi je sens parfois ses yeux sur moi, si songeurs, comme s'ils regardaient à travers moi, très loin.

Da s'était installé dans le pays peu de temps avant ma naissance, il avait sympathisé avec mes parents. Puis il m'avait adopté comme son petit-fils.

1. Petit escalier extérieur menant à la porte d'entrée d'une maison.

Quand il passait devant chez nous dans sa vieille camionnette bringuebalante pour aller à la ville, il n'oubliait jamais de donner trois petits coups de klaxon. Alors on disait :

- Tiens, voilà Da qui s'en va au marché !

Son vrai prénom, c'était Damascène. C'est pour ça qu'on l'appelait Da, c'était moins compliqué.

– Da, qu'est-ce que c'est que ce chat ?

– Je ne sais pas d'où il vient, a-t-il dit en haussant les épaules. Il était là quand j'ai ouvert la porte ce matin. Il n'est pas maigre et il n'est pas affamé. Je lui ai proposé des restes de poulet, mais il n'y a pas touché.

– C'est peut-être un chat sauvage qui a l'habitude de se nourrir tout seul ?

– Peut-être, oui. Pourtant, il n'a pas l'allure d'un chat sauvage. Il est si soigné, si lisse ! Et tu as vu, a ajouté Da en riant, il est noir comme un diable !

Nous avons ri tous les deux. Si nous avions su...

Marie-Hélène Delval, *Les chats*, collection *Les romans de Je bouquine*, Bayard, 2005.

Je découvre le texte

1 **Le narrateur parle à la première personne. Connais-tu son prénom ? Justifie ta réponse.**

2 **Quels sont les personnages de cette histoire ?**

3 **Regroupe les mots qui désignent les mêmes personnages :**
le grand-père • Da • Sébasto • le narrateur • mon grand-père d'adoption • deux orphelins • Damascène • les parents • son petit-fils.

Je comprends le texte et j'explore le vocabulaire

4 **Relève les expressions qui décrivent le chat.**

5 **VOCABULAIRE Explique cette phrase :**
« Da était mon grand-père d'adoption » (ligne 15).

6 **Remets ces phrases dans l'ordre chronologique.**
Mes parents se sont mariés. • Da s'est installé dans le pays. • Je suis né et ça ne s'est pas bien passé. • Damascène m'a adopté comme son petit-fils. • Le chat était assis au milieu de l'allée.

7 **VOCABULAIRE En t'aidant du dictionnaire, trouve deux mots de la famille de** ***songeur*** (ligne 29)

8 **Relève la phrase qui répond à la question :** « – Ça va, Sébasto ? » (ligne 12).

9 **Relève la phrase qui montre que le narrateur raconte cette histoire après l'avoir vécue.**

10 **Choisis le résumé qui correspond à l'histoire.**

a
Sébasto voit un chat dans le jardin. Il demande à Da s'il connaît ce chat.
Ils partent au marché dans une camionnette. À leur retour, le chat est toujours là.

b
Sébasto voit un chat dans le jardin. Il demande à Da s'il connaît ce chat. Da répond qu'il ne le connaît pas et qu'il est arrivé le matin.

c
Sébasto voit un chat dans le jardin. Il demande à Da s'il connaît ce chat. Ils vont voir les parents de Sébasto. À leur retour, le chat est toujours là.

11 **VOCABULAIRE** « Ce chat-là m'**intimidait** » (ligne 8). **Propose un synonyme du verbe écrit en bleu.**

12 **DÉBAT Pourquoi ce chat intimide-t-il Sébasto ?**

J'écris pour mieux comprendre

13 « Et tu as vu, a ajouté Da en riant, il est noir comme un diable ! Nous avons ri tous les deux. Si nous avions su… » (ligne 48)

Cette dernière phrase indique que quelque chose d'effrayant s'est déroulé par la suite. Qu'a-t-il pu arriver ? Imagine la suite en sept lignes maximum.

Expression orale

▶ Justifier son choix

Après la lecture du texte
Un étudiant malheureux
> pages 14-15

1 J'analyse les documents

1. Observe bien l'image du mandarin (document A) et associe-la à une calligraphie (document B) et un lieu (document C) parmi les documents proposés.

A

B1

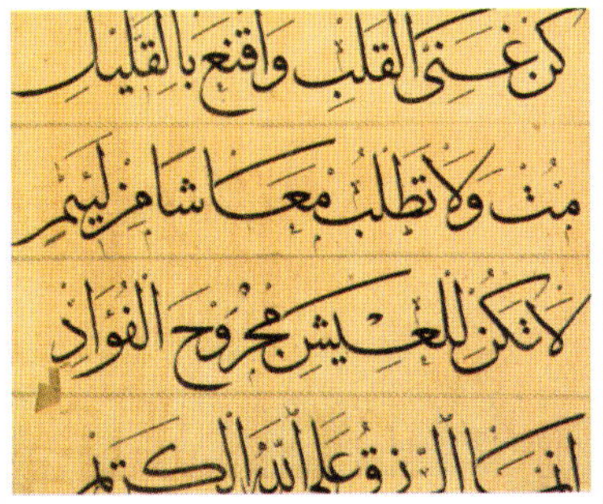

B2

C1

C2

2. Justifie tes choix en relevant dans les documents ci-dessus et dans le texte (p. 14) les éléments qui t'ont servi d'indices.

2 Je prends la parole pour... justifier mon choix

▶ **Explique à la classe comment tu as choisi les bons documents.**

1. Choisis deux connecteurs parmi ceux proposés pour organiser tes idées : parce que, donc, car, c'est pourquoi, puisque, mais, pourtant.
2. Utilise le présent de l'indicatif.

N'oublie pas !
Parle fort, lentement, en articulant.

1 Je lis

Maintenant que sa grand-mère est décédée, la narratrice habite avec son père et Isabelle, sa belle-mère.

La ferme où on habitait avec Mamie, je ne peux plus y aller, alors Papa m'a trouvé une colonie de vacances dans la même région, pour me faire plaisir. Mais moi, ça ne me fait pas plaisir. Je ne veux pas y aller. Je veux ma vie d'avant. Et comme c'est pas possible, je ne suis pas contente. Je suis fâchée contre tout. Et je resterai fâchée toute ma vie.

Ce matin j'aurais dû partir en colonie. Le train était à neuf heures. Je le savais mais je n'avais pas fait ma valise ni rien puisque je ne voulais pas partir. J'ai essayé de dire une dernière fois à Papa que je préférais rester ici mais il s'est mis à crier. Alors je me suis enfermée dans ma chambre. Avec la clef que j'avais volée dans le tiroir de la table de l'entrée. Il m'a demandé mille fois d'ouvrir mais je n'ai pas répondu. Je l'ai entendu parler avec Isabelle et crier parce qu'il n'y avait pas de deuxième clef pour cette porte et que ce n'était pas normal qu'une enfant de huit ans fasse la loi ici. Il m'a dit que j'étais capricieuse et que je lui compliquais la vie et que j'irai dans cette colonie que je le veuille ou non, qu'il m'y emmènerait en voiture puisqu'on avait raté le train mais que c'était comme ça, un point c'est tout.

Je n'ai pas pleuré. Je n'ai pas répondu. Je suis restée dans ma chambre, un point c'est tout.

Papa est finalement parti travailler et Isabelle a essayé de me faire ouvrir la porte de ma chambre pour me parler. J'ai dit non.

Amélie Couture, *La grève de la vie* © Ed. Actes Sud, 2002.

Écrire un dialogue

2 Je comprends le texte

1. Qui est le narrateur ? Justifie ta réponse.
2. Qui sont les personnages présents dans cette histoire ?
3. Quand cette scène a-t-elle lieu ? Où se déroule-t-elle ? Justifie tes réponses.
4. Pour la petite fille, qui est Isabelle ?
   a. sa nourrice b. sa petite sœur c. sa mère d. sa belle-mère e. sa copine
5. Choisis les mots qui qualifient le mieux la petite fille.
   en colère • capricieuse • triste • apeurée • patiente • autoritaire • calme • têtue

3 Je choisis le vocabulaire

1. Cherche des synonymes des verbes *dire* et *répondre*.
2. Cherche différentes manières de désigner la petite fille et Isabelle. Comment s'appellent-elles entre elles ?

4 Maintenant, j'écris... un dialogue en 10 lignes environ.

« Isabelle a essayé de me faire ouvrir la porte de ma chambre pour me parler. J'ai dit non. »

▶ **Imagine ce qu'Isabelle va dire pour décider la petite fille à sortir de sa chambre et les réponses qu'elle va obtenir.**

1. Quels arguments Isabelle va-t-elle trouver pour faire sortir la petite fille ?
2. Comment la petite fille va-t-elle lui répondre ?

N'oublie pas !

→ Rappelle-toi la ponctuation des dialogues. > p. 130

→ Tu peux écrire différents types de phrases en fonction des intentions des personnages. > p. 124 et p. 126

Maintenant, je sais

Pour identifier le narrateur

- **Je repère si le récit est écrit à la première ou à la troisième personne.**

> **Le narrateur emploie la 1re personne « je » : c'est un personnage de l'histoire.**

Exemple : **J'**aime bien les chats.

> **Le narrateur n'utilise pas la 1re personne : ce n'est pas un personnage de l'histoire.**

Exemple : Or **Mme Bartolotti** venait d'avoir horriblement peur.

Pour repérer le temps et le lieu

- **Je prélève les informations présentes dans le texte.**

Exemple : Alors je me suis enfermée **dans ma chambre**.

- **J'établis des liens entre différentes informations du texte pour en déduire de nouvelles.**

Exemple : Un **poteau indicateur** dressé **au carrefour** → L'action se déroule au bord d'une route.

Pour identifier et caractériser les personnages

- **Je repère les mots qui les désignent (noms, GN, pronoms personnels).**

Exemple : Damascène – mon grand-père d'adoption – Da – il

- **Je les caractérise, j'identifie leurs émotions.**

Exemple : C'est trop **injuste** ! pense l'étudiant → L'étudiant est révolté.

Pour comprendre la logique de l'histoire

- **Je cherche le lien qui existe entre les différents événements.**

> **J'ajoute des connecteurs logiques quand je résume le texte :** *parce que, donc, car, à cause de…*

Exemple : L'étudiant est laid **donc** personne ne veut de lui.

2

Découvrir des situations de communication

Dans ce chapitre, tu vas apprendre à :

- Identifier **différentes situations de communication** : le dialogue, le monologue, la lettre…
- Identifier **les éléments d'une situation de communication** : qui parle à qui ? où et quand ?
- Comprendre **pourquoi les personnages communiquent**.
- Reconnaître **les émotions exprimées** par la ponctuation.

Tu pourras ensuite :

Lire un texte de manière expressive.

Écrire une lettre.

1 Cherche sorcière expérimentée

Clarke, Gilson, *Mélusine, Sortilèges t.1* © Dupuis, 1995.

Je découvre le texte

1 **De quel genre de texte s'agit-il ?**
a. un roman
b. un documentaire
c. une bande dessinée
d. un conte

2 **Combien de personnages y a-t-il dans cet extrait ?**

3 **Qui est Winston ?**
a. un visiteur
b. une sorcière
c. le domestique
d. le propriétaire du château

4 **Quand cette scène se déroule-t-elle ?**
Justifie ta réponse.

Je comprends le texte et j'explore le vocabulaire

5 **Pourquoi Mélusine se rend-elle au château ?**
a. Parce qu'elle rend visite à son oncle.
b. Parce qu'elle veut visiter le château.
c. Parce qu'elle cherche une chambre pour la nuit.
d. Parce qu'elle cherche du travail.

6 **Pourquoi les propriétaires du château reçoivent-ils Mélusine ?**

7 **Les personnages de cette histoire sont des créatures fantastiques. Identifie-les.**

8 VOCABULAIRE **Mélusine dit** « Atterrissage réussi ! » **(vignette 1). Indique le radical du nom *atterrissage*. Propose deux autres mots de la même famille.**

9 **Que lit Mélusine dans la 2e vignette ? Dans quel support trouve-t-on généralement ce type de texte ?**

10 **Réécris cette phrase correctement en t'aidant d'éléments pris dans les bulles suivantes :**
« Demande sorcière dipl. exp. et réf. exig. se présenter château… » (vignette 2).

11 **Explique ce qui s'est passé entre la 6e et la 8e vignette.**

12 **Observe les onomatopées de la 7e et de la 9e vignette. Que remarques-tu ? Que se passe-t-il dans ces deux vignettes ?**

13 **Parmi ces adjectifs, choisis celui qui correspond à l'attitude de Mélusine à la vignette 8 :**
inquiète • effrayée • assurée • indifférente • fière • sûre d'elle
Justifie ta réponse.

14 DÉBAT **Pourquoi Mélusine dit-elle dans la dernière vignette :**
« J'ai été eue ! » (vignette 10) **?**

J'écris pour mieux comprendre

15 **Raconte cette histoire en écrivant un texte de sept lignes environ. Il ne devra pas y avoir de dialogue.**

2 Miroir, petit miroir…

1. Table où sont exposées les marchandises.

Décor réduit au minimum. Au fond, un étal[1] *avec quelques marchandises et un tiroir-caisse. Entre LA SORCIÈRE.*

LA SORCIÈRE. – Bonjour, mes petits enfants ! Vous savez qui je suis ?... Bien sûr, que vous le savez, c'est écrit dans le programme et sur toutes les affiches. Je suis la jeune et jolie sorcière de la rue Mouffetard ! – Hein ? Pardon ? Qui est-ce qui vient de dire non ? Je ne suis pas sorcière ? Je n'habite pas la rue Mouffetard ? Alors quoi ? Je ne suis pas jeune et jolie, peut-être ? Mais si, je suis jeune et jolie ! Très jeune et très jolie ! En ce moment vous me voyez mal à cause de la lumière, mais si je me mets comme ça ? Et comme ça ? Et comme ça ? *(Elle grimace.)*

– Oh, et puis zut ! Vous dites des bêtises ! Au lieu de vous écouter, je ferais mieux de consulter mon miroir magique de poche. *(Elle tire le miroir de sa poche et fait les demandes et les réponses.)* – Bonjour, petit miroir. Tu me vois ? Tu m'entends ? Tu reconnais ta bonne maman ? – Oui, oui ! – Est-ce que je suis jeune et jolie ? – Non, non ! – Pardon, je n'ai pas bien entendu... – Non, non ! – Fais attention à toi ! Si tu dis non encore une fois, je te casse ! Est-ce que je suis jeune et jolie ? – Oui, oui ! – Alors, mes petits enfants, vous voyez bien, c'est lui-même qui le dit... Hein ? Quoi ? C'est de la triche ? Vous allez voir si c'est de la triche !

– Miroir, petit miroir, est-ce que c'était de la triche ? – Oui, oui ! – Tu en es bien sûr ? – Oui, oui ! – Fais attention, si tu dis oui encore une fois, je te brise ! Alors, c'était de la triche ? – Non, non ! – Vous voyez bien, mes petits enfants... Hein ? Quoi ? Qu'est-ce que vous dites ? Que je lui fais peur ? Allons donc ! – Miroir, petit miroir, est-ce que je te fais peur ? – Oui, oui ! – Je te fais peur ? – Non, non ! – Enfin quoi, c'est oui ou c'est non ? – Oui, non, oui, non, oui, non… – Allons, bon ! Le voilà détraqué, maintenant… C'est votre faute, à vous aussi ! Il marchait si bien jusqu'ici ! *(Elle remet le miroir dans sa poche et médite.)* – Alors, comme ça, ce serait donc vrai, que je ne suis pas jeune et pas jolie ? Mais c'est très ennuyeux, je suis très ennuyée… Que faire ?

Pierre Gripari, « La sorcière de la rue Mouffetard », in *Huit farces pour collégiens*, © Ed. Grasset & Fasquelle, 1989, p. 33 à 35.

Je découvre le texte

1 **De quel genre de texte s'agit-il ?**
a. une poésie
b. un roman
c. une pièce de théâtre
d. un conte

2 **Qui parle dans ce texte ? Justifie ta réponse.**

3 **À qui s'adressent les questions suivantes ? Justifie ta réponse.**
a. « Qui est-ce qui vient de dire non ? » (ligne 6)
b. « Est-ce que je suis jeune et jolie ? » (ligne 17)
c. « C'est de la triche ? » (ligne 21)
d. « Enfin quoi, c'est oui ou c'est non ? » (ligne 28)

4 **À quoi les phrases en italique servent-elles ? Et les tirets ?**

5 **Où la scène se déroule-t-elle ?**

Je comprends le texte et j'explore le vocabulaire

6 **Explique pourquoi la sorcière prononce cette phrase :** « C'est écrit dans le programme et sur toutes les affiches. » (ligne 3). **De quoi parle-t-elle ?**

7 **Dans les phrases suivantes indique à quel personnage le pronom personnel en bleu renvoie.**
a. « En ce moment **vous** me voyez mal à cause de la lumière… » (ligne 10)
b. « Pardon, **je** n'ai pas bien entendu… » (ligne 18)
c. « **Tu** en es bien sûr ? » (ligne 23)

8 **À quelle autre histoire la réplique** « Miroir, petit miroir… » (ligne 23) **te fait-elle penser ?**

9 **VOCABULAIRE** **Propose deux synonymes du verbe *consulter* (ligne 15). Aide-toi du dictionnaire.**

10 **Choisis les adjectifs qui caractérisent la sorcière. Justifie ta réponse en citant des éléments du texte.**
comique • timide • coléreuse • fière • menaçante • bienveillante

11 **DÉBAT** **D'après toi, cette scène est :**
ennuyeuse • effrayante • drôle • étrange • horrible

J'écris pour mieux comprendre

12 **Écris ce que le public peut avoir envie de répondre à la dernière question de la sorcière, en sept lignes maximum.**

> Mais c'est très ennuyeux, je suis très ennuyée… Que faire ? (ligne 32)

3 Mémé t'embrasse

Le 2 novembre

Ma chère Annabelle,

J'ai bien reçu tes deux lettres.
Je n'ai pas répondu tout de suite à la première parce que je ne me doutais pas que c'était aussi pressé. Excuse-moi.
D'abord, béni soit cet ordinateur qui me permet d'avoir des nouvelles de toi ! C'est bien la première fois que je trouve quelque avantage à cet engin moderne qui jusqu'à maintenant, m'avait paru bien barbare !
Evidemment, j'ai tout de même la nostalgie[1] des petites lettres manuscrites que tu me faisais quand tu avais 6 ou 7 ans, avec plein de fautes d'orthographe charmantes. Je les ai toujours du reste. Je les garde précieusement. D'autant que tu ne m'en as pas envoyé beaucoup d'autres depuis. Tu m'y remerciais de la petite poupée que je t'avais envoyée et que tu avais appelée Simone – comme moi – pour me faire plaisir. Je me souviens même qu'en vieillissant, cette poupée était devenue assez moche et que ravie, tu me disais :
« Plus ça va, plus je trouve qu'elle te ressemble, mémé, ma poupée… »
Et c'était sans doute vrai, même si cette vérité-là ne me plaisait pas beaucoup.
Mais tout ça, c'était du temps où tu me demandais autre chose qu'un chèque pour Noël.
J'en profite pour te dire que si ça m'arrange bien, à mon âge, de ne pas avoir à courir les magasins pour t'offrir, à toi et à tes deux frères, quelque chose qui vous plaise, ça me navre aussi de vous envoyer un chèque, comme pour le gaz ou les impôts.
D'autant plus que vous ne m'écrivez jamais ce que vous avez acheté avec mon chèque, au point que je me demande parfois si vous n'en avez pas fait des confettis…
Tu me dis qu'il fait chez toi un temps pourri. Ici il pleut assez souvent aussi mais les arbres ont pris des teintes magnifiques, et je reste assez souvent devant ma fenêtre pour être très sensible[2] à des choses comme celles-là.
Je te quitte car ma voisine va arriver. Elle vient faire un scrabble avec moi tous les après-midi vers 17 heures. Ça nous fait passer le temps et ça nous maintient un peu les neurones en forme dans le cerveau. Je préfère ça aux feuilletons télé.

Je t'embrasse bien fort,

Mémé

1. Regret du passé.
2. Attentive.

Jo Hoestlandt, *Mémé t'as du courrier* © Ed. Nathan, 2006.

Je découvre le texte

1 **À qui ce message s'adresse-t-il ? Par qui est-il envoyé ?**

2 **Quel lien existe-t-il entre ces deux personnes ?**

3 **Comment Mémé a-t-elle reçu des nouvelles d'Annabelle ?**
par lettre • par téléphone • par courriel • par carte postale

Je comprends le texte et j'explore le vocabulaire

4 **Dans les phrases suivantes, indique à quel personnage le pronom personnel en bleu renvoie.**

Mémé | Annabelle | Annabelle et ses frères | Mémé et sa voisine

a. « **Je** n'ai pas répondu tout de suite. » (ligne 3)
b. « Plus ça va, plus **je** trouve qu'elle te ressemble. » (ligne 15)
c. « Si **vous** n'en avez pas fait des confettis. » (ligne 24)
d. « Ça **nous** fait passer le temps. » (ligne 30)

5 **VOCABULAIRE** **Cherche le radical du mot** ***manuscrites*** (« des petites lettres manuscrites », ligne 8) **en t'aidant du dictionnaire. Donne deux autres mots de la même famille.**

6 **DÉBAT** **Pourquoi Mémé a-t-elle la nostalgie des lettres manuscrites ?**

7 **Mémé fait un reproche à Annabelle. Lequel ?**
a. Elle a déchiré le chèque de Mémé.
b. Elle n'écrit pas assez souvent.
c. Elle a appelé sa poupée Simone.
d. Elle ne vient pas jouer au scrabble.

8 **Quelles sont les émotions exprimées dans les phrases suivantes ?**
a. D'abord, béni soit cet ordinateur qui me permet d'avoir des nouvelles de toi ! (ligne 5)
b. D'autant que tu ne m'en as pas envoyé beaucoup d'autres depuis. (ligne 10)

9 **VOCABULAIRE** **Remplace l'expression** « ça me navre » (ligne 21) **par une expression synonyme. Tu peux t'aider du dictionnaire.**

10 **DÉBAT** **D'après toi, que peut changer l'ordinateur à la relation entre Annabelle et sa Mémé ?**

J'écris pour mieux comprendre

11 **Dans cette lettre, Mémé répond à Annabelle. Imagine et rédige en sept lignes environ la lettre qu'elle a reçue d'Annabelle.**

4

Messieurs les petits oiseaux

Messieurs les petits oiseaux,
On vide ici les assiettes ;
Venez donc manger les miettes,
Les chats n'auront que les os.

C'est le temps des grandes eaux,
Le pain est dans la mangeoire,
Venez donc manger et boire,
Messieurs les petits oiseaux.

Messieurs les petits oiseaux sont priés
De vider les écuelles[1]
Et mesdames les souris
Voudront bien rester chez elles.

Victor Hugo, *L'art d'être grand-père*, 1877.

1. Assiettes creuses.

La pauvre fleur

La pauvre fleur disait au papillon céleste :
– Ne fuis pas !
Vois comme nos destins sont différents. Je reste,
Tu t'en vas !

Pourtant nous nous aimons, nous vivons sans les hommes
Et loin d'eux,
Et nous nous ressemblons et l'on dit que nous sommes
Fleurs tous deux !

Mais hélas ! l'air t'emporte et la terre m'enchaîne,
Sort cruel !
Je voudrais embaumer ton vol de mon haleine
Dans le ciel !

Oh ! pour que notre amour coule des jours fidèles,
O mon roi !
Prends comme moi racine, ou donne-moi des ailes
comme à toi !

Victor Hugo, *Les chants du crépuscule*, 1909.

Je découvre les textes

1 Ces textes sont composés de :

couplets | chapitres | paragraphes | strophes

2 De quel type de texte s'agit-il ? Justifie ta réponse.

3 Qui est l'auteur de ces deux textes ? Cherche ses dates de naissance et de décès. Cite une de ses œuvres.

4 Dans chaque texte, observe les mots à la fin de chaque ligne. Que remarques-tu ? Comment appelle-t-on ce procédé ?

Je comprends les textes et j'explore le vocabulaire

Messieurs les petits oiseaux

5 Qui parle ? À qui s'adresse-t-il ?

6 Explique ces deux phrases : « Les chats n'auront que les os. » (vers 4) et « Et mesdames les souris / Voudront bien rester chez elles. » (vers 11-12).

7 Pourquoi l'auteur s'adresse-t-il aux oiseaux ?

a. Pour les conseiller. **b.** Pour les inviter. **c.** Pour leur donner des ordres.

8 DÉBAT D'après-toi, que peut signifier « le temps des grandes eaux » (vers 5) ?

La pauvre fleur

9 Qui parle ? À qui s'adresse-t-il ? Justifie tes réponses.

10 Pourquoi dit-on du papillon qu'il est une fleur lui aussi ?

11 VOCABULAIRE Par cette phrase « Je voudrais embaumer ton vol de mon haleine Dans le ciel » (vers 11-12), la fleur indique qu'elle voudrait…

a. parfumer le vol du papillon. **b.** souffler sur le papillon. **c.** accompagner le papillon.

12 VOCABULAIRE Cherche le mot *céleste* (vers 1) dans le dictionnaire et indique son radical.

13 Le poète exprime dans son texte une différence essentielle entre la fleur et le papillon. Laquelle ?

14 DÉBAT D'après toi, pourquoi la fleur prononce-t-elle ces mots ?

Prends comme moi racine, ou donne-moi des ailes comme à toi ! (vers 15-16)

Qu'est-ce que cela changerait pour eux ?

J'écris pour mieux comprendre

15 La fleur aime le papillon. Mais le papillon aime-t-il la fleur ? Écris la réponse du papillon à la fleur en une strophe. Tu peux commencer ton texte par : Le papillon céleste répondit à la pauvre fleur…

5 Une confidence inattendue

Le narrateur est en vacances chez son grand-père qui semble détenir un secret. Celui-ci s'adresse souvent à sa femme disparue quand il regarde sa photographie. Un soir, il décide de parler à son petit-fils.

Il me fit signe de m'asseoir en face de lui, et me regarda longuement, fixement, avant de reprendre :

– Je lui parle toujours, tu sais. La nuit dernière, je lui ai demandé : « Tu crois que je devrais lui dire ? Tu crois que je devrais lui dire ? Tu crois qu'il le ferait ? Qu'est-ce que tu en penses ? ». Elle m'écoutait, je le sais. Elle ne dit jamais rien, mais c'est comme si je l'entendais m'écouter, comme si parfois, je l'entendais penser. Et la nuit dernière, elle pensait : « Il est temps que tu finisses ce que nous avons commencé. Ça ne sert à rien de rester là assis le reste de tes jours à te lamenter sur ton sort. Demande-lui, vieux grincheux. Au pire, il te dira non. »

Il se redressa soudain et me prit par le bras.

– Alors, tu veux bien ?

Je n'avais pas la moindre idée de ce qu'il me demandait.

– Tu veux bien rester là quelques mois ? Tu pourrais nous donner un coup de main à la ferme. Je te paierais, tu sais, un vrai salaire d'adulte. Et peut-être que…

Il gardait les yeux baissés sur ses mains, triturant ses jointures. Il semblait avoir du mal à continuer.

– Et peut-être que tu pourrais me montrer, comme elle le faisait, elle. J'apprendrais vite.

– Te montrer quoi, Grand-Père ? demandai-je.

– Je ne sais pas lire, murmura-t-il. Et je ne sais pas écrire non plus.

Il avait les larmes aux yeux, quand il me regarda.

– Il faut que tu m'apprennes, mon garçon. Il le faut.

– Mais tu m'avais dit que tu étais allé à l'école.

– Jusqu'à treize ans, et je n'étais pas si mauvais que ça. Quelques punitions pour une chose ou l'autre, mais nous en avions tous, à l'exception de Myrtle. Oh, elle lisait et elle écrivait à merveille. Mais ça ne l'a pas beaucoup aidée, la pauvre. Elle est allée travailler à Ash House et elle est morte de diphtérie[1] avant que j'aie vingt ans. Pauvre fille. Elle était jolie comme une image. Je n'ai jamais eu la diphtérie, mais j'ai attrapé la scarlatine[2]. À cause de ça, j'ai manqué un an d'école. Et puis, quand j'ai guéri, je voulais travailler le plus possible à la ferme. J'allais chercher les vaches avant de partir à l'école. Je donnais à manger à Joey dans son écurie, et à la vieille Zoey aussi. Ensuite, il fallait marcher au moins trois kilomètres pour arriver à l'école. J'étais en retard presque tous les jours, et on me punissait. Mais je n'en prenais pas ombrage. L'ennui, c'est que je m'endormais toujours pendant les cours de M. Burton, et qu'il n'aimait pas ça. Alors j'étais encore puni. Et parfois, quand les truites brunes remontaient la rivière, je faisais l'école buissonnière.

1. Grave maladie contagieuse.
2. Maladie contagieuse.

Michael Morpurgo, *Le secret de grand-père*, trad. Diane Ménard

Je découvre le texte

1 Qui est le narrateur ? Justifie ta réponse.

2 Qui sont les personnages présents dans cet extrait ? D'autres personnages sont évoqués : lesquels ? Justifie ta réponse.

3 Où se déroule cette scène ? Justifie ta réponse.

Je comprends le texte et j'explore le vocabulaire

4 Dans les phrases ci-dessous, indique à quel personnage le pronom personnel en bleu renvoie.

Grand-Père | le petit-fils | Grand-Mère

a. « **Je** lui parle toujours, **tu** sais. » (ligne 3)
b. « **Tu** crois qu'**il** le ferait ? » (ligne 4)
c. « **Elle** m'écoutait, **je** le sais. » (ligne 5)
d. « Il est temps que **tu** finisses ce que **nous** avons commencé. » (ligne 7)

5 Pourquoi la grand-mère ne répond-elle pas au grand-père ?

> Elle ne dit jamais rien, mais c'est comme si je l'entendais m'écouter. (ligne 5)

6 Que signifie cette phrase « Il avait les larmes aux yeux, quand il me regarda. » (ligne 22) ?
a. Grand-Père est ému.
b. Grand-Père est embarrassé.
c. Grand-Père est heureux.
d. Grand-Père est fatigué.
Relève d'autres indices dans le texte qui te permettent de justifier ta réponse.

7 **VOCABULAIRE** Cherche le sens de l'expression *triturant ses jointures* (ligne 16). Puis explique pourquoi le grand-père agit ainsi.

8 Pourquoi Grand-Père n'a-t-il pas appris à lire et à écrire quand il allait à l'école ?

9 **VOCABULAIRE** Que veut dire l'expression *l'école buissonnière* (ligne 38) ?
a. Aller à l'école à la campagne.
b. Aller à l'école en traversant la forêt.
c. Aller à l'école dans les buissons.
d. Aller jouer ailleurs au lieu d'aller à l'école.

10 On peut découper ce texte en trois paragraphes. Donne un titre à chacun d'eux.
a. de la ligne 1 à 9 b. de la ligne 10 à 24 c. de la ligne 25 à 38

11 **DÉBAT** D'après toi, que va faire le petit-fils ?

J'écris pour mieux comprendre

12 En t'aidant des titres proposés à la question 10, résume le texte en sept lignes maximum.

Expression orale

▶ Mettre en voix un monologue

Après la lecture du texte
Miroir, petit miroir...
> pages 28-29

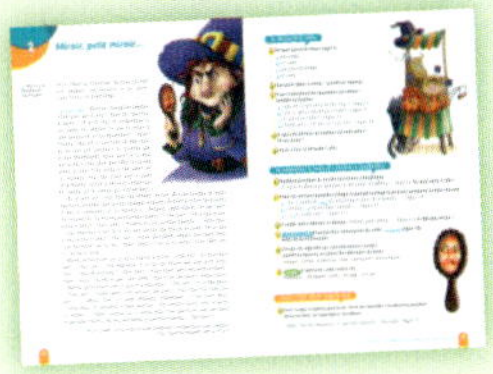

1 J'analyse les documents

LA SORCIÈRE. - Bonjour, mes petits enfants ! Vous savez qui je suis ?... Bien sûr, que vous le savez, c'est écrit dans le programme et sur toutes les affiches. Je suis la jeune et jolie sorcière de la rue Mouffetard ! – Hein ? Pardon ? Qui est-ce qui vient de dire non ? Je ne suis pas sorcière ? Je n'habite pas la rue Mouffetard ? Alors quoi ? Je ne suis pas jeune et jolie, peut-être ? Mais si, je suis jeune et jolie ! Très jeune et très jolie ! En ce moment, vous me voyez mal à cause de la lumière, mais si je me mets comme ça ? Et comme ça ? Et comme ça ? *(Elle grimace.)* – Oh, et puis zut ! Vous dites des bêtises ! Au lieu de vous écouter, je ferais mieux de consulter mon miroir magique de poche.

Pierre Gripari, *La sorcière de la rue Mouffetard* © Ed. Grasset & Fasquelle, 1989.

1. Dans cet extrait, à qui s'adresse la sorcière ?
2. « Elle grimace » : quelle est la particularité de cette phrase ?
3. Indique les différentes émotions exprimées par les phrases exclamatives.
4. Réfléchis aux manières de lire « Et comme ça ? Et comme ça ? »
5. Entraîne-toi à dire la dernière phrase en articulant correctement.
6. Observe la photographie. Quelle phrase précise peut-elle illustrer ?

2 Je prends la parole pour... mettre en voix le texte théâtral

▶ **Lis le texte à voix haute en mettant le ton.**

1. Respecte l'ambiance et les sentiments évoqués en tenant compte de la ponctuation.
2. Prévois des silences.

N'oublie pas !
Parle fort et choisis le ton expressif qui convient.

Projet d'écriture

1 Je lis

Cècette vit en Guadeloupe avec ses grands-parents, séparée de sa mère qui travaille en métropole. Elles ne se sont pas vues depuis longtemps.

Cècette flâne le long de la plage, puis traverse une partie de la mangrove, pour aller à l'Anse-Bois-d'Inde. Là, elle ramasse des coquillages et du sable rosé.
À midi, elle revient affamée.
Avec Papoli, elle mange le court-bouillon de poisson-soleil que Man Ninie a préparé avant de partir. Papoli a mis trop de piment sur son poisson. Il sue à grosses gouttes. Pendant qu'il s'évente sous la véranda, Cècette prend une feuille à dessin et des crayons de couleurs.
Elle réfléchit longuement.
C'est difficile de faire un dessin pour quelqu'un qu'on n'a pas vu depuis longtemps.
Elle dessine une tourterelle dans le ciel, puis l'efface. Elle ne garde que le ciel parce qu'elle ne sait pas dessiner les tourterelles. De toutes façons, c'est d'un ciel bleu dont sa mère a besoin. Là-bas, c'est gris tout le temps. Cècette dessine aussi une case en planches, recouverte de tôles ondulées; sa maman pourra ainsi s'endormir en écoutant chanter la pluie sur le toit. Derrière, elle peint un arbre, un mapou[1], aux feuilles bien solides. Là-bas, les arbres perdent leurs feuilles. Drôle de manie! Elle n'oublie pas de mettre un gros soleil bien jaune, parce que là-bas, dit-on, il fait très froid. Cècette imagine des gens marchant dans un réfrigérateur.
Autour du paysage, elle colle des coquillages, des conques[2] de Barthélémy, des nérites[3] zébrées, des coquilles-papillons nacrées aux motifs de madras[4]...
Elle colle aussi du sable parce que la mer en a besoin pour ne pas déborder partout.

Alex Godard, *Maman D'lo*, Ed. Albin Michel, 1998.

1. Très grand arbre, appelé aussi fromager.
2. Coquillages.
3. Escargot mangeur d'algues qui vit dans l'eau.
4. Tissu de couleurs vives.

Écrire une lettre

2 Je découvre le texte

1. Où vit Cècette ? Situe le lieu sur une carte.
2. Cherche dans le dictionnaire ce qu'est une mangrove ?
3. Comment Cècette appelle-t-elle son grand-père et sa grand-mère ?
4. Relève dans le texte les différences entre le lieu où vit Cècette et l'endroit où vit sa mère.
5. Relève la phrase qui montre que Cècette n'est jamais allée dans le lieu où vit sa mère.
6. D'après toi, pourquoi Cècette dessine-t-elle un paysage ?
   a. Parce que sa mère ne connaît pas l'endroit où elle vit.
   b. Parce qu'elle pense que sa mère a besoin de ce paysage.
   c. Parce qu'elle ne sait pas quoi dessiner.

3 Je choisis le vocabulaire

1. Recherche des informations sur la Guadeloupe, sa faune et sa flore.
2. Trouve des adjectifs pour décrire le ciel, les arbres, les maisons, le climat chez Cècette et chez sa maman.

4 Maintenant, j'écris... une lettre en une dizaine de lignes.

▶ **Rédige la lettre que Cècette écrit à sa maman.**

1. Cècette n'a pas vu sa maman depuis longtemps. Elle va lui écrire pour donner de ses nouvelles mais aussi pour lui en demander. Que pourrait-elle lui demander ?
2. Cècette joint son dessin à sa lettre. Comment va-t-elle en parler dans sa lettre ?

N'oublie pas !

→ Rappelle-toi la présentation particulière de la lettre.

→ Utilise correctement la ponctuation (majuscules et points). > p. 130

→ Utilise différents types de phrases. > p. 126 et p. 127

Maintenant, je sais

Pour identifier différentes situations de communication

• J'observe la présentation particulière des textes.

> **Les bulles dans une bande dessinée, la structure d'une lettre, les marques d'un dialogue, l'indication du personnage qui parle avant chaque réplique dans un texte théâtral.**

Pour identifier les éléments de la situation de communication

• Je repère qui parle et à qui.

> **Dans un monologue : un personnage parle seul.**

> **Dans un dialogue : plusieurs personnages parlent ensemble.**
On utilise les pronoms personnels de la première et deuxième personne :

émetteur du message → destinataire

je / nous ***tu / vous***

Exemple : **Je** reste, **tu** t'en vas !
→ « je » désigne la fleur, « tu » désigne le papillon.

• Je repère le temps et le lieu.

Exemple : La lettre de Mémé à Annabelle est datée du **2 novembre**.

• Je repère comment ils communiquent.

> **Lorsque les personnages se parlent, la communication est immédiate** (face à face ou non).

> **Lorsque les personnages s'écrivent, la communication peut être différée dans le temps** (courrier postal ou courriel).

• Je comprends pourquoi les personnages communiquent.

> **Pour demander de l'aide :** le grand-père à son petit-fils.

> **Pour lancer une invitation :** Victor Hugo aux oiseaux.

> **Pour obtenir quelque chose :** la petite annonce des vampires.

> **Pour déclarer ses sentiments :** la fleur au papillon.

> **Pour donner des nouvelles :** Mémé à Annabelle.

3

Des textes qui racontent

Dans ce chapitre, tu vas apprendre à :

- Repérer **les personnages**.
- Identifier **les actions**.
- Déterminer **le rôle des personnages** dans l'action.
- Repérer **l'enchaînement logique ou chronologique** des actions.

Tu pourras ensuite :

- **Raconter une histoire à l'oral**.
- **Écrire la suite d'un récit**.

1 Sur le pont

Sur le pont, mon père a déposé nos valises et cartons en cercle pour nous protéger du vent marin et surveiller convenablement notre richesse. Avec mes frères et sœurs, nous sommes allongés sur les transats, des couvertures posées sur les jambes et nous avons la tête en plein ciel à jouer à celui qui voit le premier une étoile filante ; mais à chaque fois que j'en aperçois une, c'est toujours un satellite de télécommunications. Un peu plus tard, Mona ma sœur aînée se met à raconter l'histoire des hommes des sables qui vivent dans des tentes et dont les enfants ont la chance de ne jamais aller à l'école, j'écoute attentivement le début, petit à petit je ne reçois plus qu'un mot sur deux, ensuite une phrase sur deux, et enfin je ne perçois plus rien, le son est coupé, je suis endormi. Je rêve sur un bateau qui trace son sillage dans une mer noire, avec la lune comme unique phare. J'ai chaud sous les couvertures. J'adore partir en voyage de rêve de cette douce manière.

Dès les premières lueurs de l'aube, les voyageurs sont au rendez-vous. L'arrivée les démange. Mon père n'a pas fermé les yeux de la nuit, ça se voit à leur couleur rouge. Le pauvre ne peut jamais s'empêcher de se prendre pour le commandant de la famille, comme si nous risquions un naufrage à toute heure, tous embarqués sur un canot de sauvetage. La brise s'est levée. Accoudé au bastingage[1], je la laisse caresser mon visage. C'est frais. Je respire à fond pour devenir de plus en plus léger et si un miracle se produit, je vais dans un instant déployer mes ailes et faire un petit tour dans l'univers de la nuit où les étoiles, hier, s'étaient transformées en vers luisants dans mes rêves. Mon père a acheté pour tout le monde des pains au chocolat au snack du bateau.
Ils ne sont pas bons, mais ils sont bons quand même parce que c'est les vacances et que c'est pas tous les jours dimanche.

1. Rambarde sur un bateau.

Azouz Begag, *Un train pour chez nous* © Éd Thierry Magnier, 2002

Je découvre le texte

1 **Qui est le narrateur ? Justifie ta réponse.**

2 **Relève les personnages présents dans cette scène. Quel lien les unit ?**

3 **Relève dans le texte les indices qui te permettent de dire quand la scène se déroule.**

4 **Cette scène se déroule :**
dans le désert • au-dessus d'un fleuve • sur un bateau • sur une plage.
Justifie ta réponse avec les mots du texte.

Je comprends le texte et j'explore le vocabulaire

5 VOCABULAIRE **Cherche dans le dictionnaire le sens du mot *pont* dans la première phrase.**

6 **Replace ces événements dans l'ordre où ils se sont produits, en utilisant les mots : *d'abord, puis…***
Le narrateur écoute sa sœur qui raconte une histoire. • Il mange des pains au chocolat en guise de petit déjeuner. • Il s'endort et rêve. • Il s'allonge sur un transat. • Il aperçoit son père.

7 **Que signifie :** « J'adore **partir en voyage de rêve** de cette douce manière » (ligne 26) **?**
a. Le narrateur aime prendre le bateau.
b. Le narrateur aime avoir chaud pour dormir.
c. Le narrateur aime s'endormir en écoutant une histoire.

8 **Combien de temps s'est écoulé entre les deux paragraphes du texte ? Justifie ta réponse.**

9 VOCABULAIRE **Que signifie le mot *phare* dans cette expression** « avec la lune comme unique **phare** » (ligne 25) **? Pourquoi l'auteur compare-t-il la lune à un phare ?**

10 **Que signifie :** « L'arrivée les démange. » (ligne 27) **?**
a. Les passagers ont été piqués par des insectes.
b. La poussière des couvertures les démange à l'arrivée.
c. Ils sont pressés d'arriver
d. Ils sont énervés par l'arrivée prochaine.

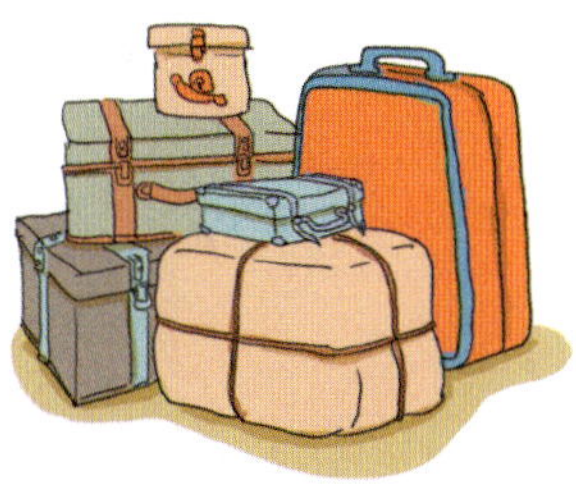

11 DÉBAT **D'après toi, le narrateur est :**
triste • heureux • impatient • contrarié • effrayé • paisible
Justifie ta réponse en relevant des éléments du texte.

12 **À ton avis, qui sont ces** « hommes des sables qui vivent dans des tentes et dont les enfants ont la chance de ne jamais aller à l'école » (ligne 16) **?**

13 VOCABULAIRE **Relève dans le texte tous les mots qui évoquent l'univers de la marine.**

14 DÉBAT **Comment comprends-tu la dernière phrase du texte ?**

J'écris pour mieux comprendre

15 **Le narrateur s'endort paisiblement (ligne 24). Imagine son rêve et raconte-le en sept lignes.**

2 D'étranges visiteurs

Au grincement de la chaîne d'ancre, tous les dodos s'interrompirent et levèrent la tête pour regarder vers la mer.

Seuls les petits dodelets, indifférents à leur sombre destin, continuaient à jouer le long de la plage vers laquelle s'avançaient deux étranges animaux qui ressemblaient à des scarabées d'eau géants franchissant des vagues à la rame.

Béatrice, Bertie et tous leurs compagnons observèrent avec étonnement les marins accoster, puis sauter hors de leurs barques pour les tirer sur le sable.

– Regardez, Bertie, dit Béatrice. Quels drôles d'oiseaux ! Ils n'ont pas de plumes, ni de véritable bec, et leurs ailes sont des plus bizarres.

Bertie n'avait jamais vu d'être humain, mais il y avait des singes dans l'île et il les avait souvent vus debout sur leurs pattes arrière, jacassant exactement comme le faisaient ces créatures.

– Mais ce ne sont pas des oiseaux, affirma-t-il sur un ton de connaisseur. Ce sont des singes.

– Des singes, dit Béatrice, venant de la mer ?

– Des singes de mer, dit Bertie avec assurance.

– Ils ont l'air vraiment excité ! dit Béatrice.

En effet, les marins avaient l'air aussi joyeux que des gamins jouant sur le sable, tout heureux de retrouver la terre ferme après plusieurs mois de mer. Leur seule nourriture, depuis si longtemps, consistait en du bœuf sec et coriace[1], en biscuits de mer bourrés de charançons[2], et leur eau potable était restée si longtemps en tonneau qu'elle ressemblait davantage à une soupe verdâtre frétillante de corps étrangers.

Ils n'avaient qu'une idée en tête : trouver de l'eau douce, de l'eau pure, de l'eau fraîche. Au bout de la plage ils trouvèrent un ruisseau, et ils burent jusqu'à plus soif. Puis quelques marins remplirent des tonneaux vides, tandis que d'autres commençaient à explorer l'île. Ils découvrirent toutes sortes de fruits qu'ils engloutirent. Ils secouèrent les cocotiers et fendirent les noix avec leur sabre d'abordage.

C'est seulement après avoir mangé et bu tout leur saoul[3] que les marins remarquèrent vraiment les dodos. Ils les observèrent d'abord, puis se moquèrent de ces gros volatiles qui se dandinaient en caquetant.

Dick King-Smith, *Longue vie aux dodos*, trad. Lan de Chastel

1. Dur.
2. Petit insecte qui ronge les graines.
3. Autant qu'ils veulent.

Je découvre le texte

1. Fais la liste des personnages présents dans cet extrait.
2. Relève dans le texte les indices qui te permettent de dire où l'action se déroule.
3. Relève dans le texte les mots qui désignent les dodos.

Je comprends le texte et j'explore le vocabulaire

4. **De quoi parle le narrateur dans cette phrase :** « deux étranges animaux qui ressemblaient à des scarabées d'eau géants franchissant des vagues à la rame. » (ligne 6) **?**
Explique pourquoi il fait une comparaison avec les scarabées d'eau.
5. **Remets ces actions dans l'ordre.**
Les marins explorent l'île. • Le bateau jette l'ancre. • Les marins remarquent les dodos sur la plage. • Deux embarcations avancent vers la plage.
6. **Recherche ce que veut dire cette expression** « Quels drôles d'oiseaux ! » (ligne 12).
Explique pourquoi cette expression est drôle lorsqu'elle est utilisée par les dodos.
7. **Pourquoi les marins sont-ils joyeux ?**
a. Parce qu'ils sont sur la terre ferme.
b. Parce qu'ils boivent de l'eau fraîche.
c. Parce qu'ils mangent des fruits.
d. Parce qu'ils jouent sur le sable.
8. **VOCABULAIRE** **Que signifie le mot *accoster* (ligne 10) ?**
se costumer • arriver • ramer • approcher des côtes • mettre pied à terre.
9. **Qui sont les créatures dont parlent Bertie et Béatrice à la ligne 18 ?**
10. **Complète les phrases suivantes.**
a. Les marins se moquent des dodos **parce que**…
b. Les marins cherchent de l'eau **pour**…
c. Les dodos ont entendu grincer la chaîne d'ancre du bateau **donc**…
11. **VOCABULAIRE** **Cherche la définition de *jacassant* (ligne 17) dans le dictionnaire et remplace-le par un mot de registre moins familier.**
12. **DÉBAT** **D'après toi, que vont faire les marins après avoir aperçu les dodos ?**

J'écris pour mieux comprendre

13. **Imagine que tu es un des marins qui est allé sur l'île. À ton retour chez toi, tu racontes à ta famille ta rencontre avec les dodos. Rédige ton récit en sept lignes environ.**

3 Une découverte exceptionnelle

Il y a presque 70 ans, des adolescents ont découvert la fameuse grotte de Lascaux.

« On a décidé de garder la découverte pour nous »

Vacances. « C'était le 12 septembre 1940. J'avais 16 ans. J'étais en vacances chez ma grand-mère, à Montignac (Dordogne). Avec 2 copains, on allait voir des Espagnoles sur les hauteurs du village. Sur le chemin, on a croisé Marcel. Il avait une pioche et une lampe à pétrole. Il nous a dit : *"Venez m'aider ! J'ai trouvé le souterrain du château !"* À Montignac, il y avait un château en ruines. Nous, les enfants, on cherchait ses souterrains en espérant trouver un trésor ! »

Chien. « Quelques jours plus tôt, son chien était tombé dans un trou en coursant un lapin. En bas, il y avait un petit trou. On l'a agrandi. Il y avait une grotte, puis un passage. On devait enjamber des grosses bosses de calcaire. On est arrivés dans une grande salle. On a éclairé une paroi avec notre loupiote : un grand bison était dessiné. Ça nous a fait un sacré effet ! C'était comme un musée, comme si les peintures avaient été faites la veille ! »

> **« Quand on a décidé de le dire à notre ancien instituteur, il pensait que c'était une blague »**

Repaire. « On a décidé de garder cette découverte pour nous. C'était notre repaire... On savait que c'était une grotte préhistorique. Il y en avait une autre aux Eyzies (Dordogne). Mais on ne se rendait pas compte de son importance. Pendant 3 jours, on est allés dans la grotte pour l'explorer. »

France. « Puis on a décidé de le dire à notre ancien instituteur. Mais il pensait que c'était une blague ! Il a quand même fini par nous suivre. Le lendemain, toute la France l'a su ! »

Entretien réalisé par S. Laboucarie

? Ceux qui découvrent une grotte sont des inventeurs. Vrai ou faux ?

Vrai.

Je découvre le texte

1 **De quel type d'ouvrage ce texte est-il extrait ?**

un roman   un dictionnaire   un journal   un documentaire

2 **Combien de personnes ont participé à cette découverte ? Que sais-tu de ces personnes ?**

3 **Dans quelle région se déroule ce récit ? Situe-la sur une carte.**

4 **À quelle date a eu lieu cette découverte ? Selon les indices du texte, à quelle date a-t-elle été révélée au public ?**

Je comprends le texte et j'explore le vocabulaire

5 **VOCABULAIRE** **À l'aide du dictionnaire, indique le radical du verbe *enjamber* (2e paragraphe).**

6 **Qu'ont-ils découvert ?**

une salle secrète d'un château • le souterrain d'un château • une grotte préhistorique • le tableau d'un bison volé dans un musée.

7 **DÉBAT** On cherchait ses souterrains en espérant trouver un trésor ! (1er paragraphe)

Ont-ils vraiment trouvé un trésor ?

8 **Complète le texte en remettant les actions dans l'ordre.**

D'abord .... Puis .... Alors, ... Et ensuite .... Enfin ....

Ils ont découvert la grotte et un passage. • Le chien est tombé. • Ils ont vu le bison. • Ils sont arrivés dans une grande salle de la grotte. • Ils ont agrandi le trou.

9 **VOCABULAIRE** **Relève dans le texte deux mots appartenant au registre de langue familier, puis reformule-les en langue plus soutenue.**

10 **DÉBAT** **Pourquoi les enfants se sont-ils adressés à l'instituteur (4e paragraphe) ?**

11 **VOCABULAIRE** **Que signifie la phrase :** « C'était notre **repaire** » (3e paragraphe) **?** **Trouve un synonyme du mot en bleu.**

12 **DÉBAT** Le lendemain toute la France l'a su ! (4e paragraphe)

À ton avis, comment l'information a-t-elle été diffusée ?

à l'aide d'Internet • à la télé • à la radio • dans les journaux

J'écris pour mieux comprendre

13 **Imagine que tu sois le journaliste qui relate en 1940 la découverte de la grotte. Rédige un article de sept lignes qui raconte les faits et propose un titre.**

4

Le cow-boy et les voleurs

Ces huit voleurs de chevaux
Sont surpris un peu trop tôt
Par le cow-boy Hippolyte,
Huit fois un, huit.

Ils s'enfuient, et chacun d'eux
Tire sur lui deux coups de feu.
Quel vacarme ! Quelle fournaise !
Huit fois deux, seize…

… Mais ils ne peuvent l'abattre,
Huit fois trois, vingt-quatre.

Alors, il lance sur eux,
Huit fois quatre, trente-deux,
Son lasso, de corde puissante,
Huit fois cinq, quarante,

Et les enchaîne à sa suite,
Huit fois six, quarante-huit.

Sur son passage, on applaudit,
Huit fois sept, cinquante-six,

On entend les tambours battre,
Huit fois huit, soixante-quatre.

Tous les enfants sont à ses trousses,
Huit fois neuf, soixante-douze,

En triomphateur, il revient,
Huit fois dix, quatre-vingts.

Jean Tardieu, *Je m'amuse en rimant*,
© Éd. Gallimard.

L'heure du crime

Minuit. Voici l'heure du crime.
Sortant d'une chambre voisine,
Un homme surgit dans le noir.
Il ôte ses souliers,
S'approche de l'armoire
Sur la pointe des pieds,
Et saisit un couteau
Dont l'acier luit, bien aiguisé.
Puis, masquant ses yeux de fouine
Avec un pan de son manteau,
Il pénètre dans la cuisine.
Et, d'un seul coup, comme un bourreau
Avant que ne crie la victime,
Ouvre le cœur d'un artichaut.

Maurice Carême, *Au Clair de la lune*,
© Fondation Maurice Carême, 1977.

Je découvre les textes

1 **Quel genre de textes reconnais-tu ?**

des contes | des scènes de théâtre | des poèmes | des énoncés de problème

Le cow-boy et les voleurs

2 **D'après toi, dans quel pays cette scène se déroule-t-elle et à quelle époque ? Justifie tes propositions.**

3 **Relève les mots qui riment avec *huit*, *seize* et *vingt-quatre*, puis explique comment ce texte est construit.**

4 **Qui est l'auteur de ce texte ? À quelle époque a-t-il vécu ?**

L'heure du crime

5 **Où et quand se déroule l'action dans ce texte ? Justifie tes réponses.**

6 **Connais-tu d'autres textes du même auteur ? Lesquels ?**

Je comprends les textes et j'explore le vocabulaire

Le cow-boy et les voleurs

7 VOCABULAIRE **Fais la liste des mots qui se rapportent à l'univers du cow-boy.**

8 **Qui le pronom *on* désigne-t-il au vers 17 ?**
les voleurs • les gens • les enfants • le cow-boy

9 **Les affirmations sont-elles vraies ou fausses ? Justifie ta réponse.**
a. Hippolyte tire sur les voleurs.
b. Il les attrape avec un lasso.
c. Les voleurs s'enfuient.
d. À l'arrivée d'Hippolyte, les gens ont peur.

10 DÉBAT « Ces huit voleurs de chevaux / Sont surpris un peu trop tôt » (vers 1-2).
Qu'étaient-ils en train de faire ?

L'heure du crime

11 **Remets les actions dans l'ordre chronologique.**
L'homme saisit un couteau. • Il surgit dans le noir. • Il ôte ses chaussures. • Il ouvre le cœur de l'artichaut. • Il pénètre dans la cuisine. • Il s'approche de l'armoire.

12 VOCABULAIRE **Cherche dans le dictionnaire des renseignements sur la *fouine* et explique pourquoi l'auteur fait une comparaison avec cet animal au vers 9.**

13 DÉBAT **Pour toi, ce poème est :**

drôle | inquiétant | banal | surprenant | amusant | angoissant

Justifie ta réponse.

J'écris pour mieux comprendre

14 **En sept lignes, raconte l'arrivée du cow-boy et des voleurs comme si tu étais dans le public.**

5 Au pied du lit...

Max est un jeune garçon qui vit au Danemark.

Lentement il ferma les yeux, mais il les rouvrit très vite. Dans la chambre, il faisait noir comme dans un four, mais ses orteils avaient touché quelque chose au bout du lit. Max retira ses pieds en un éclair et regarda fixement au plafond pour essayer d'apercevoir Galilée[1]. Ses pensées se bousculèrent dans sa tête : il y avait bien quelque chose d'anormal au bout du lit. Quelque chose qui n'avait pas l'habitude de se trouver là. Quelque chose de … poilu.

Max avança un orteil et retoucha la chose poilue. Puis il enleva aussitôt son pied. Ils lui avaient peut-être acheté une nouvelle couverture de laine. Il tâta encore. Ça n'y ressemblait pas. Les couvertures n'ont pas autant de poils. Il y avait aussi quelque chose de dur à l'intérieur ; « Je vais être obligé d'allumer ? » se dit-il en tendant le bras. Il trouva le petit bouton et la pièce baigna peu après dans la lumière rouge de la veilleuse représentant Ole Ferme l'œil[2]. Mais Max ne vit rien ; car à la seconde même où la lumière s'alluma, il ferma les yeux. Bien sûr, il voyait que c'était éclairé, parce que ses paupières étaient toutes orangées, mais il ne voyait rien d'autre. S'il y avait quoi que ce soit dans sa chambre, il était maintenant à sa merci. Tout le temps qu'il fermait les yeux.

Max attendit longtemps, longtemps, et finit par avoir vraiment mal aux paupières. Il les entrouvrit prudemment. Tout était flou. Comme quand il fait très chaud en été. Ou comme dans la chaleur de midi des savanes africaines. Il ouvrit les yeux un cran de plus, les referma et plongea sous sa couette. « Mon cœur, pensa-t-il, mon cœur emplit toute ma poitrine. Et où est ma voix ? J'aurais dû hurler ».

1. Astronome grec.

2. Le marchand de sable au Danemark.

Il était tout recroquevillé et tremblait. Ce n'était pas possible. Mais c'était vrai. C'était tout simplement vrai. Il y avait effectivement un énorme lion assis au pied de son lit. Et non seulement ça, mais le lion le dévisageait. Et aussi, sauf erreur, il riait un petit peu. Dans la mesure où les lions sont capables de rire, mais c'est ce qu'ils font sans doute, juste avant de manger.

Au même moment, on aurait dit que quelqu'un se raclait la gorge. Max ouvrit les yeux. Est-ce que cela pouvait être le lion qui se raclait la gorge ? Le lion le regarda en face.

« Tu vas mmm'manger…maintenant ? » demanda Max avec une toute petite voix.

Il ne savait pas pourquoi il posait une question aussi bête, mais elle lui échappa des lèvres.

Le lion le regardait paresseusement, soudain il se mit à contempler sa patte et secoua la tête. Max écarquilla les yeux. Et se redressa d'un seul coup dans son lit. Le lion comprenait ce qu'il avait dit. Il comprenait ce qu'il avait dit ! C'était peut-être une coïncidence. Il ne pouvait peut-être pas s'y fier. Les lions secouaient peut-être la tête avant de se jeter sur leur proie.

« Euh… tu ne devrais pas… être en Afrique en ce moment ? » risqua Max dans un murmure.

Bjane Reuter, *Oscar à la vie à la mort*, trad. Jean Renaud © Bjane Reuter, 2000, © Livre de Poche Jeunesse, 2007.

Je découvre le texte

1 **Le narrateur est-il un personnage de l'histoire ? Justifie ta réponse.**

2 **Parmi les propositions suivantes, quels sont les personnages de l'histoire ?**
Galilée • Max • un monstre poilu • Ole Ferme l'oeil • un lion • un animal en peluche

3 **Relève les indices qui te permettent de dire où et à quel moment se déroule cette scène.**

Je comprends le texte et j'explore le vocabulaire

4 **Relève dans le texte les mots ou expressions qui désignent le lion.**

5 **Qui désigne le pronom personnel *ils* dans cette phrase ?**
« **Ils** lui avaient peut-être acheté une nouvelle couverture de laine. » (ligne 8)

6 **Qui était Galilée ? Pourquoi Max le cherche-t-il au plafond ?**

7 **Pourquoi Max se sent-il obligé d'allumer la lumière ?**

8 DÉBAT **Comment expliques-tu les deux réactions de Max ?**
« … il ferma les yeux » (ligne 13) et « Il les rentrouvrit prudemment. » (ligne 18)

9 **Que signifie cette phrase** : « mon cœur emplit toute ma poitrine » (ligne 21) **?**

a. Max a mal au cœur.
b. Max a bon cœur.
c. Max a le cœur gros.
d. Son cœur bat très fort.

10 VOCABULAIRE **Explique quelles sont les émotions décrites par ces deux expressions** : « Ses pensées se bousculèrent dans sa tête » (ligne 4) et « elle lui échappa des lèvres » (ligne 32).

11 **Choisis, parmi les émotions suivantes, celle qui correspond le mieux à ce que Max ressent, puis justifie ta réponse.**

la tristesse | la surprise | la peur | la joie | l'hésitation

12 VOCABULAIRE **Cherche le sens du mot *dévisageait* (ligne 24) dans un dictionnaire et indique son radical.**

13 **Relève dans le texte les actions que fait Max parce qu'il a peur.**

14 VOCABULAIRE **En t'aidant du dictionnaire, trouve un synonyme de *coïncidence* (ligne 37)**

15 DÉBAT **D'après toi, y a-t-il vraiment un lion au bout du lit ?**

J'écris pour mieux comprendre

16 **Imagine que Max raconte cette scène à ses parents qui ne le croient pas. Écris en sept lignes leur discussion.**

Expression orale

▶ Raconter une histoire à partir d'un tableau

1 J'analyse le document

1. Observe le tableau de Georges Seurat ci-dessous.

Georges Seurat, *Un dimanche après-midi à la Grande Jatte*, Arte Institute of Chicago.

2. Repère le lieu, les personnages et les animaux.
3. Choisis un personnage.
4. Décris ce qu'il fait sur le tableau et imagine ce qu'il va faire durant l'après-midi.

2 Je prends la parole pour… raconter une histoire à partir d'un tableau

▶ **Raconte à la classe ce que fait ton personnage ce dimanche.**

1. Commence par : « C'est l'histoire de… » ou « Un jour… » ou « Madame… ».
2. Cherche des substituts (groupes nominaux et pronoms) pour éviter les répétitions.
3. Enchaîne les actions en les articulant à l'aide de : puis, ensuite, alors, mais…
4. Prépare une fin pour ton récit.

N'oublie pas !
Parle lentement et fais des pauses.

Projet d'écriture

1 Je lis

Maître Renard n'aurait pas été si sûr de lui s'il avait su exactement où l'attendaient les trois fermiers, à l'instant même. Ils se trouvaient juste devant l'entrée du terrier, chacun tapi derrière un arbre, le fusil chargé. Et, de plus, ils avaient très soigneusement choisi leur place, après s'être assurés que le vent ne soufflait pas vers le terrier, mais en sens contraire. Ils ne risquaient pas d'être trahis par leur odeur.

Maître Renard grimpa le tunnel obscur jusqu'à l'entrée de son terrier. Son beau museau pointu surgit dans la nuit sombre et il se mit à flairer.

Il avança d'un centimètre ou deux et s'arrêta. Il flaira une autre fois. Il était toujours particulièrement prudent en sortant de son trou.

Il avança d'un autre centimètre. Il était à moitié sorti, maintenant. Sa truffe[1] frémissait de tous côtés, humant[2], flairant le danger. Sans résultat. Au moment même où il allait filer au trot dans le bois, il entendit ou crut entendre un petit bruit, comme si quelqu'un avait bougé le pied, très très doucement sur un tapis de feuilles mortes.

Maître Renard s'aplatit par terre et s'immobilisa, oreilles dressées. Il attendit un long moment, mais on n'entendait plus rien.

« Ce devait être un rat des champs, se dit-il, ou une autre petite bête. »

Il se glissa un peu plus hors du trou… puis encore un peu plus. Il était presque tout à fait dehors, maintenant. Il regarda attentivement autour de lui, une dernière fois.

Le bois était sombre et silencieux. Là-haut, dans le ciel, la lune brillait.

Alors, ses yeux perçants, habitués à la nuit, virent luire quelque chose derrière un arbre, non loin de là.

Roald Dahl, *Fantastique Maître Renard*, trad. M. Saint-Dizier

1. Nez du renard. 2. Sentant.

Écrire la suite d'un récit

2 Je comprends le texte

1. Fais la liste des personnages de cette scène.
2. Relève les indices qui te permettent de dire à quel moment cette scène se déroule.
3. Où se trouve chaque personnage ?
4. Retrouve ce qui est exact :
   a. Renard a peur du noir.
   b. Renard redoute les bruits de la forêt.
   c. Renard craint de se trouver nez à nez avec un ennemi.
   d. Renard est effrayé par les rats des champs.
5. À ton avis, pourquoi les fermiers sont-ils cachés ?

Photos extraites du film *Fantastic Mr Fox* de Anderson Wes, adaptation du roman de Roald Dahl.

3 Je choisis le vocabulaire

1. Recherche différentes manières de désigner Maître Renard et les fermiers.
2. Fais la liste de ce que tu peux trouver dans un bois.
3. Cherche des mots pour décrire un endroit sombre et inquiétant.

4 Maintenant, j'écris…

la suite d'un récit en 10 lignes environ

▶ **Imagine la suite de l'histoire de Maître Renard.**

1. Que va apercevoir Maître Renard et que va-t-il faire ?
2. Comment les fermiers vont-ils réagir ?
3. Maître Renard va-t-il se faire attraper ?

N'oublie pas !

→ Utilise le passé simple pour des actions de premier plan et l'imparfait pour des actions de second plan. > p. 200

→ Organise la suite des actions en utilisant des connecteurs : « tout à coup », « soudain »…

→ Utilise différents types de phrases pour exprimer les émotions de Maître Renard.

Maintenant, je sais

Pour comprendre ce qui est raconté

• Je repère les personnages présents et les mots qui les désignent.

Exemple : Les dodos : les dodelets, Bertie, Béatrice, les gros volatiles.

• Je repère les déplacements des personnages.

Exemple : Le chien est **tombé dans un trou**. Les jeunes gens **sont descendus à l'intérieur** et ont découvert une grotte.

• Je repère leurs actions.

Exemple : Max **avança** un orteil et **retoucha** la chose poilue. Puis il **enleva** aussitôt son pied.

• Je repère la façon dont les actions s'enchaînent.

> **Dans un ordre chronologique :** je peux relier les événements avec les connecteurs *d'abord*, *puis*, *ensuite*...

Exemple : **D'abord** les marins jettent l'ancre, **puis** ils accostent et **enfin** ils sautent sur le sable.

> **Dans un ordre logique :** je peux relier les événements avec les conjonctions *car*, *donc*, *parce que*...

Exemple : Les voleurs veulent échapper au cow-boy **donc** ils s'enfuient.

4

Des textes qui décrivent

Dans ce chapitre, tu vas apprendre à :

- Identifier **des descriptions de personnages, d'événements et de lieux**.
- Identifier **l'organisation d'une description**.
- Repérer **les mots qui apportent des précisions** : adjectifs qualificatifs, comparaisons…

Tu pourras ensuite :

- **Décrire à l'oral un lieu.**
- **Écrire la description d'une affiche.**

1 L'apparition

McDunn et le narrateur sont gardiens de phare. Chaque année, une créature étrange s'approche du phare.

– Chut ! fit McDunn. Là !
De la tête, il m'indiqua l'obscurité, au-dehors.
Quelque chose en effet approchait du phare, en nageant.

Comme je l'ai déjà dit, la nuit était froide. La haute tour paraissait de glace, la lumière allait et venait et la Sirène appelait, appelait à travers l'épaisseur du brouillard. On ne pouvait voir ni bien loin ni clair, mais la mer était là, se ruant vers la terre enténébrée[1], unie et calme, couleur de boue sale ; nous étions tous deux seuls dans la haute tour et là-bas, devant nous, encore assez loin, il y avait un remous, suivi d'une vague, et quelque chose qui s'élevait dans un bouillonnement d'écume.
Tout à coup, à la surface glacée de la mer, une tête parut, une grosse tête sombre avec des yeux immenses; puis un cou. Venait ensuite – non pas un corps – mais le cou interminable, encore et toujours. La tête se dressait à présent à quarante pieds[2] au-dessus de l'eau sur un cou frêle, beau et sombre. C'est alors seulement que, peu à peu, le corps sortit de la mer, pareil à une petite île de corail noir, couverte de coquillages et de crustacés. Enfin, on vit ondoyer une queue. En tout, de la tête au bout de la queue, j'estime que le monstre devait avoir quatre-vingt-dix à cent pieds.

Je ne me souviens pas de ce que j'ai pu dire, mais je sais que j'ai dit quelque chose.
– Courage, mon garçon, courage, chuchota McDunn.
– Ce n'est pas possible, je rêve !

[…] Le monstre nageait au loin, dans l'eau glacée, lentement, avec une majesté sombre. Autour de lui le brouillard se déplaçait, estompant[3] parfois son contour. La puissante lumière du phare frappa et alluma l'œil de la bête qui la réfléchit, rouge, blanche, rouge, blanche; on eût dit un disque haut perché envoyant des signaux lumineux dans un code primitif[4]. Tout cela silencieux comme le brouillard à travers lequel le monstre se déplaçait.
– C'est un dinosaure ou quelque animal de cette époque !

Ray Bradbury, « La sirène », *La Sorcière d'Avril et autres nouvelles*,
trad. Richard Negrou et C. Andronikof © Actes Sud Junior, 2001 © The Creative Company.

1. Plongée dans l'obscurité.
2. Unité de mesure : un pied correspond à 30,48 cm.
3. Rendant flou.
4. Un code très ancien.

Je découvre le texte

1 Le narrateur est-il un personnage de l'histoire ? Est-il seul ? Justifie ta réponse.

2 Où se déroule cette scène ?

a. Dans les douves d'un château.
b. Au bord d'un lac.
c. Au bord de la mer.
d. Près des bassins d'un château.

3 À quel moment de la journée l'action se déroule-t-elle ? Justifie ta réponse.

4 Cherche des informations sur l'auteur de ce texte : son pays d'origine, ses dates de naissance et de mort, ses romans.

Je comprends le texte et j'explore le vocabulaire

5 D'après toi, quel temps fait-il ? Justifie ta réponse par des mots du texte.
La mer est calme. • La mer est déchaînée. • Le vent souffle très fort. • Il pleut. • Il y a du brouillard. • Il n'y a pas de vent.

6 VOCABULAIRE Cherche dans le dictionnaire le sens du verbe écrit en bleu dans : « mais la mer était là, **se ruant** vers la terre enténébrée… » (ligne 11). Remplace-le par un synonyme. Explique l'effet produit par ce mot.

7 Que décrit le narrateur dans le premier paragraphe (lignes 1 à 5) ? Et dans les deuxième et troisième paragraphes (lignes 6 à 23)?

8 Quel est le rôle de l'expression « Tout à coup » (ligne 16) ?

9 Relève les verbes du deuxième paragraphe : à quels temps sont-ils conjugués ?

10 Relève dans le texte les différentes parties du corps du monstre et liste ce qui en est dit.

11 Calcule la taille du monstre en mètres.

12 VOCABULAIRE Le mot *réfléchir* peut avoir plusieurs sens. En t'aidant du dictionnaire, remplace-le par celui qui conviendrait le mieux dans cette phrase (ligne 30) : « La puissante lumière du phare frappa et alluma l'œil de la bête qui la **réfléchit**. »

13 Comment cette créature te paraît-elle ?

amicale — effrayante — gigantesque — agressive — pacifique

Justifie ta réponse en relevant des éléments du texte.

14 DÉBAT D'après toi, de quelle sorte de monstre s'agit-il ?

J'écris pour mieux comprendre

15 Rédige quatre phrases qui pourraient compléter la description du monstre.

2 Un spectacle éblouissant

Âgée de quatorze ans, Marion entre comme servante au service de Madame de Montespan qui est la favorite du roi Louis XIV.

Quand Marion se réveilla, l'après-midi était bien avancée. Attirée par quelques lointaines notes de musique, elle s'était approchée du grand canal[1]. Tous les vaisseaux de la flottille royale paradaient devant le roi. Marion les connaissait bien, Antoine les lui avait décrits à maintes reprises. Chaloupes, brigantins et felouques rivalisaient de couleurs éclatantes. Leurs reflets sur l'eau jouaient avec la lumière du soleil, qui à cette heure hésitait entre l'or et l'orangé. Il y avait même deux galiotes avec de vrais galériens à leur bord et un navire de guerre miniature avec ses canons, ses sculptures, ses cordages et son pavillon aux armes du roi. Le vent faisait claquer les voiles et emportait vers Marion les cris des marins aux accents d'Italie et de Provence.

Deux gondoles dorées, rutilantes comme des écus tout neufs, constituaient les joyaux de la flottille. Ces deux merveilles avaient été offertes à Louis XIV, au nom du doge[2], par l'ambassadeur de la Sérénissime République de Venise et acheminées à grands frais jusqu'à Versailles.

Le roi naviguait à bord de l'une d'elles. Un magnifique panache ornait son chapeau, et son habit constellé de perles et de pierreries étincelait dans la chaude clarté de cette fin de journée. Assise à ses côtés, Athénaïs[3], resplendissante, agitait son éventail avec une grâce infinie. Ses bijoux incendiaient de mille feux la robe somptueuse qu'elle avait choisie pour le retour du roi. Un sourire radieux illuminait son visage de déesse.

La reine, petite et large, outrageusement fardée et littéralement couverte de pierres précieuses, était beaucoup moins souriante. Elle avait pris place dans la deuxième gondole, en compagnie du Dauphin, de quelques dames et d'une ribambelle de chiens minuscules.

Les musiciens du roi, installés dans une chaloupe, suivaient les embarcations royales et jouaient les mélodies de Monsieur Lully[4]. Sur les berges, courtisans, domestiques, et curieux de tout poil interprétaient et commentaient le moindre geste des souverains.

Marion resta, elle aussi, un long moment à contempler le roi et la marquise, tels deux diamants dans un écrin d'or pur.

Annie Pietri, *Les orangers de Versailles*
© Bayard Jeunesse, 2000.

1. Grand canal des jardins de Versailles.
2. Chef élu de l'ancienne république de Venise.
3. Athénaïs de Montespan, maîtresse du roi.
4. Compositeur de musique.

Je découvre le texte

1. **Fais la liste des personnages présents.**
2. **À quel moment de la journée se déroule le texte ? Justifie ta réponse.**
3. **Où se déroule la scène décrite ? Justifie ta réponse.**
   a. Dans un port.
   b. Sur un lac.
   c. Sur les canaux du château de Versailles.
   d. Sur les canaux de Venise.
4. **Qui était Louis XIV ? Quand a-t-il vécu ? Situe le règne de Louis XIV sur une frise chronologique.**
5. **Qui désigne-t-on par le terme de *Dauphin* (ligne 25) ? Aide-toi du dictionnaire.**

Je comprends le texte et j'explore le vocabulaire

6. **Où se trouve Marion ? Justifie ta réponse.**
   a. Sur une gondole.
   b. Sur le port.
   c. À une fenêtre du château.
   d. Sur les berges du canal.
7. VOCABULAIRE **Trouve un nom générique pour désigner *chaloupes*, *brigantins* et *felouques* (ligne 4) et complète cette liste avec d'autres noms relevés dans le texte. Aide-toi du dictionnaire.**
8. **Relève dans le texte tous les mots qui donnent des indications sur les couleurs de la scène.**
9. VOCABULAIRE **Dans le troisième paragraphe, relève les verbes synonymes de *briller*.**
10. **Associe un titre à chacun des quatre premiers paragraphes :**
    Les gondoles royales • La flottille du roi • Sur la gondole de la reine • Sur la gondole du roi.
11. VOCABULAIRE **Relève les mots qui appartiennent au domaine de la richesse.**
12. DÉBAT **D'après toi, pourquoi la reine ne sourit-elle pas ?**
    a. Elle est trop maquillée.
    b. Elle a peur en bateau.
    c. Elle est jalouse d'Athénaïs.
    d. Elle s'inquiète pour le roi.
13. **Explique cette comparaison :** « le roi et la marquise, tels deux diamants dans un écrin d'or pur. » (ligne 34).
14. DÉBAT **Parmi les titres suivants, lequel choisirais-tu pour ce texte ?**
    Une journée ordinaire à la cour de Louis XIV
    Jour de fête à la cour de Louis XIV
    Visite du Doge à la cour de Louis XIV

J'écris pour mieux comprendre

15. **Écris le portrait opposé de la reine (lignes 21 à 23). Tu commenceras par :** La reine, grande et… .

3 Une riche cité

Les riches marchands vénitiens ont construit leurs demeures sur les rives du Grand Canal, là où les bateaux accostaient avec la marchandise venue d'Orient.

Ils n'ont pas construit des maisons forteresses car, pour se protéger, il suffisait à Venise d'ôter les balises de la lagune[1] pour que l'ennemi s'enlise. Ils ont construit de somptueux palais qui leur ont servi d'habitations et aussi d'entrepôts et de bureaux.

Le seul souci des marchands a été d'étaler leurs richesses par vanité mais aussi pour la gloire de leur cité. Les façades principales ont d'abord été recouvertes de fresques, puis de plaques de marbres polychromes, et même d'or.

À la *palina*[2], peinte aux couleurs des familles nobles, était attachée la gondole, carrosse aquatique des maîtres. Posséder la plus prestigieuse gondole était aussi un sport national au point que des lois sévères ont été promulguées pour limiter leur luxe tapageur.

Près de deux cents palais, que l'on désigne encore par le nom des grandes familles nobles, se reflètent toujours dans l'eau du Grand Canal, « la plus belle rue du monde ». Chacun a ses secrets, ses grandes et petites histoires.

Viviane Bettaïeb, *Venise, La cité des doges* © Gallimard Jeunesse Giboulées, 2007.

1. Étendue d'eau séparée du large par une bande de sable.

2. Poteau décoré auquel on attache la gondole.

Je découvre le texte

1 **De quel genre de texte s'agit-il ?**
a. un roman c. un conte
b. un journal d. un documentaire

2 **Que décrit ce texte ?**
les riches marchands • les gondoles • les maisons vénitiennes • le Grand Canal.

3 **Sur une carte d'Europe, situe l'Italie, puis Venise.**

Je comprends le texte et j'explore le vocabulaire

4 **Quelle est la particularité de la ville de Venise ?**
a. C'est une ville de marchands.
b. Elle est construite sur une lagune.
c. Ces habitants sont tous nobles.
d. C'est une ville d'Orient.

5 VOCABULAIRE **Cherche dans le dictionnaire le sens du mot *vanité* (ligne 8).**

6 **Pour étaler leurs richesses, que faisaient les Vénitiens ?**
Ils étalaient leurs marchandises dans les entrepôts. • Ils couvraient leurs maisons de marbre ou d'or. • Ils avaient de magnifiques gondoles. • Ils pratiquaient des sports aquatiques.

7 VOCABULAIRE **Relève dans le texte les mots qui désignent des bâtiments.**

8 **Liste ce que l'on dit de ces bâtiments.**

9 **Explique cette phrase :** « Il suffisait à Venise d'ôter les balises de la lagune pour que l'ennemi s'enlise » (ligne 4).

10 **Pourquoi nomme-t-on la gondole** « carrosse aquatique » (ligne 12) **?**

11 VOCABULAIRE **Relève dans le texte les mots ou expressions qui se rapportent à l'idée de richesse.**

12 **Pourquoi nomme-t-on le Grand Canal** « la plus belle rue du monde » (ligne 16) **?**

13 DÉBAT **D'après toi, ce texte permet de :**
raconter la vie des Vénitiens autrefois • se repérer dans le Grand Canal • décrire Venise • raconter le commerce avec l'Orient.

J'écris pour mieux comprendre

14 **Décris en quatre phrases comment tu imagines une maison forteresse.**

4 Un étrange équipage

Nils Holgersson vit dans une ferme en Suède avec ses parents. Il s'est moqué d'un lutin. Pour se venger, celui-ci l'a ensorcelé au point de le rendre tout petit. Un jour, les oies sauvages qui volent au-dessus de la ferme encouragent les oies domestiques à les suivre. Nils cherche à empêcher le jars de partir.

– Toi, tu ne partiras pas ! cria-t-il.

Or au même moment, le jars[1] comprit comment faire pour quitter le sol. Il ne put s'arrêter pour faire descendre le garçon, si bien que Nils fut emporté en l'air avec lui.

Ce fut si rapide qu'il en eut le vertige. Avant de réaliser qu'il aurait dû lâcher prise, ils étaient déjà si haut qu'il se serait tué s'il était tombé. Il n'avait plus qu'à essayer de se hisser sur le dos du jars. Puis il dut se maintenir entre les ailes battantes, ce qui n'était pas chose facile. Il plongea ses deux mains profondément dans les plumes et le duvet pour ne pas glisser.

Nils avait la tête qui tournait et il eut les idées embrouillées pendant un bon bout de temps. L'air sifflait et le fouettait. Le vent grondait dans les plumes comme une véritable tempête. Treize oies volaient autour de lui, cacardant et battant des ailes. Finalement, il se ressaisit et comprit qu'il devait tenter de savoir où les oies le conduisaient. Mais il n'avait pas le courage de regarder vers le bas. Cela lui donnait le vertige.

1. Mâle de l'oie.

Les oies sauvages ne volaient cependant pas très haut, car sinon leur nouveau compagnon de route aurait eu du mal à respirer. À cause de lui, elles volaient aussi moins vite que d'habitude.

Enfin le garçon s'obligea à jeter un coup d'œil vers la terre. Il vit alors comme une immense nappe étendue sous lui, divisée en d'innombrables carreaux, grands et petits. Tout n'était qu'angles et bords droits, rien n'était rond ni courbe.

– Qu'est-ce donc que ce grand tissu à carreaux ? dit-il, sans s'attendre à une réponse.

Mais les oies sauvages crièrent aussitôt :

– Des champs et des prés ! Des champs et des prés !

Ils traversaient la plaine de Scanie[2]. Les carreaux vert tendre étaient les champs de seigle ensemencés l'automne précédent et devenus verts sous la neige. Les gris jaunâtre étaient des chaumes, les bruns, des champs de trèfle et les noirs, des champs de betteraves ou bien des terres en friche. Il y avait aussi quelques carreaux foncés avec du gris au centre ; c'étaient des fermes et les carreaux verdoyants, des jardins.

Le garçon ne put s'empêcher de rire en voyant tous ces carreaux, mais les oies sauvages crièrent sur un ton de reproche :

– Pays bon et fertile ! Pays bon et fertile !

Nils avait repris son sérieux.

« Comment peux-tu rire, pensa-t-il, toi qui te trouves dans la pire des situations que l'on puisse imaginer ! »

Bientôt il eut cependant une nouvelle occasion de s'amuser. Il avait toujours aimé chevaucher à bride abattue, mais jamais il n'était allé aussi vite. Et jamais il n'aurait pensé que l'on pût se sentir aussi bien et aussi libre qu'il l'était dans cet air frais et léger. Du sol montait une délicieuse odeur de terre et de résine.

Selma Lagerlöf, *Le merveilleux voyage de Nils Holgersson à travers la Suède*, trad. Agneta Segol, Pascale Brick Aïda © Flammarion, 1989.

2. Région du sud de la Suède.

Je découvre le texte

1. **Fais la liste des personnages de cette scène.**
2. **Dans quel pays se déroule cette scène ? Situe-le sur une carte.**
3. **Où se trouve le héros pendant toute la scène ? Justifie ta réponse.**
4. **Cherche des informations sur l'auteur : son origine, ses dates de naissance et de mort.**

Je comprends le texte et j'explore le vocabulaire

5. **Relève, en les classant, les expressions qui précisent ce que Nils ressent physiquement.**
6. VOCABULAIRE **Explique ce qu'est la nappe :** « Il vit alors comme **une immense nappe** étendue sous lui, divisée en d'innombrables carreaux » (ligne 23).
7. **Relève toutes les couleurs citées dans le texte de la ligne 31 à 36.**
8. **Associe chaque carreau de couleur à ce qu'il est en réalité.**
   des champs de betteraves • des jardins • les champs de seigle • des terres en friche • des fermes • des champs de trèfle.
9. VOCABULAIRE **Explique comment est formé l'adjectif** ***jaunâtre*** **(ligne 33).**
10. **Les oies sont-elles amicales ou hostiles vis-à-vis de Nils ? Relève dans le texte ce qui te permet de répondre.**
11. DÉBAT **Pourquoi les oies s'envolent-elles ?**
12. VOCABULAIRE **À l'aide du dictionnaire, trouve le sens de l'adjectif** ***fertile*** **et propose un adjectif de sens contraire.**
13. VOCABULAIRE **Quel est le sens de l'expression en bleu** « Il avait toujours aimé **chevaucher à bride abattue** » (ligne 43). **Pourquoi est-elle employée ici ?**
14. DÉBAT **Qui parle dans cette phrase :** « Comment peux-tu rire, pensa-t-il, toi qui te trouves dans la pire des situations que l'on puisse imaginer ! » (ligne 41) **? Pourquoi peut-on dire que Nils est dans une mauvaise situation ?**

J'écris pour mieux comprendre

15. **Imagine que Nils voit des lacs et des rivières. À quoi pourrait-il les comparer ? Rédige cette description en quatre phrases.**

Expression orale

▶ Décrire un jardin

1 J'analyse les documents

A Jardin à la française, Château de Villandry

B Jardin à l'anglaise, Jardins de Giverny

1. Où se trouvent Villandry et Giverny ? Cherche pourquoi ces lieux sont célèbres.

2. Quels adjectifs conviendraient le mieux au jardin à la française (document A) ? Quels sont ceux qui conviendraient au jardin à l'anglaise (document B) ?

varié — géométrique — coloré — régulier — sauvage — symétrique — fleuri

3. Choisis l'un des deux jardins. Note avec précision les différents éléments qui composent le jardin que tu as choisi :
– l'organisation, le plan général
– la végétation
– les couleurs
– les formes

2 Je prends la parole pour... décrire un jardin

▶ **Présente la description du jardin que tu as choisi afin que tes camarades puissent le reconnaître.**

1. Utilise les expressions suivantes sans les répéter : il y a, je vois, je distingue, je remarque.

2. Indique les positions : devant, derrière, à droite, à gauche, en arrière plan, au premier plan, à côté de ...

3. Exprime les impressions que tu pourrais éprouver à la vue de ce jardin : fraîcheur, mystère, égarement, rigueur, fouillis, bien-être...

N'oublie pas !
Évite les répétitions.

1 Je lis

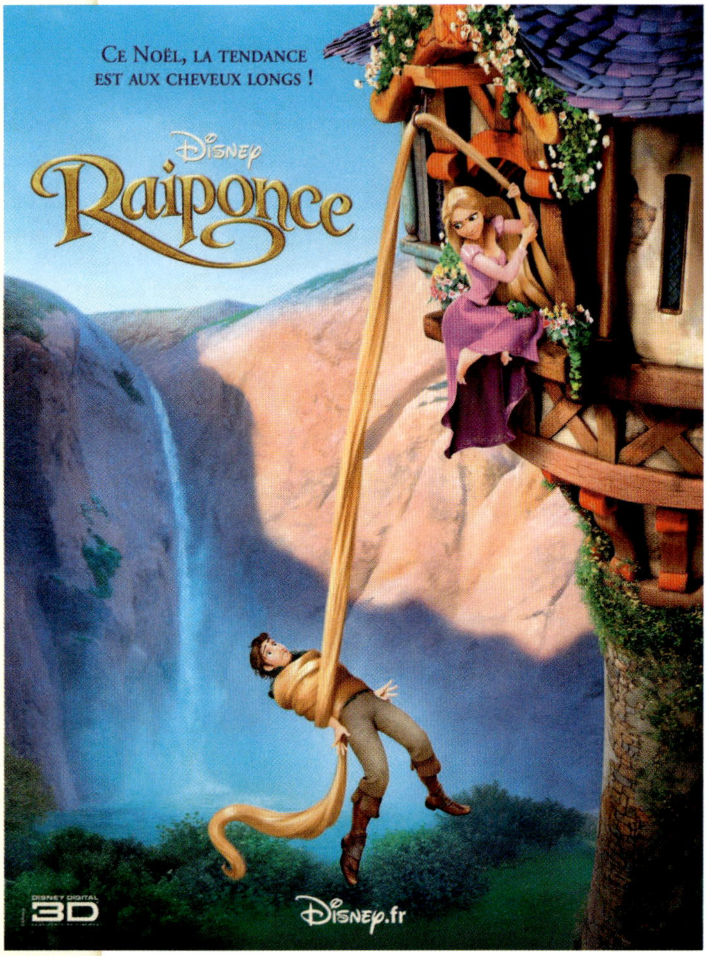

Raiponce est retenue prisonnière en haut d'une tour par une magicienne…

Raiponce avait de superbes cheveux longs, fins comme l'or filé. Quand elle entendait la voix de la magicienne, elle défaisait ses nattes, les nouait en haut à un crochet de fenêtre et alors les cheveux tombaient vingt aunes[1] plus bas et la magicienne y grimpait.
Après une paire d'années, il se trouvait que le fils du roi vint à cheval par la forêt et passa au pied de la tour. Alors il entendit un chant, s'arrêta et tendit l'oreille : c'était Raiponce qui passait ainsi le temps dans sa solitude à faire retentir sa charmante voix. Le fils du roi voulut monter jusqu'à elle et chercha une porte de la tour mais il n'en pouvait trouver. Il rentra à son logis, mais le chant avait si fort touché son cœur que chaque jour il retournait dans la forêt l'écouter. Un jour qu'il était ainsi derrière un arbre, il vit qu'une magicienne arrivait et criait vers le haut de la tour :

Raiponce, Raiponce,
Laisse descendre tes cheveux.

Alors Raiponce défit ses tresses, les laissant tomber, et la magicienne y grimpa.
« Si c'est l'échelle par où l'on monte, je tenterai aussi ma chance un jour. »

Grimm, *Nouveaux Contes*, trad. Jean Amsler © Gallimard, 1996.

1. Unité de mesure ancienne (équivalent à 118 centimètres).

Décrire une affiche de cinéma

2 Je comprends le texte

1. De quel genre de texte s'agit-il :
   un résumé du film • un article de journal • une scène de théâtre • un extrait de conte.
2. Fais la liste des personnages de cette scène.
3. Explique pourquoi le prince ne pouvait pas trouver la porte de la tour.
4. Relève la phrase qui indique que Raiponce s'ennuie.
5. Qu'est-ce qui a séduit le prince ?
   les cheveux de Raiponce • sa tristesse • son chant • son logis.
6. Comment le prince va-t-il faire pour grimper dans la tour ?

3 J'observe l'affiche et je choisis le vocabulaire

1. Cherche des adjectifs pour décrire les personnages, leur habillement, leurs expressions, tels qu'ils apparaissent sur l'affiche.
2. Propose des noms et des adjectifs pour décrire le décor de la scène.
3. Recherche différentes manières de désigner les personnages.

4 Maintenant, j'écris... *la description d'une affiche de cinéma*

▶ **Décris l'affiche du film *Raiponce*.**

1. Nomme les différents éléments qui figurent sur l'affiche, comme tu le fais pour décrire une couverture de livre.
2. Décris le paysage et indique ce que font les personnages, l'expression de leurs visages.
3. Qu'est-ce qui crée un effet comique dans cette affiche ?

N'oublie pas !

→ Utilise le présent > p. 164 à 172.

→ Évite l'emploi de « il y a » ou « on voit ».

→ Précise ta description en employant des adjectifs et des comparaisons.

→ Organise ta description en paragraphes.

Maintenant, je sais

Pour comprendre une description

• Je repère ce qui est décrit.

> **Un personnage :** Raiponce, un monstre marin.
> **Un événement :** une fête à Versailles.
> **Un lieu :** le Grand Canal à Venise.

• Je repère les mots qui apportent des précisions.

> **Les adjectifs qualificatifs.**
Exemple : **Une grosse** tête **sombre** avec des yeux **immenses**.

> **Les comparaisons introduites par les mots *comme*, *pareil à*, *tel*...**
Exemple : ... le roi et la marquise, **tels** deux diamants dans un écrin d'or pur.

• Je repère l'organisation en paragraphes.

L'auteur peut ainsi donner différents points de vue à sa description :

> **une vue d'ensemble puis une description plus détaillée des éléments qui composent la scène ou le paysage décrit.**
Exemple : Le Grand Canal, les deux gondoles puis le roi et enfin la reine.

> **une description qui suit les déplacements des personnages.**
Exemple : Les paysages observés par Nils Holgersson.

La description permet au lecteur de se représenter un lieu, un événement ou des personnages (imaginaires ou réels) qu'il ne voit pas.

5

Des textes qui donnent des consignes

Dans ce chapitre, tu vas apprendre à :

- Repérer **différents types de consignes** dans des supports variés.
- Identifier **la forme des verbes** utilisés.
- Retrouver **la chronologie des actions** en utilisant **les indicateurs de temps**.

Tu pourras ensuite :

- **Prendre la parole pour donner des consignes de fabrication.**
- **Écrire un texte qui donne des conseils.**

1 Réaliser des cultures

La pomme de terre

Mets une pomme de terre dans un endroit frais et sec. Attends qu'elle germe un peu. Place-la alors dans un pot à moitié rempli de terre. Recouvre-la de terre et arrose. Pose le pot à la lumière, près d'une fenêtre et arrose-le un peu tous les jours. Tu verras bientôt pousser une tige, puis des feuilles et des fleurs blanches. Quand les fleurs sont fanées, c'est le signe que les pommes de terre sont mûres, tu peux faire la récolte.

La jacinthe

Achète en octobre, un oignon de jacinthe. Remplis d'eau un pot en verre. Pose l'oignon un peu au-dessus de l'eau (tu ajouteras ensuite de l'eau de temps en temps). Place le pot dans un endroit sombre et frais (tu peux aussi le recouvrir d'une bouteille coupée, en plastique sombre). Les racines vont pousser. Trois semaines après, pose le pot dans un endroit clair, près d'une fenêtre. Vers Noël, la jacinthe est en fleur.

Les graines

Tu peux acheter des graines de fleurs, de ciboulette, de cresson… Mets de la terre dans un bac et éparpille des graines. Recouvre-les d'une fine couche de terre. Arrose souvent (la terre doit être humide). Quelques jours après que les plantes sont sorties de terre, installe-les sur le rebord d'une fenêtre, à l'abri du vent. Attention : chaque plante peut avoir des besoins particuliers, suis les conseils inscrits sur les sachets.

« Un jardin dans la maison », *Encyclopédie Méga 6-9 ans* © Nathan, 2008.

Je découvre le texte

1 **Dans quel type d'ouvrage peut-on trouver ces textes ? Justifie ton choix.**
un recueil de poésie • un journal • un documentaire • un conte • une bande dessinée

2 **Quel est le thème de ces trois textes ?**

3 **À quoi les illustrations servent-elles ? Justifie ta réponse.**
a. À aider le lecteur dans la réalisation de ses cultures.
b. À montrer au lecteur comment la culture va évoluer.
c. À décorer la page.
d. À combler les espaces vides de la page.

Je comprends le texte et j'explore le vocabulaire

4 **VOCABULAIRE** **Une semence est une graine que l'on sème pour donner naissance à d'autres végétaux. Cherche dans les textes d'autres éléments que le jardinier peut mettre en terre pour obtenir une plante.**

5 **Relève les verbes dans les trois textes. Quelles remarques peux-tu faire ?**

6 **Remets les actions du texte *La pomme de terre* dans l'ordre chronologique.**
Arroser la terre. • Attendre que la pomme de terre germe. • Mettre une pomme de terre dans le pot. • Remplir un pot avec de la terre. • Poser le pot près d'une fenêtre.

7 **Dans le texte *La jacinthe*, retrouve les actions ou l'état qui correspondent aux moments suivants.**

en octobre | de temps en temps | trois semaines après | vers Noël

8 **Dans le texte *Les graines*, relève les mots indiquant le lieu.**

9 **VOCABULAIRE** **Regroupe par deux chaque adjectif et son contraire.**
sombre • humide • clair • frais • mûr • sec • chaud • vert

10 **Dans les phrases suivantes, indique à quel nom le pronom personnel en bleu renvoie.**
a. Place-la alors dans un pot. (ligne 3)
b. Tu peux aussi le recouvrir d'une bouteille coupée. (ligne 17)
c. Recouvre-les d'une fiche couche de terre. (ligne 24)

11 **VOCABULAIRE** **Cherche dans les textes des mots qui désignent les différentes parties d'une plante.**

12 **DÉBAT** **Compare les trois textes : cite des points communs et des différences dans la forme et dans le contenu.**

J'écris pour mieux comprendre

13 **Réécris le texte *La jacinthe* en mettant les verbes à l'infinif.**

2 Comprendre des énoncés d'exercices

Énoncé 1

7 *** **Reproduis cette figure. Complète-la par symétrie par rapport à la droite (a), puis par rapport à la droite (b). Colorie-la de façon symétrique.**

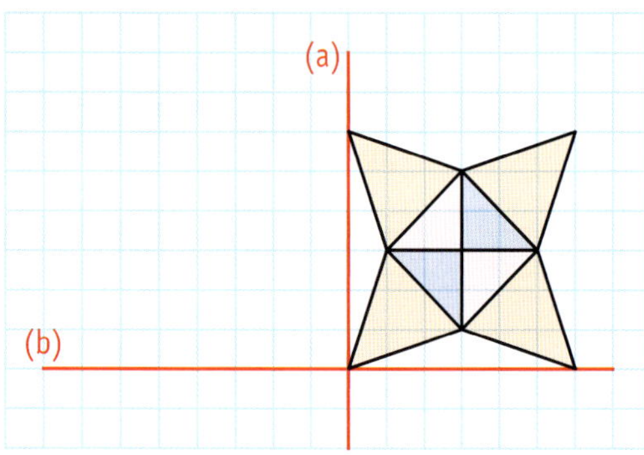

Énoncé 2

Défi **Labynombre**

Trouve le chemin qui te permet d'arriver à 25 en additionnant les nombres des cases. **Attention :** tu ne peux pas te déplacer en diagonale.

Regroupe d'abord les nombres décimaux qui donnent des nombres entiers.

➡ 12,5	1,25	3	7,8	
5,5	0,25	0,6	0,35	➡ 25
2	1,75	4	0,65	

Énoncé 3

2 * **a.** Sur ce plan, identifie les angles droits à l'aide de ton équerre et nomme-les.

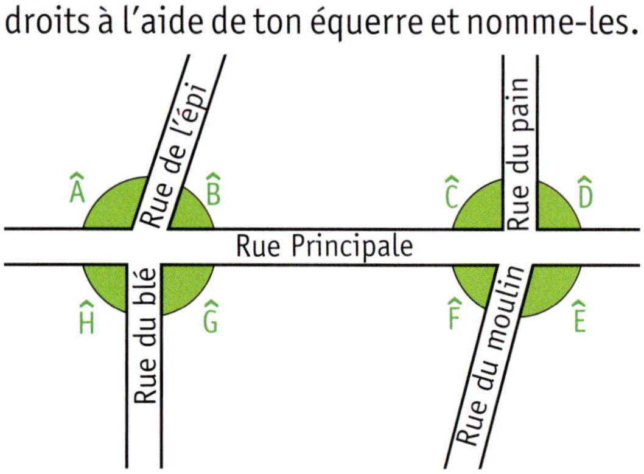

b. Indique les rues qui sont perpendiculaires entre elles.

Outils pour les maths CM1 © Magnard, 2011 (p.103, p.83, p. 97).

Je découvre les textes

1 **Dans quel livre peux-tu trouver ces énoncés ? Justifie ton choix.**
un livre de jeux • un manuel de mathématiques • un livre de recettes • un livre de bricolage • un dictionnaire • un documentaire

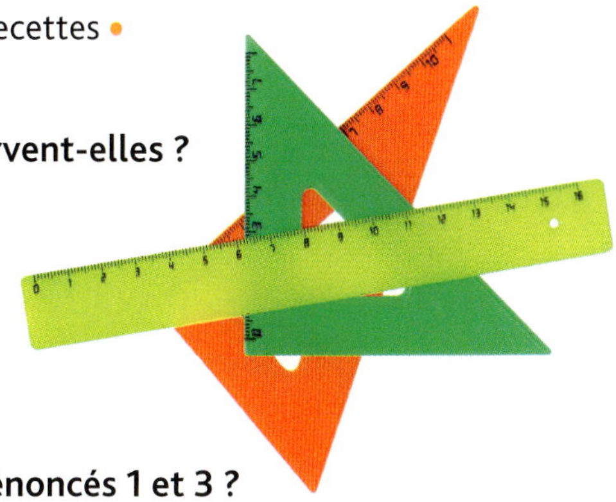

2 **À quoi les illustrations présentes dans chaque énoncé servent-elles ? Justifie ta réponse.**
a. Elles servent de décoration.
b. Elles servent d'exemples.
c. Elles servent de support pour faire l'exercice.
d. Elles servent d'aide-mémoire.

3 **Dans quel domaine des mathématiques placerais-tu les énoncés 1 et 3 ?**
géométrie — calcul — résolution de problème

Je comprends les textes et j'explore le vocabulaire

4 **Relève tous les verbes contenus dans les trois énoncés et indique à quel temps ils sont conjugués.**

5 VOCABULAIRE **Recherche le mot *figure* dans le dictionnaire. Recopie la définition qui correspond à la consigne de l'énoncé 1.**

6 **Range dans l'ordre chronologique les actions suivantes extraites de l'énoncé 1.**
Colorier la figure. • Compléter la figure par symétrie. • Reproduire la figure.

7 **Dans l'énoncé 2, relève la phrase qui donne un conseil.**

8 VOCABULAIRE **Explique ce qu'est un *défi* (énoncé 2) ?**

9 **Relève les actions qui doivent être effectuées dans l'énoncé 3. Peut-on les effectuer dans le désordre ? Pourquoi ?**

10 VOCABULAIRE **Comment le mot *labynombre* est-il formé (énoncé 2) ? Donne une définition pour ce mot.**

11 DÉBAT **Dans l'énoncé 2, une phrase n'est pas construite comme celles que tu as rencontrées dans les trois textes. Pourquoi ? À quoi sert-elle ?**

12 **Liste les points communs et les différences dans la présentation des trois exercices.**

J'écris pour mieux comprendre

13 **Observe bien la frise et écris les consignes que tu donnerais pour la faire réaliser.**

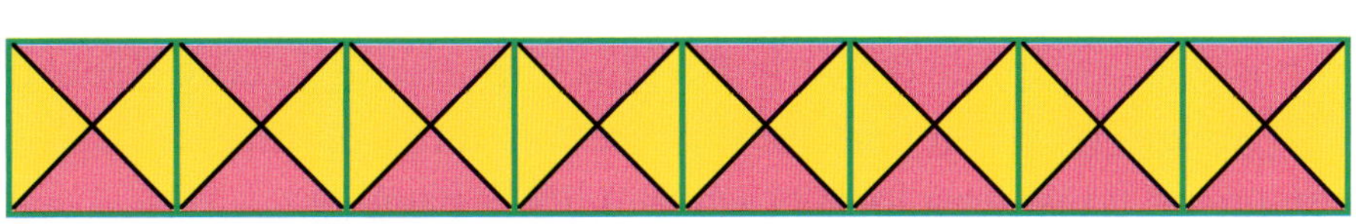

3 Le défi de Milo : devenir parfait

Milo se fait souvent gronder. On se moque souvent de lui. Un jour, il trouve dans une bibliothèque un livre qui permet de devenir parfait en trois jours. Il décide de l'emprunter…

Milo mangea deux éclairs au chocolat, but un verre de lait et monta dans sa chambre faire ses devoirs. Il ne cessait de songer au livre du docteur Merlan. Il imaginait à quel point il serait formidable d'être parfait.

Il serait capable de faire ce qu'il voudrait, parfaitement et du premier coup. Il jetterait toutes ses gommes à la poubelle, corrigerait la maîtresse devant la classe entière et connaîtrait toujours la bonne réponse. Il aurait 20 sur 20 dans toutes les matières. Et mieux, personne ne le gronderait plus pour quoi que ce soit. Ce serait… euh… vraiment parfait !

Il décida de lire les instructions du docteur Merlan juste après le diner. […]

Une fois le diner terminé, Milo monta dans sa chambre et s'assit à son bureau. Il décida que, malgré son nez de clown, le docteur Arsène K. Merlan avait l'air extrêmement intelligent.

Il se demanda ce que signifiait le K.

Avec précaution, afin de ne pas découvrir par mégarde quelque chose qu'il n'était pas censé lire, il ouvrit le livre et parcourut la biographie[1] du docteur Merlan sur la jaquette[2].

Le docteur Arsène K. Merlan fait-il autorité dans le monde entier en matière de perfection ? Évident mon Sherlock !

Diplômé de l'Université Fahrenheit et de l'Institut Centigrades, lorsque ses bras lui pèsent, il les laisse pendre. Son hobby préféré est de cultiver les dionées[3]. Et il possède la seconde collection la plus importante de cure-dents divers.

Milo feuilleta l'ouvrage ; sa question restait sans réponse, mais il était prêt à commencer. Il respira à fond et se mit à lire la page 10.

1. Texte racontant la vie de quelqu'un.
2. Couverture du livre.
3. Plantes carnivores.

Premier jour

Tu peux atteindre le dernier palier sans passer par le premier.
Je sais à nouveau ce que tu penses. Tu te demandes à quoi correspond le K. de mon nom.

Eh bien, je ne te le dirai pas. Il y a beaucoup de choses plus importantes que de savoir ce que le K. signifie, et c'est la raison pour laquelle tu es ici. Ferme les yeux, compte jusqu'à 10 et ouvre-les à nouveau.

Milo obéit.

10

N'était-ce pas beaucoup plus édifiant que de se demander à quoi correspond le K. ?
Bien ; à présent, voici les instructions pour le premier jour. Quand tu auras fini de lire ce chapitre, va chercher un poireau et attache-le à un fil de fer. Laisse-le dans ta chambre cette nuit.

Lorsque tu seras habillé demain matin, mets-le autour de ton cou et porte-le comme un collier. Ne le retire pas avant que je ne t'en donne l'autorisation.

Milo n'en croyait pas ses yeux. Il tourna la page.

11

Eh bien, ne reste pas là, les yeux écarquillés !

Va chercher le poireau !

Et ne tourne plus de page.

FERME LE LIVRE IMMÉDIATEMENT !

12

Milo obéit. Il posa le livre sur son bureau et contempla la photo du docteur Merlan. Le hot-dog cachait en partie l'expression du docteur, mais Milo eut le sentiment qu'il lui lançait un petit sourire narquois.

Stephen Manes, *Comment devenir parfait en trois jours*,
trad. Caroline Westberg © Rageot Éditeur, 1983.

Je découvre le texte

1 Où Milo s'installe-t-il pour parcourir le livre du docteur Merlan ?

2 À partir du titre « *Premier jour* » (p. 77), qui désignent les pronoms personnels *je* et *tu* ?

3 À quoi les phrases écrites dans des cadres correspondent-elles ? Justifie ta réponse.

4 Relève la dernière phrase du chapitre lu par Milo. Pourquoi est-elle écrite en majuscules d'imprimerie ?

Je comprends le texte et j'explore le vocabulaire

5 **VOCABULAIRE** Quel est le radical du verbe *feuilleter* (ligne 25) ? Quelle différence fais-tu entre « lire un livre » et « feuilleter un livre » ?

6 Quelle phrase montre que Milo fait attention en ouvrant le livre ?

7 À quel personnage l'expression « Évident mon Sherlock ! » (ligne 21) te fait-elle penser ?

8 **VOCABULAIRE** Relève un synonyme du mot *consigne* dans le texte.

9 De quelle question s'agit-il dans la phrase « sa question restait sans réponse » (ligne 25) ?

10 **VOCABULAIRE** Dans la phrase « Tu peux atteindre le dernier palier » (page 77), que signifie le mot *palier* ? Choisis ta réponse parmi les propositions suivantes :
le dernier étage • la dernière étape • le dernier chapitre

11 Relève page 77 la première consigne à exécuter. Comment l'as-tu identifiée ?

12 Place les actions suivantes dans l'ordre chronologique.
Laisser le poireau dans sa chambre. • Mettre le poireau autour de son cou. • Attacher le poireau à un fil de fer. • Aller chercher un poireau. • Porter le poireau comme un collier.

13 Relève dans le texte les expressions qui indiquent à quels moments réaliser ces consignes.

14 Par quelle interdiction Milo finit-il sa lecture ? Relève tous les ordres du docteur Merlan formulés à la forme négative.

15 **VOCABULAIRE** Choisis parmi les propositions un synonyme de *un sourire narquois*.
un sourire en coin • un sourire moqueur • un sourire triste • un sourire mystérieux

16 **DÉBAT** D'après toi, peut-on faire confiance au docteur Arsène K. Merlan ?

J'écris pour mieux comprendre

17 Écris quatre instructions que le docteur Arsène K. Merlan pourrait donner le deuxième jour.

▸ Donner des consignes pour fabriquer un objet

1 J'analyse les documents

▸ **Pour fabriquer un moulin à vent**

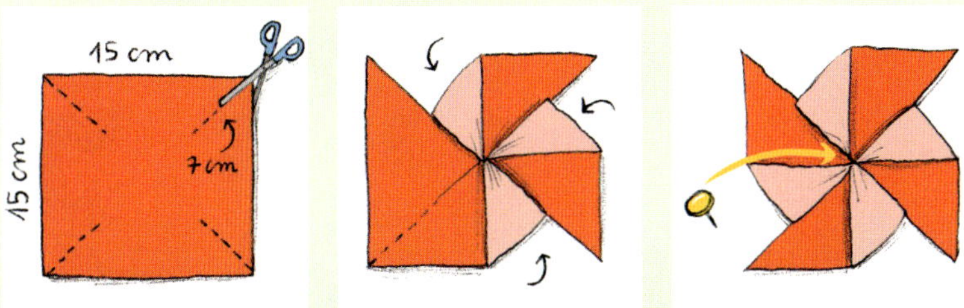

▸ **Pour fabriquer un tam-tam de poche**

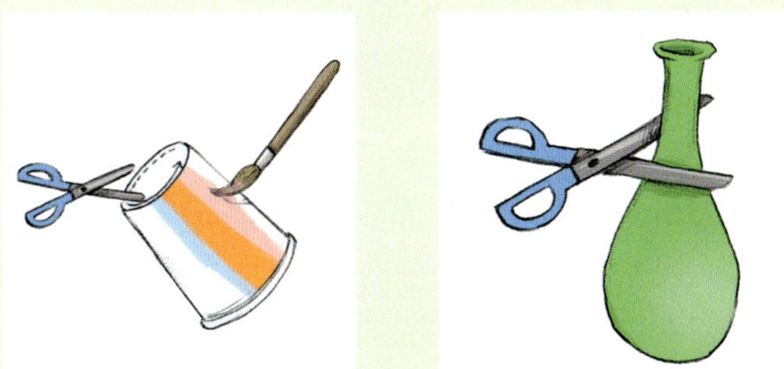

1. Fais la liste des outils et des matériaux dont tu as besoin pour fabriquer chacun des objets ci-dessus.
2. Compte combien d'étapes sont représentées. Toutes les actions à effectuer sont-elles illustrées ?
3. Choisis dans la liste les verbes qui correspondent aux actions prévues : *déchirer, tracer, coller, mesurer, dessiner, appliquer, découper, enrouler, scotcher, couper, décorer, plier, tendre, écrire, fixer, piquer, prendre, percer, colorier, peindre.*

2 Je prends la parole pour... faire fabriquer un objet

▸ **Choisis un des objets présentés et propose à la classe de le fabriquer en dictant les différentes consignes.**

1. Indique les actions à effectuer les unes après les autres avec précision.
2. Précise bien les outils qui vont être utilisés ainsi que les matériaux.
3. Prévois des pauses à chaque étape pour que chacun ait le temps d'effectuer les consignes.

N'oublie pas !
Fais des phrases courtes et utilise des connecteurs pour marquer l'ordre des étapes.

1 Je lis

Madame Silver est la voisine de monsieur Hoppy. Il est secrètement amoureux d'elle. Un jour, elle lui confie son chagrin : Alfred, sa tortue, ne grossit pas assez vite…

– Si seulement il pouvait grossir un peu plus vite, reprit Mme Silver. Tous les printemps, quand il se réveille de son sommeil hivernal, je le pèse sur la balance de la cuisine. Et savez-vous qu'en onze ans il n'a pas pris plus de soixante-quinze grammes ! Autant dire presque rien !

– Combien pèse-t-il maintenant ? demanda M.Hoppy.

– Trois cent vingt-cinq grammes, pas plus, répondit Mme Silver. À peu près le poids d'un pamplemousse.

– Vous savez, la croissance des tortues est très lente, fit observer M. Hoppy d'un ton solennel[1], mais elles peuvent vivre cent ans.

– Je sais, dit Mme Silver, mais j'aimerais bien qu'il grossisse, juste un petit peu. C'est une si petite bête.

– Il m'a l'air très bien comme ça, remarqua M. Hoppy.

– Non ! Il n'est pas bien comme ça ! s'écria Mme Silver. Songez comme il doit être malheureux de se sentir si chétif ! Tout le monde a envie de grandir.

– Vous seriez vraiment contente de le voir grossir, n'est-ce pas ? dit M. Hoppy. Au même instant, un déclic se fit dans sa tête et une idée de génie lui vint soudainement à l'esprit.

– Bien sûr ! Vous pensez ! s'exclama Mme Silver. Je donnerais n'importe quoi pour ça ! Savez-vous que j'ai vu des photos de tortues géantes, si grosses que l'on peut monter dessus à califourchon ! Si Alfred les voyait, il en deviendrait vert de jalousie !

Le cerveau de M.Hoppy tournait à plein régime. Pas de doute, la chance de sa vie était à sa portée.

« Saisis-la, s'exhorta[2]-t-il. Saisis-la maintenant ! »

– Madame Silver, dit-il, il se trouve que je sais comment accélérer la croissance des tortues, si c'est ce que vous voulez vraiment.

– C'est vrai ? s'écria-t-elle. Oh ! je vous en prie, dites-le moi ! Est-ce que je le nourris mal ?

Roald Dahl, *Un amour de tortue*, trad. Henri Robillot © Roald Dahl Nominee Ltd © Gallimard, 2002. Illustrations originales de Quentin Blake.

1. Sérieux. 2. Recommanda.

Écrire un texte qui donne des conseils

2 Je comprends le texte

1. De quel type de texte s'agit-il ? Justifie ta réponse.
2. Combien de personnes prennent la parole ?
3. Qui désigne le pronom « il » dans la première phrase du texte ?
4. Quel est le problème de Madame Silver ? Justifie ta réponse.
5. Avec quel pronom personnel Monsieur Hoppy s'adresse-t-il à Madame Silver ? Pourquoi ?
6. À ton avis, pourquoi Monsieur Hoppy pense-t-il que la chance de sa vie est à portée de sa main et qu'il faut qu'il la saisisse ?

3 Je choisis le vocabulaire

1. Cherche différentes manières de nommer la tortue.
2. Imagine les actions que Monsieur Hoppy pourrait proposer à Madame Silver pour faire grossir la tortue.
3. Liste les verbes à utiliser : *prenez*, *mélangez*, *ajoutez*…

4 Maintenant, j'écris… des conseils en dix lignes environ

▶ **Écris les conseils que Monsieur Hoppy pourrait donner à Madame Silver pour faire grossir sa tortue.**

1. La tortue est peut-être mal nourrie par Madame Silver.
2. La tortue est peut-être malade.

N'oublie pas !

→ Utilise les verbes à la 2e personne du pluriel et à l'impératif. > p. 126 > p. 196

→ Écris les conseils dans l'ordre chronologique.

→ Utilise des indicateurs de temps : « d'abord », « ensuite », « après »…

→ Sois précis en utilisant des compléments circonstanciels de lieu : « au milieu d'une bassine », « dans le réfrigérateur »…

Maintenant, je sais

Pour identifier un texte qui donne des consignes

• Je repère les verbes.

> Les verbes sont souvent conjugués à l'impératif, donc sans pronom personnel.

Exemples : **Mets** une pomme de terre dans un endroit frais.
Achète en octobre un oignon de jacinthe.

> Ils peuvent aussi être employés à l'infinitif.

Exemple : **Plier** le papier en deux dans le sens de la diagonale, puis **rabattre** les deux coins extérieurs.

Pour comprendre un texte qui donne des consignes

• Je repère la chronologie des actions.

> En m'aidant des indicateurs de temps : *alors, bientôt, pendant une nuit…*

> En m'aidant des indicateurs de lieu : *dans un bac, au-dessus de, autour de ton cou…*

• J'utilise les illustrations lorsqu'elles sont présentes.

> Elles aident à effectuer les actions.

> Elles servent de support dans les énoncés d'exercices.

• Je cherche à identifier le rôle des consignes.

> Elles peuvent donner un ordre, un conseil, une instruction.

Exemple : Ne retire pas le poireau avant que je ne t'en donne l'autorisation.
Arrose souvent (la terre doit être humide).

> Elles peuvent expliquer la réalisation d'un objet, d'une recette ou d'un exercice, étape par étape.

Exemple : Place le pot dans un endroit sombre et frais.
Complète la figure par symétrie par rapport à la droite (a), puis par rapport à la droite (b).

• Je repère à qui les consignes s'adressent.

> Au lecteur : Reproduis cette figure.

> À un autre personnage du texte : Va chercher le poireau !

6

Des textes qui expliquent

Dans ce chapitre, tu vas apprendre à :

- Repérer **l'organisation d'une page documentaire**.
- Identifier **l'idée essentielle** d'un texte.
- Reconnaître **le vocabulaire spécifique** du thème traité.
- Identifier **les noms et pronoms substituts**.
- Comprendre **les liens logiques** de cause et de conséquence.

Tu pourras ensuite :

- **Expliquer à l'oral l'évolution d'une technique.**
- **Composer une page documentaire.**

1 Des animaux méconnus

Le Dodo

RAPHUS CUCULLATUS

Taille : 80 centimètres de haut
Poids : 20 kilos
Lieu : île Maurice
Disparition : avant 1700

Le dodo, ou **dronte**, était un oiseau coureur apparenté aux pigeons. Cet étrange volatile n'a eu aucun prédateur avant l'arrivée des Européens sur l'île[1]. À cause de sa lourdeur, ce gros oiseau se déplaçait avec difficultés et était incapable de voler. C'était un gibier facile à chasser et qui fut très vite anéanti[2]. Les Hollandais en tuèrent la majorité pour consommer leur chair. Les animaux domestiques introduits – chats, chèvres, chiens et porcs, qui redevinrent sauvages – et les rats – qui mangèrent les œufs – ont achevé l'extinction de l'espèce aux alentours de 1680.

1. L'île Maurice, dans l'océan Indien.
2. Qui disparut très vite.

Le dauphin de Chine

LIPOTES VEXIFILLER

Taille : 1,50 mètre de long
Poids : 150 kilos
Lieu : Chine
Disparition : 2007

Il existe sur Terre cinq espèces de dauphins d'eau douce, c'est-à-dire ne vivant pas dans les eaux salées des mers. Aujourd'hui, deux d'entre elles se situent en Amazonie et deux en Asie. La cinquième, **le dauphin de Chine** qui nageait dans le long fleuve chinois Yang-tsé, est éteinte. Ce dauphin était très connu en Chine ; les habitants lui ont attribué une légende selon laquelle ce mammifère était la réincarnation[3] d'une princesse chinoise. Celle-ci, refusant de se marier contre son gré, fut noyée par son père. C'est de cette manière que le dauphin de Chine, aussi appelé le baiji, serait né. Le développement de l'activité humaine et la pollution ont fini par avoir définitivement raison de la princesse du fleuve Yang-tsé.

3. Nouvelle vie de l'âme dans un autre corps, après la mort.

Hélène Rajcak et Damien Laverdunt, *Petites et grandes histoires des animaux disparus* © Actes sud junior, 2010.

Je découvre le texte

1 **De quel type d'ouvrage ces textes sont-ils extraits ?**
a. un livre de contes **b.** un documentaire **c.** un roman **d.** un journal

2 **Quelle est la fonction de ces textes ?**
a. Ils racontent une histoire. **c.** Ils donnent des consignes.
b. Ils décrivent les animaux. **d.** Ils informent sur la vie des animaux.

3 **Peut-on dire qu'il y a un narrateur et des personnages dans ces textes ? Justifie ta réponse.**

4 **Relève dans ces textes le nom scientifique des deux espèces d'animaux.**

Je comprends le texte et j'explore le vocabulaire

Le Dodo

5 **Relève tous les mots qui désignent le dodo.**

6 VOCABULAIRE **Cherche dans le dictionnaire le sens du mot** ***prédateur*** **(ligne 3). Liste les prédateurs des dodos cités dans le texte.**

7 **Quel était le point faible des dodos ? En quoi était-ce un avantage pour les marins ?**

8 **Termine cette phrase :** Les dodos ont disparu parce que…

9 VOCABULAIRE **Remplace le mot écrit en bleu par un synonyme :**
« Les animaux domestiques ont achevé **l'extinction** de l'espèce » (ligne 12).

10 **Donne l'idée principale de ce texte en une phrase :** Ce texte explique…

Le Dauphin de Chine

11 **Situe sur une carte les lieux où vivent les différentes espèces de dauphins d'eau douce.**

12 **Classe les informations données par ce texte sur le dauphin, selon qu'elles sont scientifiques ou imaginaires.**

13 **Quelle est la particularité du dauphin de Chine par rapport aux autres espèces de dauphins ?**

14 DÉBAT **D'après toi, qui est la princesse du fleuve Yang-tsé dans la phrase :**
« Le développement de l'activité humaine et la pollution ont fini par avoir définitivement raison de la princesse du fleuve Yang-tsé. » (ligne 11) ? **Comment comprends-tu cette phrase ?**

15 **Pour ces deux textes, trouve un nouveau titre qui mette en évidence leur point commun.**

16 DÉBAT **Dans ces deux textes, quelle est l'origine de l'extinction de ces animaux ?**
la maladie • l'homme • le climat • les animaux sauvages

J'écris pour mieux comprendre

17 **Résume en quelques lignes ces deux textes :** Ces deux textes nous apprennent que…
(tu donneras à ton résumé le titre proposé à la question 15).

2 Découvrir la Renaissance

1 La Renaissance

La Renaissance est une période de grand épanouissement des arts et des savoirs. Elle naît dans les villes italiennes au XV*e siècle.*

Autoportrait de Léonard de Vinci, vers 1516.

À Venise, Florence ou Rome, puis dans toute l'Europe, on se passionne pour les connaissances et les arts de l'Antiquité. Les hommes de la Renaissance veulent aussi développer de nouveaux savoirs. On les appelle des humanistes. Peintres, architectes et écrivains deviennent des personnages reconnus, admirés et protégés des princes. Des artistes comme Michel-Ange ou Léonard de Vinci réalisent des chefs d'œuvre. Grâce à l'imprimerie, les livres sont plus nombreux et moins chers, la pensée se diffuse mieux dans la société.

L'encyclopédie Dokéo + 6-9 ans © Nathan, 2010.

2 Des artistes de génie

La Renaissance commence en Italie et se diffuse dans toute l'Europe. La religion chrétienne n'est plus comme au Moyen Âge, le seul sujet des œuvres d'art. À Florence, Venise et Rome, les artistes, comme Michel-Ange ou Léonard de Vinci, prennent pour modèle les œuvres de l'Antiquité. Ils veulent aussi représenter la réalité telle qu'on la voit. Des princes, des papes, des banquiers invitent les architectes, les peintres et les sculpteurs dans leurs palais, et leur commandent de nombreuses œuvres.

L'Histoire, L'Encyclopédie Larousse 6/9 ans © Larousse, 2010 (p.36-37).

Portrait de Michel-Ange, Guiliano Bugiardini, vers 1522.

3 La science

À partir de la Renaissance, des savants remettent en cause les certitudes fondées sur la religion et les vieilles croyances. Des esprits curieux, que l'on appelle les « humanistes », s'intéressent à la littérature, aux arts et aux sciences. Ils veulent séparer nettement le monde de la religion et le monde de la science. L'Église refuse d'accepter certaines découvertes. L'astronome et mathématicien italien Galilée est condamné par un tribunal religieux pour avoir dit, comme Copernic, que la Terre tourne autour du Soleil.

L'Histoire, L'Encyclopédie Larousse 6/9 ans © Larousse, 2010.

L'astronome Galilée démontre ses nouvelles théories, peinture de Félix Parra.

Je découvre

1. **De quels ouvrages sont extraits ces trois textes ?**
2. **Quelle est la fonction de ces textes ?**
   a. Ils donnent des informations sur une période de l'histoire.
   b. Ils décrivent les villes italiennes.
3. **Sur une carte d'Europe, situe l'Italie et les villes de Florence, Venise et Rome.**
4. **Situe la Renaissance et l'Antiquité sur une frise chronologique.**
5. **Documente-toi sur Michel-Ange et Léonard de Vinci et cite une œuvre de chacun d'eux.**
6. **Galilée et Copernic sont-ils des personnages imaginaires ou des personnes réelles ? Justifie ta réponse.**

▲ *La dame à l'hermine*, peinture de Léonard de Vinci, 1488.

Je comprends et j'explore le vocabulaire

7. **Qui désigne le pronom *on* dans la phrase :** « on se passionne pour les connaissances et les arts » (texte 1, ligne 2) ?
8. **VOCABULAIRE Cherche le sens du mot *diffuse* dans le dictionnaire :** « La Renaissance se diffuse dans toute l'Europe » (texte 2, ligne 2). **Puis trouve dans le texte 1 l'expression qui a le même sens.**
9. **Relève dans chaque texte les phrases qui donnent des informations sur les thèmes suivants :**

   les artistes — la science — la religion

   Que remarques-tu ?
10. **VOCABULAIRE Cherche dans le dictionnaire le sens du mot *pensée* qui convient dans cette phrase :** « la pensée se diffuse mieux dans la société » (texte 1, ligne 8). **Donnes-en un synonyme.**
11. **Relève dans les textes 1 et 3 les phrases qui définissent le mot *humanistes* et compare-les. Quelles remarques peux-tu faire ?**
12. **Cherche dans le texte 2 la phrase qui explique comment les princes ont protégé les artistes.**
13. **Quels changements la Renaissance provoque-t-elle dans les sujets des œuvres d'art ?**
14. **DÉBAT D'après toi, pourquoi est-il important de consulter plusieurs livres sur un même thème pour se documenter ?**

J'écris pour mieux comprendre

15. **En sept lignes maximum, explique ce qu'est la Renaissance.**

La Terre

Séismes et volcans

La terre sous nos pieds semble très solide mais dans les zones de rencontre entre deux plaques tectoniques, elle est plus fragile. Ces régions sont fréquemment le siège de tremblements de terre et l'on y trouve aussi des volcans.

Des rivières de lave
La roche chaude et liquide qui surgit de certains volcans est appelée lave. Elle s'écoule parfois très vite, formant des coulées comparables à des rivières.

Les volcans forment des montagnes souvent coniques. Le cône est constitué de la lave accumulée et durcie venant du volcan.

Les volcans
Le magma est la roche en fusion qui constitue le manteau terrestre. Par endroits, il jaillit à la surface par une ouverture dans la croûte terrestre, formant alors un volcan. Beaucoup de cendres et de poussières volcaniques sont également éjectées lors de certaines éruptions.

126

Quand un tremblement de terre sous-marin se produit, il provoque la formation

Mon Encyclopédie Découverte 6-9 ans, trad. B. Porlier © Dorling Kindersley © Gallimard Jeunesse, 2007 (p. 126-127).

Les tremblements de terre

Lorsque deux plaques de la croûte terrestre glissent subitement l'une contre l'autre, la terre se met à bouger, provoquant un tremblement de terre ou séisme. Le sol peut alors s'ouvrir et se briser, détruisant les constructions humaines.

L'étude des séismes

Les sismologues, qui étudient les tremblements de terre, tentent de comprendre les phénomènes et les signes qui les annoncent afin de pouvoir prévenir et évacuer les populations en cas de danger.

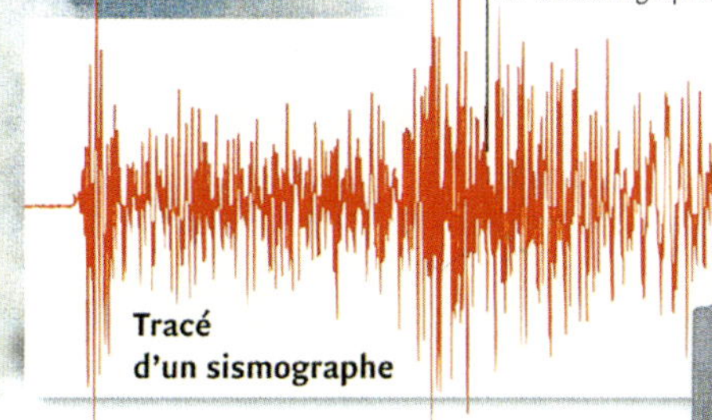

Tracé laissé par un tremblement de terre sur un sismographe.

Tracé d'un sismographe

Le mont Saint Helens, aux États-Unis, connut une violente éruption en 1980.

À l'épreuve des séismes

Cet immeuble est la pyramide Transamerica, à San Francisco, aux États-Unis. Il a été conçu de façon a pouvoir résister aux tremblements de terre. En cas de séisme, il sera secoué mais ne devrait pas s'écrouler.

Victimes du Vésuve

La cité romaine de Pompéi fut ensevelie sous les cendres lors de l'éruption du Vésuve en l'an 79. De nombreux habitants, surpris dans leur vie quotidienne, périrent dans la catastrophe.

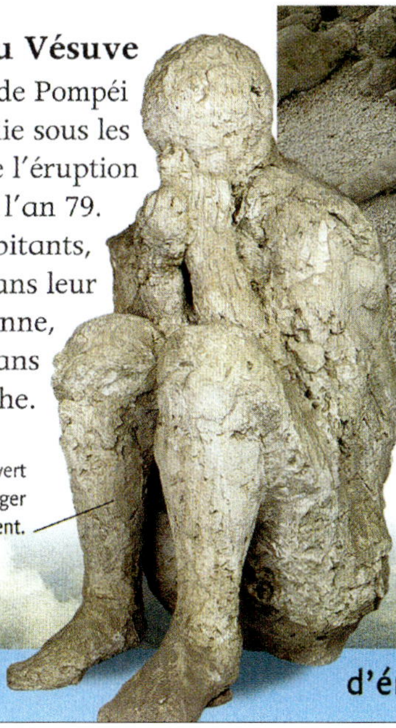

Cet homme s'était couvert le visage pour se protéger des cendres qui tombaient.

Voici les moulages en plâtre du corps de personnes qui périrent ensevelies à Pompéi.

d'énormes vagues en surface : c'est un tsunami.

127

Je découvre le texte

1. Comment nomme-t-on le type de texte présenté pages 88-89 ?
2. De quoi est-il composé ?
3. Quels sont les différences et les points communs entre la présentation de ces deux pages et la présentation d'une page de roman ?
4. Relève dans ce document :
   a. le titre de la page
   b. un titre de paragraphe
   c. la légende d'une photo
   Comment les distingues-tu ?

Je comprends le texte et j'explore le vocabulaire

5. DÉBAT Compte le nombre de paragraphes du document. Comment les repères-tu ?
6. Donne le titre du paragraphe qui explique comment se forme un volcan.
7. VOCABULAIRE Recherche dans le document la définition de *lave* et de *magma*.
8. Relève le titre d'un paragraphe qui donne un exemple des conséquences d'une éruption volcanique. Y a-t-il d'autres exemples dans ces deux pages ?
9. Relis le paragraphe « Les tremblements de terre ». Résume-le en une phrase.
10. VOCABULAIRE Donne un synonyme du mot *séisme*. Puis trouve dans le document deux mots de la même famille.
11. Complète les phrases suivantes.
    a. Un séisme se produit parce que…
    b. À la rencontre de deux plaques tectoniques la croûte terrestre est plus fragile, c'est pourquoi…
12. À quels temps la plupart des verbes sont-ils conjugués ? Explique ce choix.
13. DÉBAT D'après toi, pourquoi y a-t-il des photos sur ces pages et non des dessins ?
14. VOCABULAIRE Relève dans ce document tous les mots du domaine des séismes et des volcans.
15. Donne le titre des paragraphes qu'il faut absolument lire pour mieux comprendre le phénomène des séismes et des volcans.
16. DÉBAT Pourquoi « La Terre » et « Séismes et volcans » sont-ils écrits dans des cadres bleus en haut des pages ?

J'écris pour mieux comprendre

17. En quelques lignes et un croquis, explique la formation d'un volcan.

Expression orale

▶ Expliquer l'évolution d'une technique

1 J'analyse les documents

A Un ornithoptère (1487)

B Un aéroplane (1908)

C Un avion de ligne (2010)

1. Observe les trois documents. De quoi s'agit-il ?
2. Relève le nom précis de chaque objet représenté.
3. Dans quel ordre les documents sont-ils présentés ?
4. Note avec précision les changements du transport aérien : la forme des ailes, la place de l'aviateur, le nombre de passagers, la taille…

2 Je prends la parole pour… expliquer une évolution technique

▶ **Explique à tes camarades comment le déplacement de l'homme dans les airs a évolué au cours des années.**

1. Utilise des connecteurs : ensuite, plus tard, au début…
2. Organise ton explication en respectant l'ordre chronologique.
3. Indique les changements remarqués en utilisant des mots précis. Tu peux t'aider du dictionnaire.

N'oublie pas !
Adresse-toi à toute la classe.

1 Je lis

Texte 1

Louis XIV, le Roi-Soleil

Au XVIIe siècle, le roi Louis XIV gouverne la France. Il veut que son pays brille dans le monde entier; à l'image de son emblême, le Soleil. « L'État, c'est moi ! » affirme Louis XIV. Dès l'âge de 22 ans, il exerce seul son pouvoir et contrôle l'ensemble des affaires du royaume. Il impose une monarchie absolue de droit divin : il pense qu'il est le représentant de Dieu sur Terre, que c'est à lui qu'il doit sa couronne et à lui seul qu'il devra un jour rendre des comptes. Durant son long règne (54 ans), la France devient le pays le plus riche et le plus peuplé d'Europe. Mais l'ambition du roi est sans limites : pour affirmer sa puissance, il mène de longues guerres contre les pays voisins.

L'encyclopédie Dokéo+ 6-9 ans, Nathan, 2010.

Portrait de Louis XIV, Hyacinthe Rigaud, 1701 (Musée du Louvre, Paris).

Texte 2

Le « Roi-Soleil »

Louis XIV se fait appeler le « Roi-Soleil », car, comme le Soleil, il est au centre de tout. C'est lui qui décide seul. Il s'entoure de ministres qui exécutent ses ordres. Pour montrer sa puissance, il fait édifier le château de Versailles, à l'écart de Paris. Louis XIV oblige les nobles à vivre avec lui à la cour de Versailles, pour contrôler leurs activités. Les nobles deviennent des courtisans qui doivent lui obéir et le suivre dans toutes ses activités.

L'Histoire, Encyclopédie Larousse 6-9 ans, Larousse, 2010.

Composer une page documentaire

2 Je découvre les textes

1. Situe sur une frise chronologique le règne de Louis XIV.
2. Relève dans les deux textes les phrases qui indiquent pourquoi Louis XIV se fait appeler « le Roi-Soleil ».
3. Dans le texte 2, relève l'exemple donné pour illustrer sa puissance.
4. À quel temps sont conjugués les verbes des ces deux textes ? Explique ce choix.

3 Je choisis le vocabulaire

1. À l'aide du dictionnaire, explique le mot ***courtisans*** (texte 2, ligne 5) et donne son radical.
2. Cherche des synonymes du mot ***roi***.
3. Relève tous les mots du domaine de la monarchie.

4 Maintenant, j'écris… une page documentaire

▶ **Écris une page documentaire, dans laquelle tu expliqueras pourquoi Louis XIV se fait appeler le « Roi-Soleil ».**

1. Appuie-toi sur ces deux textes, mais tu peux aussi en chercher d'autres dans des livres documentaires ou sur Internet.
2. Trouve d'autres photos ou illustrations qui éclaireront ton propos. Donne-leur une légende.
3. Organise ton texte en plusieurs paragraphes :
   - la façon de gouverner du roi
   - la vie à la cour
   - les arts et la musique
   - les fêtes que le souverain organisait à Versailles…

N'oublie pas !

→ Donne des titres à tes paragraphes.
→ Écris ton texte au présent.
→ N'oublie pas les majuscules aux noms propres.
→ Ajoute des légendes aux documents.

Maintenant, je sais

Pour comprendre un texte documentaire

• Je repère l'organisation de la page.

> **Le titre du document qui donne le thème traité.**
Exemple : La Renaissance

> **Les titres des paragraphes.**
Exemple : Les tremblements de terre, L'étude des séismes...

> **Les légendes des photos ou des dessins.**

• Mon regard circule dans la page selon l'information recherchée.

> **Je ne lis pas forcément le document dans l'ordre habituel, de gauche à droite et du haut vers le bas.**

• Je distingue une idée essentielle d'un exemple.

Exemple : **Idée essentielle :** À la Renaissance, l'Église refuse d'accepter certaines découvertes.
Exemple qui illustre cette idée : Galilée est condamné.

• Je sais qu'il n'y a pas de narrateur à identifier.

• Je m'appuie sur les photos ou les dessins qui représentent le réel.

• Je reconnais et me familiarise avec le vocabulaire spécifique du thème traité.

Exemple : séisme – sismologue – volcan – lave – magma...

Les textes documentaires permettent de se documenter sur des sujets précis en donnant des explications sous forme de textes et d'illustrations.

7

Lire des poèmes

Dans ce chapitre, tu vas apprendre à :

- Reconnaître **un texte poétique**.
- Connaître **des poètes, des œuvres du patrimoine**.
- Comprendre **ce qu'est un poète**.
- Comprendre des textes poétiques et utiliser **le vocabulaire approprié** pour en parler.
- **Mémoriser** des poésies.
- Exprimer **des émotions**.

Tu pourras ensuite :

Dire des poèmes de façon expressive.

Écrire un poème.

1 Dites donc, un poète

– Dites donc un poète, à quoi ça sert ?
– Ça remplace les chiens par des licornes.
– Dites donc, ça n'a pas d'autres talents ?
– Il apporte le rêve à ceux qui n'osent pas rêver.
– Vous trouvez ça utile, dites donc ?
– Quand il le veut, il persuade les comètes de s'arrêter un moment chez vous.
– Il trouble l'ordre, dites donc, ce type-là.
– Pas plus qu'un vol de scarabées, pas plus qu'un peu de neige sur l'épaule.
– Il est bon pour l'hospice[1], dites donc.
– Il le transformerait en palais de cristal, avec mille musiques.
– Qu'on le conduise à la fosse commune, dites donc, ce poète.
– Alors décembre se prolongera jusqu'à la fin juin.

1. Asile.

Alain Bosquet (1977), *Je ne suis pas un poète d'eau douce* in *Demain sans moi*, Gallimard.
Ce poème apparaît dans l'anthologie de Jean-Marie Henry, *Le tireur de langue*, Rue du Monde, 2000.

Je découvre le texte

1. Qui a écrit ce poème ?
2. De qui parle-t-on dans ce texte ? Relève les noms qui le désignent.
3. À quoi servent les tirets en début de ligne ?
4. Relève des mots ou expressions qui font appel au monde imaginaire. Qu'évoquent-ils pour toi ?

Je comprends le texte et j'explore le vocabulaire

5. **VOCABULAIRE** Quels sont les synonymes du mot *talent* (vers 3).
don • faiblesse • habileté • facilité • aptitude • médiocrité • magie
6. Relève les verbes qui indiquent les actions du poète.
7. **VOCABULAIRE** Utilise le mot *persuader* (vers 6) dans une phrase. Tu peux t'aider du dictionnaire.
8. À quoi le poète est-il comparé ?
un chirurgien • un gendarme • un magicien • un mécanicien
Justifie ta réponse.
9. Que veut dire l'auteur dans ces deux vers ?

   Il trouble l'ordre, ce type-là (vers 7).

   Il est bon pour l'hospice (vers 9).
10. **DÉBAT** Explique le dernier vers : « Alors décembre se prolongera jusqu'à la fin juin. »
11. **DÉBAT** Quel est, selon toi, le rôle d'un poète ? Justifie ton point de vue.

J'écris pour mieux comprendre

12. À la manière d'Alain Bosquet, propose quatre répliques pour répondre à la question : « Un poète, à quoi ça sert ? ».

Je mets en voix pour mémoriser le texte

13. Entraîne-toi à dire le poème sous forme d'un dialogue : l'un questionne, l'autre répond.

2 Métamorphoses

Dans cette nuit noire
Que nous fait l'Histoire
J'avance à tâtons
Toujours étonné
Toujours médusé[1] :

Je prends mon chapeau
C'est un artichaut

J'embrasse ma femme
C'est un oreiller

Je caresse un chat
C'est un arrosoir

J'ouvre la fenêtre
Pour humer l'air pur
C'est un vieux placard
Plein de moisissures

Je prends un crapaud
Pour un encrier
La bouche d'égout
Pour la boîte aux lettres

Le sifflet du train
Pour une hirondelle
Le bruit d'un moteur
Pour mon propre cœur

Un cri pour un rire
La nuit pour le jour
La mort pour la vie
Les autres pour moi.

Jean Tardieu, *Monsieur, Monsieur*, Gallimard.
Ce poème apparaît dans Jean-Marie Henry, *Le tireur de langue*, Rue du Monde, 2000.

1. Stupéfait, surpris.

Je découvre le texte

1 **Selon toi, à quoi ce poème sert-il ?**
Raconter une histoire • Faire une description • Donner des consignes • Jouer avec les mots

2 **Qui parle dans ce texte ?**

Je comprends le texte et j'explore le vocabulaire

3 **VOCABULAIRE** **Que signifie l'expression** « J'avance à tâtons » (vers 3) **?**

4 **Parmi les cinq sens de l'être humain, précise quels sont ceux que le poète utilise pour chacune des comparaisons.**
- « J'embrasse ma femme / C'est un oreiller »
- « Je caresse un chat / C'est un arrosoir »
- « J'ouvre la fenêtre pour humer l'air pur / C'est un vieux placard / Plein de moisissures »
- « Le bruit d'un moteur / Pour mon propre cœur »

5 **DÉBAT** **Pourquoi l'auteur confond-il son chapeau avec un artichaut ? Le chat avec l'arrosoir ? Le sifflet du train avec une hirondelle ?**

6 **VOCABULAIRE** **Parmi les verbes suivants, relève les synonymes du verbe *humer*.**
renifler • sentir • voir • toucher • respirer • inhaler • souffler

7 **Quel adjectif choisis-tu pour définir le ton de ce poème ?**

dramatique | humoristique | surprenant | ennuyeux | sentimental

8 **DÉBAT** **Selon toi, que fait le poète avec les mots ? Justifie ta réponse.**

J'écris pour mieux comprendre

9 **À la manière de Jean Tardieu, écris quatre comparaisons sur le modèle de la 6e et de la 7e strophe.**

Je prends ……………… | Le/la …………………
Pour …………………… | Pour ……………………
Le/la …………………… | Le/la ……………………
Pour …………………… | Pour ……………………

Je mets en voix pour mémoriser le texte

10 **Entraîne-toi à dire tous les vers qui commencent par « je », tandis que des camarades te répondent avec le vers qui suit. Puis à partir du vers *Pour un encrier* (vers 17), dites tous ensemble les vers de plus en plus vite et de plus en plus fort.**

Le ciel

Le ciel gris
je l'ai mis
dans mon mouchoir
mon mouchoir dans la poche
la poche
dans la machine
à laver
le ciel gris
est devenu
bleu-nuit
et depuis
j'ai le nez
dans les étoiles

Joël Sadeler, *Dis-moi un poème qui espère*, Rue du monde.

Les poches

À Joël Sadeler

Des enfants plein les poches
il prend le train.

Des wagons plein les poches,
il prend le temps,
le printemps, le tambour, la tempête.

Des orages plein les poches
il dit qu'il ne pleuvra pas toute la vie
et que les oiseaux vont bourgeonner en bouquet.
Qu'il est impossible que rien ne change
A quatre heures et demie pile,
L'heure où les piaillements sortent de l'école.

Des moineaux plein les poches,
Il prend la main
des mots
que les enfants crient.
Il leur fait traverser la ruelle grise
En leur murmurant:
« Et si c'était vrai ? »

Alain Serres, *Les mots partagés*, Éditions Donner à voir.

Et un sourire

La nuit n'est jamais complète
Il y a toujours, puisque je le dis,
Puisque je l'affirme,
Au bout du chagrin
Une fenêtre ouverte,
Une fenêtre éclairée,
Il y a toujours un rêve qui veille,
Désir à combler, faim à satisfaire,
Un cœur généreux,
Une main tendue, une main ouverte,
Des yeux attentifs,
Une vie, la vie à se partager.

Paul Éluard, *Derniers poèmes d'amour*, Seghers.

Ces quatre poèmes sont extraits de l'anthologie Jean-Marie Henry et Alain Serres, *Dis-moi un poème qui espère*, Rue du monde, 2004.

Le jour de vérité

Creuse,
Creuse mon frère
Creuse la terre
Tu souffres, certes
Mais plus pour longtemps
Jette ton filet
Jette ton filet, ô mon frère
Jette ton filet sur le fleuve
Jette ton filet, ô mon frère
Tu souffres, certes
Mais plus pour longtemps
Instruis-toi
Instruis-toi, ô mon frère
Apprends à te connaître
Tu souffres certes
Mais plus pour longtemps
Viendra le jour de vérité
Il viendra, ô mon frère
Viendra le jour du changement
Il viendra, ô mon frère
L'attente sera longue
Mais l'attente ne sera pas vaine.

Moussa Kanouté, *Poésie d'Afrique du Sud au Sahara*, anthologie de Bernard Magnier, Actes Sud.

Je découvre les textes

1 Cherche des informations sur les auteurs des poèmes (pages 100-101).

2 Qui désigne le pronom *je* dans les poèmes de Joël Sadeler et Paul Éluard ?

3 À qui s'adresse Moussa Kanouté dans son poème ?

4 À ton avis, qui désigne le pronom *il* dans le poème d'Alain Serres ?

Je comprends le texte et j'explore le vocabulaire

5 **VOCABULAIRE** Propose un synonyme du verbe *combler* dans l'expression « désir à combler » du poème *Et un sourire*. Aide-toi du dictionnaire.

6 **DÉBAT** Que désigne l'expression « le ciel gris » (vers 1) dans le poème de Joël Sadeler ?
la nuit • le chagrin • un ciel d'orage • le désespoir

7 **VOCABULAIRE** Indique le radical du verbe *bourgeonner* (*Les poches*). Explique l'expression *bourgeonner en bouquet*.

8 Quels sont les éléments qui montrent que le poème d'Alain Serres est une réponse au poème de Joël Sadeler ? Justifie ta réponse.

9 **DÉBAT** D'après toi, pourquoi Moussa Kanouté fait-il des anaphores, c'est-à-dire des répétitions ?

10 Quel sentiment commun aux quatre poèmes ces expressions évoquent-elles pour toi ? Justifie ta réponse.
- « le ciel gris / est devenu / bleu-nuit » (*Le ciel*)
- « Une main tendue, une main ouverte » (*Et un sourire*)

11 **DÉBAT** Dans ces quatre poèmes, quel est, d'après toi, le rôle du poète ?

J'écris pour mieux comprendre

12 Propose une autre fin pour le poème *Le ciel* en réécrivant les derniers vers : le ciel gris / est devenu / … / et depuis / j'ai … / …

Je mets en voix pour mémoriser le texte

13 Avec tes camarades, découpe la poésie d'Alain Serres en plusieurs parties. Chaque groupe choisit une partie et s'entraîne à dire son texte comme il le souhaite. Enfin, récitez ensemble la poésie : chaque groupe intervient à son tour, et tous ensemble, vous chuchotez les deux derniers vers : « En leur murmurant : et si c'était vrai ? »

Expression orale

▶ Réciter un poème en rythme

Après la lecture du poème *Le jour de vérité* > page 101

1 J'analyse les documents

Moussa Kanouté, auteur, compositeur et interprète sénégalais est né en 1958. Il est issu d'une famille de griots. En Afrique occidentale, un griot, est à la fois poète, musicien et sorcier; il transmet oralement de village en village, des traditions et des croyances, dans un langage parlé ou chanté. Il est le détenteur de la mémoire. Il s'accompagne souvent d'un instrument à cordes pincées, la kora.

A

B Un joueur de kora.

C

D

1. À quelle famille d'instruments appartient la kora ?
   Justifie ta réponse à l'aide des documents A et B.
2. Associe les photos C et D à un ou plusieurs vers de la poésie *Le jour de vérité* (p. 101).

2 Je prends la parole pour… réciter un poème en rythme

> **N'oublie pas !**
> Choisis un ton expressif et donne du rythme.

▶ **Récitez collectivement le poème de Moussa Kanouté.**

1. Choisissez comment dire ou chanter les vers en fonction des sentiments que vous voulez exprimer.
2. Pendant qu'un soliste prend la parole, les autres groupes peuvent dire leurs vers en parlant, ou en chantant, comme un accompagnement musical à sa voix.
3. Donnez du rythme à la poésie en accentuant les anaphores et en introduisant des silences.
4. Vous pouvez accompagner les anaphores en frappant des mains.

1 Je lis

Pour faire un poème dadaïste

Prenez un journal.
Prenez des ciseaux.
Choisissez dans ce journal un article
Ayant la longueur
Que vous comptez donner
A votre poème.
Découpez l'article
Découpez ensuite avec soin
Chacun des mots
Qui forment cet article et mettez-les
Dans un sac.
Agitez doucement.
Sortez ensuite chaque coupure
L'une après l'autre
Dans l'ordre où elles ont quitté le sac.
Copiez silencieusement
Le poème vous ressemblera.
Et vous voilà « un écrivain infiniment
Original »
Et d'une sensibilité charmante,
Encore qu'incomprise du vulgaire[1].

Tristan Tzara, *Sept manifestes dada : lampistéries*, Pauvert-Fayard, 1979. Repris dans *Le tireur de langue*, Rue du Monde, 2000.

1. Du plus grand nombre.

Écrire un poème dadaïste

2 Je comprends le texte

1. **D'après toi, ce texte est :**
   une notice de fabrication • une recette • un article de journal • un poème
2. **À qui le poète s'adresse-t-il ?**
   à un autre poète • aux lecteurs, c'est-à-dire à toi • à des journalistes • à un magicien
3. **Que trouve-t-on dans ce poème ?**
   a. Des indications pour réussir un collage à partir de journaux.
   b. Des conseils pour écrire un poème dadaïste.
   c. Des conseils pour réussir un tour de magie.
4. **Recherche des informations sur le mouvement artistique appelé « Dada ».**
5. **Relève tous les verbes de ce poème qui donnent des consignes.**
6. **Relève les mots qui indiquent les outils et les matériaux à utiliser.**
7. **D'après les mots du poète *(avec soin, doucement, l'une après l'autre, dans l'ordre, silencieusement)*, quelles sont les qualités requises pour créer un poème dadaïste ?**
   la patience • la délicatesse • l'agitation • la rigueur

3 Maintenant, j'écris... un poème dadaïste

▶ **Suis attentivement le poème de Tzara, et écris ton poème dadaïste.**

1. Choisis un article de journal riche et long.
2. Mets en évidence les différents vers de ta poésie lorsque tu passes à la copie.

N'oublie pas !

→ Chaque vers commence par une majuscule.

→ Écris avec soin pour que tout le monde puisse lire ton poème.

Maintenant, je sais

Pour reconnaître un texte poétique

• Je relève des indices.

Exemple : La forme du texte : strophes, vers, majuscules en début de vers.
Le rythme, les rimes.

• Je relève des expressions qui permettent d'imaginer, d'exprimer des images, des sentiments.

Exemple : Les métaphores, les comparaisons, les répétitions de mots, les anaphores (les répétitions de vers).

Pour connaître les poètes

• Je recherche des informations sur les événements historiques et culturels de leur époque.

Exemple : Moussa Kanouté est né au Sénégal et est issu d'une famille de griots.

Pour comprendre une poésie

• Je dois comprendre le rôle du poète.

> Il crée.

> Il joue avec les mots.

> Il fait rêver.

> Il exprime des sentiments comme l'amour, l'espoir, la joie, la tristesse…, des sensations comme la chaleur, le froid…

> Il décrit la réalité sous forme d'images.

Pour dire des poésies de mémoire en prenant du plaisir

> Je choisis la façon de dire les vers qui convient le mieux à ce que je veux faire ressentir.

> Je peux dire une poésie seul, à deux ou à plusieurs.

Exemple : Sous forme d'un jeu de questions-réponses, avec un soliste et un chœur.

> Je fais varier l'intensité de ma voix, la vitesse.

Exemple : Dire de plus en plus vite ; parler de plus en plus fort (en crescendo) ; parler de moins en moins fort (en decrescendo)

8

Lire un roman policier

œuvre intégrale

Dans ce chapitre, tu vas apprendre à :

- Identifier **les caractéristiques d'un genre** : le roman policier.
- Lire **une œuvre intégrale** : *Menaces dans la nuit* de Marc Villard
- Utiliser ce que tu as étudié précédemment pour **mieux comprendre ce que tu lis**.
- Découvrir qui est **Sherlock Holmes** et **le personnage du détective**.

Tu pourras ensuite :

Préparer un exposé sur Sherlock Holmes.

1 Menaces dans la nuit (1)

1

Ricky effectua un dernier roulement de batterie sur l'instrument pailleté qui trônait au centre de la salle de cours. Son professeur vint lui taper sur l'épaule et l'enfant rangea ses partitions et ses baguettes personnelles. La semaine suivante, il commencerait à répéter les triolets[1], une figure plus compliquée, mais il aimait la difficulté.

La rue des Petites-Écuries était bondée, comme d'habitude, et le garçon croisa une dizaine d'aboyeurs pour salons de coiffure. Des coiffures afro, bien sûr. Il dévala les marches du métro.

Arrivé à Étienne-Marcel, il se laissa porter vers le haut de la rue Montorgueil qui, à dix-sept heures ce lundi, résonnait des annonces des vendeurs du *Palais du Fruit* et des hululements du poissonnier. Les parents de Ricky, peu enclins[2] à vieillir à Paris, avaient laissé leurs trois enfants se réunir dans leur appartement du quartier piétonnier. Georges, l'aîné, suivait des études d'ingénieur, Sophie rentrait en fac et Ricky, onze ans, vivotait en sixième.

Leur appartement était situé pour moitié sur rue, mais Ricky avait choisi la chambre sur cour pour plus de tranquillité.

À vingt heures trente, ils s'installèrent dans la salle à manger et Sophie raconta avec humour ses soucis de transport, car elle persistait à gagner la fac à bicyclette. Elle était militante écologiste. Georges évoluait entre la cuisine et la table du séjour pendant que Ricky – très doué pour confectionner des desserts – mettait la dernière main à une charlotte aux poires. Sophie apostropha ses frères :

– Vous avez pensé à l'anniversaire de papa ?

– Je n'ai pensé qu'à ça, répondit Georges. Je suis parti avec l'idée d'un rasoir électrique, mais je n'ai trouvé que des rasoirs hyper-compliqués. Rien qu'il aimerait. Ça m'a pris deux heures à ramper dans les grands magasins.

– Et toi, Ricky ?

– J'ai mis cinq euros de côté, mais je n'ai pas d'idée.

– Eh bien, moi, j'ai dégotté une magnifique paire de gants !

Les deux frères approuvèrent, bien contents de ne plus avoir à se soucier du cadeau.

À vingt-deux heures, Ricky se glissa dans son lit appuyé contre le mur séparant leur appartement de celui des voisins. Peu après, il fut tiré de son premier sommeil par une voix masculine perçant le panneau de séparation.

1. Groupe de trois notes.

2. Ayant peu envie de.

La voix grondait, puis un choc sourd fit trembler l'appartement. L'enfant colla son oreille à la cloison et décrypta :

– Faut bien en finir ! Quinze ans à supporter ta bêtise, c'est trop pour moi.

Ricky recula, estomaqué. Il vit en pensée la femme blonde qui occupait les lieux, menacée et, à coup sûr, en danger. Il posa à nouveau son visage contre le mur mais le silence régnait, seulement brisé par une radio qui fonctionnait en sourdine.

Troublé, il resta un long moment dans le noir, les yeux grands ouverts, dans l'attente d'une suite à ce début de feuilleton.

Puis il s'endormit.

2

Le lendemain matin, attablé dans la cuisine, il prit la décision de raconter sa soirée à Roger Valetti, son professeur de batterie. Il avait besoin de se confier à un adulte. Il avala ses céréales et les fit glisser avec un bol de chocolat. Puis, sac de classe sur le dos, il se hâta vers son collège, niché à l'angle d'une petite rue à deux pas de la place des Victoires.

En sortant du gymnase, le cours de sport terminé, Ricky sauta dans le métro et, dix minutes plus tard, poussa la porte de l'école de batterie de Roger Valetti. Celui-ci arborait une chemise à fleurs et il était juché sur une paire de santiags. Il salua ses trois élèves qui quittaient les lieux et se rapprocha de Ricky.

– C'est pas ton jour de cours...

– Non, Roger, je viens pour autre chose.

Puis l'enfant raconta sa soirée comme on se libère d'un gros poids. Le batteur moustachu posa ses fesses sur un tabouret pivotant et entreprit de calmer son élève.

– Ce sont des mots, Ricky! Quand les couples sont fatigués, le soir, les mots dépassent leurs pensées. Ce n'est pas inquiétant.

– Quand même... En plus, cette femme ne sort jamais de chez elle, c'est bizarre.

– C'est pas parce qu'une femme sort rarement qu'elle est bizarre. Arrête de te focaliser là-dessus. Je t'attends demain pour les triolets.

– D'accord, Roger.

Puis Ricky, rassuré, regagna son quartier.

Les feuilles mortes voletaient autour de lui. Le mois d'octobre se terminait, il fallait profiter des derniers rayons de soleil.

À vingt et une heures, après avoir dîné, Ricky descendit vider sa poubelle dans le conteneur vert.

Il prit l'escalier car les ascenseurs lui fichaient la trouille. Au premier étage, il croisa son voisin qui répondit à son salut d'un hochement de tête. Ricky cessa de respirer, mais l'homme, de petite taille et musclé, continua de gravir les degrés sans plus s'occuper de lui. Le gamin souleva le couvercle du premier conteneur et manqua hurler de peur : un chat mort grimaçait vers lui. Le gosse se figea. Puis il déposa son sac bleu dans la poubelle voisine.

Revenu à l'appartement, il embrassa son frère, sa sœur, et s'enferma dans sa chambre. Il plaqua son oreille au mur. Par-dessus un vieux morceau de jazz, la voix gronda dans la pièce attenante :

– Ça finira mal pour toi, tu comprends ?

Après le chat, l'homme s'attaquerait aux humains. Brutalement, il eut froid, tira sur lui sa couverture, se boucha les oreilles avec des boules Quiès et plongea dans un sommeil peuplé de greffiers[3] miauleurs.

3. Chats en argot.

3

Le lendemain était un mercredi. Ricky fit semblant de dormir et laissa Sophie et Georges gagner leurs écoles respectives.

Il se leva vivement, exécuta quelques exercices de gymnastique et avala son chocolat. Puis il se campa à la fenêtre donnant sur la rue. À huit heures trente, son voisin se présenta à la sortie de l'immeuble. Ricky prit ses clés, dévala l'escalier et entreprit de filer l'homme qui se hâtait vers la station de métro Étienne-Marcel.

Ils grimpèrent dans le même wagon, puis empruntèrent une correspondance à Marcadet. L'homme descendit à La Villette, Ricky sur ses talons. D'un pas tranquille, le voisin, dont le cou disparaissait dans un col roulé, pénétra dans les abattoirs.

Un tueur ?

Ricky, loin de chez lui et dérouté par ce quartier inconnu, déchiffrait les visages des passants. La population immigrée, très présente par ici, ne l'inquiétait pas, mais il ne retrouvait pas la nonchalance[4] des promeneurs de Montorgueil.

4. Tranquillité, lenteur.

Ricky hésita à rentrer, des images sanglantes lui chatouillant l'esprit. Il prit le parti de revenir à l'heure du repas et se dirigea à nouveau vers le métro, direction Pigalle. Arrivé sur place, il prit la rue Victor-Massé et se campa devant les boutiques d'instruments de musique proposant des batteries de toutes formes et toutes couleurs. Il se décida pour une

paire de baguettes et, ayant fait affaire, reprit le chemin du métro. À midi, il s'approcha de la sortie des abattoirs. Trois hommes, vêtus de blouses blanches souillées de sang frais, sortirent des lieux en riant et plaisantant à haute voix. L'un des trois était bien le voisin de Ricky.

Il les suivit à l'intérieur du restaurant *La bonne boucherie* et contempla, effaré, son voisin qui discourait devant sa saucisse de Morteau aux lentilles. Il crut même percevoir le mot « chat » dans la conversation.

En frissonnant, Ricky gagna la rue. Il en savait assez maintenant. Une fois rentré à Montorgueil, il se confectionna un sandwich jambon-fromage et plongea dans ses devoirs. Mais il ne parvint pas à oublier le chat mort et la voix menaçante du voisin.

À seize heures, il partit d'un bon pas vers la rue des Petites-Écuries. Roger Valetti terminait son cours.

– Ça va, Ricky ? Et ton voisin ? Ne me dis pas que tu mènes une enquête à la Sherlock Holmes !

– Si, justement. Je l'ai suivi aujourd'hui et vous ne devinerez jamais son métier...

– Seigneur, je ne sais pas, moi ! Libraire ?

– Tueur.

– Comment ça, tueur ?

– Tueur aux abattoirs de La Villette. Il porte une blouse blanche pleine de sang. Il voit la mort en permanence.

– Ça ne fait pas de lui un tueur. Enfin, un tueur de personnes, je veux dire. Viens, je te paie un Coca.

L'homme et l'enfant s'attablèrent dans un café du boulevard et, en plus des Coca, commandèrent deux parts de tarte aux myrtilles.

– Alors, tu poursuis ton enquête dans quelle direction ?

– J'envisage d'enregistrer la voix, ça me fera une preuve s'il tue sa femme.

– Très bonne idée ! s'esclaffa Roger.

Puis ils regagnèrent la salle de cours et Ricky s'installa derrière ses tambours.

À la nuit tombée, en parvenant devant son immeuble, Ricky leva les yeux vers les fenêtres des voisins. Les rideaux étaient tirés, une lumière souffreteuse[5] persistait derrière le velours verdâtre puis elle s'éteignit. Le gamin haussa les épaules et pénétra dans le bâtiment.

Marc Villard, *Menaces dans la nuit*, coll. « Mini Syros » © Syros, 2008.

5. Faible.

Je découvre le texte

1. De la ligne 1 à 23, fais la liste des personnages de cette histoire. Classe-les selon qu'ils sont présents ou évoqués dans l'histoire.
2. Quels sont les liens qui unissent les personnages présentés ? Justifie ta réponse.
3. Présente le héros en prélevant tous les renseignements donnés par le texte (lignes 1 à 23).
4. Où cette histoire se déroule-t-elle ? Cherche des informations sur les abattoirs de La Villette.
5. Entre le début et la fin de cette première partie du récit, combien de temps s'écoule-t-il ? Justifie ta réponse.
   un jour • deux jours • trois jours • une semaine
6. Associe les personnages aux rôles qu'ils tiennent dans l'histoire.
   le suspect — la victime — le héros — le confident
7. Retrouve dans le texte les indices qui te permettent de dire à quelle saison l'histoire se déroule.

Je comprends le texte et j'explore le vocabulaire

8. Relève dans le texte l'événement qui éveille les soupçons de Ricky.
9. **VOCABULAIRE** Remplace par un synonyme le mot en bleu : « il fut tiré de son premier sommeil par une voix **masculine** » (ligne 39).
10. D'où provient la voix que Ricky entend ?
11. Relève dans les lignes 96 à 124, tout ce qui contribue à rendre le voisin de Ricky suspect.
12. Que sait-on de la voisine de Ricky ?
13. **VOCABULAIRE** Relève dans le texte tous les mots ou expressions qui expriment l'angoisse, la peur de Ricky.
14. Remets dans l'ordre la suite des événements inquiétants en utilisant les mots :
    puis — ensuite — enfin — tout d'abord
    Ricky entend une dispute chez ses voisins. • Il découvre le métier suspect de son voisin : tueur aux abattoirs. • Il entend la même voix proférer une nouvelle menace. • Il trouve un chat mort dans la poubelle.
15. **VOCABULAIRE** Choisis parmi les adjectifs qualificatifs ceux qui conviendraient le mieux pour caractériser Ricky :
    audacieux • peureux • curieux • triste • effrayé • dégourdi • malin • craintif • sportif.
16. **DÉBAT** D'après toi, pourquoi l'auteur a-t-il choisi ce titre « Menaces dans la nuit » ?

J'écris pour mieux comprendre

17. Le gamin haussa les épaules et pénétra dans le bâtiment. (ligne 156)
    D'après toi, que va-t-il se passer ensuite ? Note tes propositions.

Menaces dans la nuit (2)

4

Cet après-midi-là, Ricky errait au forum des Halles, en cachette de Sophie qui appréciait peu cet espace bondé, musardant[1] face aux vitrines du sous-sol, comptant ses sous en lorgnant du coin de l'œil les baskets rouges qu'il convoitait depuis deux mois. Puis il gagna la place Carrée, fendit la foule, dépassa le hublot de la piscine Berlioux et rêvassa un moment devant les nombreux films annoncés au fronton du Ciné Cité.

Enfin, il prit l'escalator pour gagner la sortie Saint-Eustache. Son regard balaya la foule qui descendait et, soudain, il la vit.

La femme du tueur se laissait porter par l'escalator descendant. Ses cheveux blonds tombaient sur ses épaules et ses yeux étaient abrités par des lunettes de soleil. Pour dissimuler des traces de coups ?

Ricky se pencha.

– Madame, hé, madame !

Mais un groupe de rappeurs déversait des décibels à profusion et l'appel de Ricky ne fut pas entendu.

L'enfant, parvenu au sommet de l'escalier, reprit l'escalator descendant et aperçut la femme qui pénétrait dans le Ciné Cité. Il se précipita aux caisses mais elle était déjà rentrée. Il posa le prix d'une place devant la caissière et annonça un titre de film au hasard.

Vivement, il pointa son nez à l'entrée des salles : toutes étaient plongées dans le noir. Retrouver sa voisine équivalait à chercher une aiguille dans une botte de foin. Il haussa les épaules puis contempla son ticket qui lui donnait droit de visionner *La marche de l'empereur*, un documentaire sur les pingouins. En râlant et refoulant sa déception, il gagna une place au troisième rang de la salle et se laissa porter par les aventures glaciaires.

1. Flânant.

Le jeudi suivant à dix-sept heures, il se rendit à l'anniversaire de sa filleule, Lisa, dont on fêtait les deux ans sur une terrasse près du Rex. Il s'agissait aussi de profiter de la douceur d'octobre avant la rigueur hivernale. Ricky offrit à la petite son cadeau : un lapin blanc en peluche et, à la demande des parents de Lisa, trempa ses lèvres dans une coupe de champagne. Il oublia sa voisine, le tueur d'abattoir, la voix menaçante et le drame qui se jouait derrière la cloison. À dix-neuf heures, Sophie passa le chercher, et frère et sœur gagnèrent à pied leur bâtiment envahi alentour par les travailleurs, pressés de faire leurs commissions avant la fermeture des commerces.

Une agitation inhabituelle régnait devant l'immeuble, les locataires parlaient à voix basse, trois policiers en uniforme surveillaient l'entrée, dissimulant un corps tassé sous une couverture au pied de l'escalier. Le gardien, flanqué de deux copropriétaires, discutait au-dessus du corps.

Une ambulance se gara devant le portail en faisant taire sa sirène. Ricky prit peur en s'avançant vers le corps dissimulé. Il parvint près du groupe au moment où un infirmier soulevait la couverture. Hébété, il ne put quitter du regard le visage de son voisin le tueur.

– Mais... c'est le tueur !

Le gardien du bâtiment se pencha vers l'enfant.

– Ah, c'est vous, les jeunes ! Vous le connaissiez, c'était votre voisin de palier.

– Oui, oui. Qu'est-ce qu'il lui est arrivé ? s'inquiéta Sophie.

À la demande de celle-ci, le gardien éloigna l'enfant du corps.

– On pense qu'il descendait l'escalier et qu'il a dû trébucher sur le palier du premier étage. Sa tête a porté sur une des dernières marches, vous savez, celles en pierre, et l'hémorragie cérébrale ça ne pardonne pas. C'est assez incroyable car ce type était costaud.

– Et le médecin ? demanda Ricky.

– Celui de l'immeuble mitoyen a examiné le corps, mais il ne sait pas trop. Il s'occupe de madame Lambert qui s'est trouvée mal car elle descendait derrière lui.

– C'est son épouse ? questionna Sophie.

– Oui. Leur nom, c'est Lambert, vous ne saviez pas ça ?

– Non, non, on se connaissait à peine, regretta la jeune fille.

Mille pensées assaillirent Ricky, mais il dut s'avouer, honteusement, être soulagé par cette mort inattendue. Au moins, sa voisine n'avait plus rien à craindre. Le destin n'avait pas suivi son cours, la vie était ainsi faite.

Sophie le tira sur le côté et ils remontèrent dans leur appartement pendant que les ambulanciers chargeaient monsieur Lambert dans leur véhicule.

Ils dînèrent en silence, impressionnés par cette mort brutale. Ricky visionna un épisode de son feuilleton favori puis il gagna son lit. Il se retourna de nombreuses fois sous ses draps pour s'endormir et, comme il glissait dans le sommeil, perçut la radio qui diffusait une musique étouffée chez sa voisine.

5

Le lendemain après-midi, un faire-part de décès fut affiché sur la porte de l'immeuble. Il annonçait les obsèques de Pierre Lambert le samedi matin à neuf heures trente, à l'église Sainte-Élisabeth.

Ricky nota tout cela mentalement et gagna son cours de batterie chez Roger. Ils étaient trois, dont deux jeunes filles. La première arborait une crête verte sur la tête et l'autre supportait deux anneaux fichés dans sa narine droite. Quand vint la fin du cours, Ricky se rapprocha du professeur.

– Roger, j'ai une mauvaise nouvelle...

– Ne me dis pas que la femme est décédée !

– Non. C'est son mari, le tueur, qui a fait une mauvaise chute dans l'escalier. Il est mort.

– Mourir dans un escalier, quand même, on a du mal à le croire ! Tu vois, tu t'inquiétais sans raison. Maintenant, tu es rassuré.

– Je m'en veux un peu de l'avoir accusé.

– Te bile pas et pense à autre chose. Si tu veux, je t'offre un second cours gratuit dans trente minutes.

– Super !

Le samedi vint bien vite et Ricky avait maintenant hâte d'en finir. Il avait décidé d'assister à la messe puis à l'enterrement au cimetière. Il revêtit des vêtements sombres et se faufila en douce hors de l'immeuble. Georges et Sophie dormaient tard le samedi. Puis il se dirigea vers l'église Sainte-Élisabeth.

Une quinzaine de personnes patientaient sur le parvis et on l'informa que la veuve était déjà dans les lieux. Le gardien de l'immeuble prit place à ses côtés sur le banc de bois patiné. Le regard de Ricky se tournait régulièrement vers le visage de madame Lambert, masqué par un voile noir, mais il n'avait plus rien à lui dire aujourd'hui et il se concentra sur les homélies[2].

2. Paroles religieuses.

Un cortège se forma et ils gagnèrent, à la suite du corbillard, le cimetière situé à quelques pas. Ricky traînait des pieds en fin de cortège.

La veuve se tenait bien droite au-dessus de la fosse, ses épaules solides se découpant sur le ciel bleu d'automne. Sous le voile, son visage fermé était penché avec élégance. Un à un, parents et amis jetèrent sur le cercueil une rose blanche distribuée par l'assistant du croque-mort. Puis chacun se pencha vers elle pour lui présenter les condoléances d'usage. Ricky ne sut trop quoi dire.

– Ricky Miller, madame, toutes mes condoléances, dit-il en rougissant.

– Je vous remercie mais... on ne se connaît pas !

L'enfant se statufia[3].

Cette voix... Cette voix était celle qu'il percevait de l'autre côté du mur. Râpeuse, dure, qui prévenait qu'il fallait en finir.

– Vous ne vous sentez pas bien, mon garçon ?

– Heu, si, si. Je suis votre voisin de palier.

Comprenait-elle à mi-mot ? Elle sourit amèrement puis pivota vers le gardien de l'immeuble.

Ricky s'éloigna, le pas vacillant. Il se retourna néanmoins et le regard inquisiteur de la veuve le frappa de plein fouet. Si c'était sa voix à elle, son mari était-il mort accidentellement dans l'escalier ?

Ricky frissonna de peur.

La tête en feu, il regagna le quartier Montorgueil et avala quatre à quatre l'escalier du bâtiment. Sophie terminait un devoir sur son ordinateur. Il se campa à ses côtés.

– Dis donc, tu voudrais pas échanger ta chambre avec la mienne ?

– Et pourquoi ça ? s'étonna la jeune fille.

Il prit une chaise en soupirant.

– Je vais t'expliquer.

FIN

Marc Villard, *Menaces dans la nuit*,
coll. « Mini Syros » © Syros, 2008.

3. S'immobilisa.

Je découvre le texte

1 **Qui sont monsieur et madame Lambert ?**

2 **Au début de l'histoire, qui est la victime et qui est le suspect ?**
Et à la fin de l'histoire ?

3 **Quel est l'indice essentiel de cette énigme ?**
le métier du suspect • la voix du suspect • l'apparence du suspect
Relève dans le texte la phrase qui le montre.

Je comprends le texte et j'explore le vocabulaire

4 **Qui Ricky aperçoit-il sur l'escalator ?**

5 DÉBAT **Pourquoi Ricky veut-il parler à cette personne ? Que veut-il lui dire ?**

6 VOCABULAIRE **Cherche la définition du mot *hébété* et explique pourquoi Ricky est hébété à ce moment-là (ligne 48).**

7 VOCABULAIRE **L'expression en bleu** « L'hémorragie cérébrale, **ça ne pardonne pas** » (ligne 59) **signifie :**
Ça n'excuse pas tout. • On n'y survit pas. • On ne lui en voudra pas.

8 DÉBAT **Que peut penser Ricky à ce moment de l'histoire :** « Mille pensées assaillirent Ricky… » (ligne 72) **?**

a. Pauvre homme, quelle chute !
b. Il est tombé en voulant pousser sa femme !
c. Ouf, nous voici débarrassés de ce tueur !
d. Quel malheur pour sa femme !

9 VOCABULAIRE **Explique ce que veut dire l'expression *se faufiler en douce* (ligne 101).**
Cherche dans le dictionnaire à quel registre de langue elle appartient.

soutenu   courant   familier

10 **Relève dans le texte, de la ligne 99 à 118, tous les mots qui évoquent un enterrement.**

11 **Relis les lignes 123 à 129. À ce moment du récit, on peut dire que Ricky est…**
rassuré • content • inquiet • effrayé • étonné • soulagé
Relève dans le texte les mots ou expressions qui le montrent.

12 DÉBAT **Peut-on dire que cette histoire est terminée à la fin du récit ?**

13 **Quels éléments de roman policier retrouves-tu dans ce récit ?**
un héros • du suspens • une enquête • une aventure • un suspect • une histoire imaginaire • une victime

J'écris pour mieux comprendre

14 **Imagine ce que Ricky va expliquer à sa sœur pour justifier sa demande.**

> – Dis donc, tu voudrais pas échanger ta chambre avec la mienne ?
> – Et pourquoi ça ? s'étonna la jeune fille. (lignes 130 à 131)

Rédige sa réponse en une dizaine de lignes.

2 Élémentaire, mon cher Watson !

Rien ne me plaisait plus que de coller à Holmes pendant ses enquêtes ; j'admirais la rapidité de sa logique : tellement prompte qu'elle rivalisait avec l'intuition ; elle déroulait toujours ses propositions en partant d'une base solide, grâce à quoi il débrouillait les problèmes les plus compliqués qui étaient soumis à sa sagacité d'analyste[1]. En quelques minutes, je fus habillé et prêt à accompagner mon ami dans le salon. Une dame vêtue de noir et dont le visage était caché par une voilette épaisse se leva quand nous entrâmes.

– Bonjour, madame ! dit Holmes aimablement. Je m'appelle Sherlock Holmes, et voici mon confrère et ami le docteur Watson. Vous pouvez parler aussi librement devant lui que devant moi… Ah ! je suis content que Mme Hudson ait eu la bonne idée d'allumer le feu ! Asseyez-vous près de la cheminée. Je vais commander pour vous une tasse de café, car vous frissonnez.

– Ce n'est pas le froid qui me fait frissonner ! répondit la dame d'une voix étouffée tout en changeant de siège comme on l'en avait priée.

– Quoi donc alors ?

– La peur, monsieur Holmes. Je suis terrorisée !

Elle releva sa voilette, et nous fûmes à même de constater qu'elle se trouvait énervée à un degré pitoyable[2] : ses traits étaient tirés, sa peau grise ; ses yeux agités trahissaient l'épouvante ; on aurait dit un animal traqué. Elle semblait avoir une trentaine d'années, mais ses cheveux avaient prématurément grisonné ; elle donnait l'impression d'une femme épuisée, égarée. Sherlock Holmes lui dédia un regard aussi pénétrant que compréhensif.

– Vous ne devez plus avoir peur ! dit-il doucement, en se penchant vers elle pour tapoter son bras. Nous allons vite arranger cette affaire, j'en suis certain… Vous êtes arrivée par le train ce matin, n'est-ce pas ?

1. Sa finesse d'esprit.

2. Qui inspire de la pitié.

– Vous me connaissez donc ?

– Non, mais je remarque un billet de retour dans la paume de votre gant gauche. Et vous avez dû partir de bonne heure. Et vous avez fait une longue course en cabriolet, sur de mauvaises routes, avant d'atteindre la gare.

La dame sursauta et considéra mon camarade avec ahurissement.

– Ne cherchez aucun mystère, chère madame ! dit-il en souriant. Sur la manche gauche de votre veste, il y a des taches de boue, très fraîches. Le seul moyen de transport qui projette ainsi de la boue est un cabriolet ; et je suis sûr que vous étiez assise à gauche du cocher.

– Vous avez raison, dit-elle. J'ai quitté la maison avant six heures, je suis arrivée à Leather-head vers six heures vingt et j'ai pris le premier train pour Londres. Monsieur, je n'en peux plus : je deviendrai folle si ça continue ! Je n'ai personne vers qui me tourner. Personne ! sauf quelqu'un qui me témoigne de l'intérêt mais qui ne peut guère me secourir, le pauvre ! J'ai entendu parler de vous, monsieur Sherlock Holmes. C'est Mme Farintosh qui m'a parlé de vous : vous l'avez aidée lorsqu'elle avait grand besoin de l'être. C'est elle qui m'a indiqué votre adresse. Oh ! Monsieur ! Ne croyez-vous pas que vous pourriez m'aider aussi ? Si seulement je pouvais voir un petit peu plus clair dans la nuit où je me débats !

Arthur Conan Doyle, *Le ruban Moucheté*, trad. B. Tourville © Robert Laffont.

Je découvre le texte

1 **Identifie les personnages présents dans cette scène. Le narrateur est-il un personnage de l'histoire ? Justifie ta réponse.**

2 **Relève dans le texte les indices qui te permettent de dire où et à quelle époque cette scène se déroule.**

3 **À quel moment de la journée cette scène se déroule-t-elle ? Justifie ta réponse.**

Je comprends le texte et j'explore le vocabulaire

4 **Relève la phrase qui indique que Holmes et Watson habitent la même maison.**

5 **Sherlock Holmes présente Watson comme son confrère. Quelle est la profession des deux hommes ? Justifie ta réponse.**

6 **Relis le premier paragraphe et indique le sentiment que Watson ressent vis-à-vis de Sherlock Holmes.**

7 VOCABULAIRE **Cherche dans le dictionnaire le sens du mot en bleu dans** « sa logique tellement **prompte** qu'elle rivalisait avec l'intuition » (ligne 2) **et indique son contraire.**

8 **Dans un tableau, relève les détails donnés sur la visiteuse, sur son physique, son habillement et ses émotions.**

9 **Relève dans le texte les indices qui ont permis à Sherlock Holmes de savoir que :**
a. la dame est venue en train
b. la dame a voyagé en cabriolet

10 VOCABULAIRE **Relève les synonymes du mot *peur* dans cet extrait.**

11 **Pourquoi la dame sursaute-t-elle (ligne 48) ?**

12 **Dans cet extrait, Sherlock Holmes paraît plutôt…**
apeuré • calme • surpris • aimable • curieux • perspicace • inventif

13 **Comment Sherlock Holmes sait-il que la dame était assise à gauche du cocher ?**

14 VOCABULAIRE **Le mot *nuit* est-il utilisé au sens propre ou au sens figuré dans :** « Si seulement je pouvais voir un petit peu plus clair dans la **nuit** où je me débats ! » (ligne 64) **? Remplace-le par un synonyme.**

15 **Sherlock Holmes est un grand détective parce qu'il…**
raconte des histoires • devine • déduit • réfléchit • invente • écoute • observe

16 DÉBAT **Selon toi, pourquoi la dame vient-elle voir Sherlock Holmes ?**

J'écris pour mieux comprendre

17 **Écris en sept lignes la suite du dialogue entre la dame et Sherlock Holmes.**

Expression orale

▶ Présenter un exposé sur Sherlock Holmes

Après la lecture du texte ***Élémentaire, mon cher Watson !***
> pages 118-119

1 J'analyse les documents

A Raymond Gérôme dans la pièce de théâtre *Le Chien des Baskerville*, le 20 avril 1974.

B Basil Rathbone dans le film *Le Chien des Baskerville*, 1939.

C Le musée Sherlock Holmes, Londres.

D Sir Arthur Conan Doyle.

1. Pourquoi ces quatre photos sont-elles réunies ? Aide-toi du texte des pages 118-119.
2. Fais des recherches sur sir Arthur Conan Doyle : ses dates de naissance et de mort, son pays d'origine, ses œuvres.
3. Qui est Sherlock Holmes ? Compare les photographies des acteurs jouant Sherlock Holmes : liste leurs points communs. Pourquoi tiennent-ils une loupe ou une torche ?
4. Qu'est-ce que le document C t'apprend sur le personnage de Sherlock Holmes ?
5. Classe tes notes et organise ton exposé.

2 Je prends la parole pour… présenter un exposé sur Sherlock Holmes

▶ **Présente à la classe qui est Sherlock Holmes.**

1. Présente ton exposé en donnant des titres à chaque partie.
2. Illustre tes propos à l'aide des documents proposés sur la page ou à l'aide de ceux que tu as trouvés grâce à tes recherches.
3. Écoute les questions de tes camarades et réponds-leur.

N'oublie pas !
Regarde ton public quand tu parles.
Exprime-toi avec précision.

Maintenant, je sais

Pour lire un roman policier

• J'identifie les personnages et les rôles de chacun.

> **Le suspect :** le voisin
> **L'enquêteur :** Ricky
> **La victime :** le voisin
> **Le coupable :** la femme du voisin
> **Les personnages secondaires :** le professeur de musique, Sophie

• Je repère les lieux dans lesquels se déroulent les différents événements.

Exemple : La chambre de Ricky, les abattoirs de la Villette, l'immeuble…

• Je comprends pourquoi une enquête est menée.

Exemple : Ricky enquête parce qu'il a entendu une voix et qu'il s'inquiète pour sa voisine.

• Je mets en relation les différents indices donnés par le narrateur.

> **L'élément déclencheur :** Il entend une voix grave.
> **Les indices au fil du récit :** Un chat mort trouvé dans les poubelles.
> Le voisin travaille dans un abattoir.

• Je suis attentif au dénouement et j'identifie l'identité du coupable.

• Je repère la durée du récit en relevant les indicateurs de temps présents dans le texte.

Exemple À vingt heures trente ; le lendemain matin…

Un roman policier est constitué :

- **de descriptions qui permettent de se représenter les lieux et les personnages du récit ;**
- **de scènes avec des dialogues rapportant les paroles des personnages ;**
- **d'actions qui s'enchaînent de manière logique et chronologique.**

Étude de la langue

▶ Pour la différenciation

Les exercices les plus difficiles s'adressant aux élèves les plus autonomes sont numérotés sur une pastille jaune.

Identifier la phrase interrogative

Je cherche

– Où vas-tu avec ce long sac ? demanda son père vivement.
Il n'y avait jamais qu'un seul endroit où Bubber se rendait avec un sac, mais il répondit patiemment :
– Je vais sur la Colline au Milan, une dernière fois.
– Qu'est-ce qui se passe là-haut ? interrogea son père.
Pourquoi vas-tu tout le temps là-haut ?
– Pour des tas de choses, répondit Bubber. Du trèfle, par exemple.
C'est le seul trèfle qu'il y ait dans les environs. Il n'y a rien à manger par ici.

Alan Arkin, *Moi, un lemming*, trad. Roland Delouya, Flammarion.

1. Relève les phrases interrogatives présentes dans le texte.
2. À quoi les reconnais-tu ?

Je retiens

✓ Je sais reconnaître **la phrase interrogative** grâce au **point d'interrogation** **?**.

✓ Je peux également l'identifier grâce à :
- **l'expression « est-ce que » :** ***Est-ce que*** *tu pars en vacances ?*
- **l'inversion du sujet :** ***Es-tu*** *contente ?*
- **le mot interrogatif** qui l'introduit : ***Où*** *allez-vous ?* ***Quand*** *arriverez-vous ?* ***Qui*** *êtes-vous ?*

✓ À l'oral, l'inversion du sujet n'est pas toujours respectée : *Tu m'accompagnes à la piscine ?*

Dans *Pierre va-t-il à la mer ?* le pronom de rappel « **il** » accompagne le prénom. La lettre « **-t-** » est ajoutée entre le verbe et le pronom pour aider à la prononciation.

Je repère

1 Recopie les phrases suivantes et entoure le mot interrogatif.
a. Où habitent ces personnes ?
b. Quand la neige va-t-elle tomber ?
c. Pourquoi le chien aboie-t-il ?
d. Comment vas-tu venir ici ?

2 Recopie les phrases suivantes et entoure ce qui indique qu'elles sont interrogatives.
a. Pourquoi es-tu en retard ?
b. Où vas-tu ?
c. Es-tu fière de ta réussite ?
d. Est-ce qu'il va gagner ?

3 **Relève les phrases interrogatives et justifie ton choix.**

a. La porte est ouverte depuis ce matin.
b. Pourquoi la porte est-elle ouverte depuis ce matin ?
c. Je me demande pourquoi la porte est ouverte depuis ce matin.
d. La porte est-elle ouverte ?

4 **Combien de phrases interrogatives le texte suivant comporte-t-il ? Justifie ta réponse.**

Quel temps va-t-il faire aujourd'hui ? Sera-t-il ensoleillé ou nuageux, sec ou humide, caniculaire ou glacial ? Les conditions météorologiques ont une influence sur les activités des hommes. C'est pourquoi nous avons besoin de prévoir le temps.

Mon Encyclopédie Découvertes 6-9 ans, Gallimard.

Je manipule

5 **Ponctue les phrases suivantes comme il convient.**

a. Prenez-vous le bus de 8 heures 12
b. Il se demande s'il va gagner
c. Est-ce que le film a commencé
d. Comme tu as grandi

6 **Réécris les phrases interrogatives en respectant l'inversion du sujet.**

a. Tu as retrouvé ta montre ?
b. Le chien a creusé ce trou ?
c. Le voisin a sonné longtemps ?
d. Elle a récupéré son colis ?

7 **Complète les questions par le pronom qui convient.**

a. Pierre va-t-... chez le dentiste ?
b. Ta soeur sait-... lire ?
c. Vos parents vont-... au cinéma ?
d. Le musée est-... ouvert aujourd'hui ?

8 **Transforme ces phrases en phrases interrogatives en utilisant est-ce que.**

a. La Lune tourne autour de la Terre.
b. Le Soleil est une étoile.
c. Mercure est la planète la plus proche du Soleil.
d. Vénus est située entre la Terre et le Soleil.

9 **Transforme ces phrases en phrases interrogatives en utilisant une inversion du sujet.**

a. Il a construit une cabane de jardin.
b. Pierre est parti faire le tour du monde.
c. Les archéologues ont découvert un trésor.
d. La Loire est en crue depuis une semaine.

10 **Dans les bulles, relève une phrase interrogative. Puis réécris-la en inversant le sujet.**

Roba, *Bwoufallo Bill*, n° 27 © Studio Boule et Bill

11 **Reconstitue les phrases interrogatives en respectant bien la ponctuation.**

a. dans la classe – ils – rentrés – les élèves – sont
b. au cinéma – nous – est-ce que – allons
c. mes colis – pourquoi – arrivent – cassés – ils
d. il – le bateau – où – amarré – est

12 **Pose deux questions sur le texte.**

À la fin du XVe siècle, des navigateurs européens partent découvrir le monde. Ils sont prêts à tout pour atteindre l'Asie par la mer. Les rois d'Espagne et du Portugal vont financer leurs expéditions.

Dokéo+, Nathan.

J'écris

13 **Complète le dialogue suivant par des phrases interrogatives.**

Pablo cherche son chien dans tout le quartier.

« – ... ? demande-t-il au voisin.
– Ah non, Pablo, je n'ai pas vu Caramel. ... ?
– Oh ! cela fait bien une heure que je le cherche.
– ... ?
– Vous avez raison. J'y vais de ce pas ! »

Identifier la phrase injonctive

Je cherche

Vignette A

Vignette B

Vignette C

Roba, *Bwoufallo Bill*, n°27 et *Carnet de Bill*, n°13
© Studio Boule et Bill.

1. **Dans les vignettes A et B, relève une phrase qui donne un conseil et une phrase qui donne un ordre : quel est leur point commun ?**

2. **Dans la vignette C, quelle est la phrase qui correspond à un ordre ? Justifie ton choix en proposant une réécriture de cette phrase.**

Je retiens

✓ Les phrases qui donnent **des ordres, des conseils ou des consignes** sont des **phrases injonctives**.

✓ Je les reconnais grâce **au verbe** :
- ou bien le verbe est **conjugué à l'impératif** : *Lave-toi les dents.*
- ou bien le verbe est **à l'infinitif** : *Bien **se brosser** les dents tous les matins.*

✓ Elles sont parfois terminées par **un point d'exclamation** : *Range ta chambre !*

✓ Les phrases injonctives servent aussi à formuler **des interdictions**.
Ne pas marcher sur les pelouses. Défense de marcher sur les pelouses.

Je repère

1 **Relève la phrase injonctive.**

a. Les passants attendent le bus.
b. Mange proprement !
c. L'entrée du château est fermée.
d. Quelle belle journée !

2 **Relève les phrases injonctives qui donnent des ordres.**

a. Sortez d'ici immédiatement !
b. Prenez donc un gâteau.
c. Cessez de bavarder !
d. Planter les graines au printemps.

3 **Classe les phrases dans le tableau suivant.**

ordre	conseil	consigne

a. Ne cours pas si vite !
b. Trace un rectangle.
c. Appuie-toi sur mon épaule.
d. Ne pas toucher.

4 **Dans le texte suivant, combien y a-t-il de consignes ?**

Fais flotter un glaçon dans un verre rempli d'eau. Le glaçon fond mais le verre ne déborde pas ! L'eau du glaçon occupe moins de place que le glaçon lui-même.

Méga 6-9 ans, Nathan.

5 **Dans le texte suivant, il y a deux phrases injonctives : vrai ou faux ?**

Voilà au moins dix minutes qu'on est à l'ombre dans ce trou. Tout est froid, le rocher glisse. Et papa, encore qui insiste.
– Vas-y, Tom, pousse sur tes jambes. Dès que tu es dans l'eau, je t'attrape.
– Ça fait vingt fois que tu me le dis.

Hanno, *Sur le bout des doigts*, Thierry Magnier.

Je manipule

6 **Transforme ces phrases en phrases injonctives commençant par « Défense de ... ».**

a. Ne marchez pas sur l'herbe.
b. Ne courez pas.
c. Ne prenez pas de photographies.

7 **Transforme ces phrases en phrases injonctives avec un verbe à l'infinitif.**

a. Sonnez avant d'entrer.
b. Attendez qu'on vous ouvre.
c. Remplissez la fiche au secrétariat.
d. Patientez dans la salle d'attente.

8 **Pour chaque situation, formule un conseil à ton petit frère.**

Ton frère a trébuché sur le tapis.
→ Regarde bien où tu marches !
a. Ton frère a oublié son sac de sport.
b. Ton frère a perdu ses clés.
c. Ton frère a perdu son match de tennis.

9 **Rédige trois conseils que tu peux donner à des camarades pour bien réciter une poésie.**

10 **Rédige trois interdictions qui sont dans le règlement intérieur de ton école.**

11 **Rédige une phrase injonctive pour chaque pictogramme.**

12 **Dans le texte suivant, relève une phrase qui correspond à un ordre et transforme-la en phrase injonctive.**

J'ai essayé de dire une dernière fois à Papa que je préférais rester ici mais il s'est mis à crier. Alors je me suis enfermée dans ma chambre avec la clef que j'avais volée dans le tiroir de la table de l'entrée. Il m'a demandé mille fois d'ouvrir mais je n'ai pas répondu.

A. Couture, *La grève de la vie*, Actes Sud

13 **Dans le texte suivant, relève les phrases qui correspondent à des conseils et transforme-les en phrases injonctives.**

– Tu feras très attention, n'est-ce pas ?
Et surtout tu n'enlèveras pas tes lunettes ?
Le docteur t'a bien dit ce que tu risques si…
Daniel soupira d'un air agacé.
– Je sais, maman ! Je sais ! coupa-t-il d'un ton brusque.

I. Drozd, *Un tueur à ma porte*, Bayard.

J'écris

14 **Rédige les conseils que le personnage donne à celui qui monte sa tente.**

Distinguer la forme affirmative et la forme négative

Je cherche

Aujourd'hui, on est mercredi 1er juillet et c'est le premier jour des vacances. Mais moi, je n'irai pas en vacances. Je vais rester enfermée dans ma chambre tout l'été et même plus. Je ne veux pas partir en colonie, je ne veux pas partir d'ici. Ça ne m'intéresse pas. Demain matin, quand Papa voudra m'emmener à la gare, **je dirai non, non, non**, je ne veux pas y aller. Parce que j'ai décidé de ne plus m'amuser. Jamais. J'entame une grève de la vie.

Amélie Couture, *La grève de la vie*, Actes Sud junior.

1. **Relève toutes les phrases qui se rapportent à l'expression écrite en rouge.**

2. **Quel est le point commun des phrases que tu as relevées ? Justifie ta réponse.**

3. **Réécris tout le texte comme si la fillette disait « je dirai oui, oui, oui ».**

Je retiens

✓ **Je choisis la forme affirmative pour donner une information.**
Le musée est ouvert.

✓ **Je choisis la forme négative lorsque je veux nier une information.**
Le musée n'est pas ouvert le week-end.

✓ **La négation est toujours composée de deux mots qui encadrent le verbe conjugué ou l'auxiliaire.**
*Le musée **n'**ouvre **plus** le lundi. Le musée **n'**est **jamais** ouvert le matin.*

✓ La forme affirmative et la forme négative s'appliquent à tous les types de phrases :
*Pourquoi prends-tu le bus ? Pourquoi **ne** prends-tu **pas** le bus ?*
*Apporte ton maillot de bain ! **N'**apporte **pas** ton maillot de bain !*

Je repère

1 **Recopie les phrases suivantes et entoure les marques de la négation.**
a. Mon frère n'habite plus ici.
b. Les pêcheurs ne restent jamais sur le quai.
c. Je n'aime guère le chou-fleur.
d. Ne marche pas sur la pelouse !

2 **Relève les phrases négatives.**
a. Mon voisin n'a pas de tondeuse.
b. Le bateau sort du port.
c. Ne vois-tu pas le bateau sortir du port ?
d. Paola achète encore un maillot de bain.
e. Ne mets plus cette casquette !
f. Le menuisier n'a pas pris son échelle.

3 **Associe les phrases affirmatives aux phrases négatives qui correspondent.**

a. Le volcan crache de la fumée.
b. Le volcan crache encore de la fumée.
c. le volcan crache toujours de la fumée.

d. Le volcan ne crache jamais de fumée.
e. Le volcan ne crache plus de fumée.
f. Le volcan ne crache pas de fumée.

4 **Relève la phrase négative du texte.**

Lorsque Louis XIV s'installe à Versailles, une jolie terrasse italienne sépare les appartements du roi de ceux de la reine. Mais l'Ile-de-France n'est pas l'Italie. La terrasse est pleine de courants d'air. Alors le roi ordonne qu'on la couvre et fait construire à sa place une grande galerie vitrée [...].

M. Sellier, *Mon petit Versailles*, RMN.

5 **Combien de phrases négatives trouves-tu dans le texte suivant ?**

Jusqu'alors, Grand-Père ne m'avait presque jamais parlé de ma grand-mère. Il avait une photo d'elle sur le buffet de la cuisine, et je savais qu'elle était morte avant ma naissance, qu'il vivait seul depuis plusieurs années. Je n'en savais pas plus à son sujet et n'avais pas envie de poser de questions.

M. Morpurgo, *Le secret de grand-père*, Gallimard

6 **Indique le type et la forme de chaque phrase dans le texte suivant.**

« – Mon Gillou, ce n'est pas sérieux. Tu sais l'heure ? Éteins et dors !
Maman m'a embrassé en soupirant. Je n'étais pas malade au moins ?
– Et voilà ! Tu te gaves de bonbons qui te restent sur l'estomac.
– S'il te plaît, n'éteins pas... »

J.- L. Craipeau, *Crime Caramels*, Syros.

Je manipule

7 **Complète les phrases avec les négations en veillant à les varier.**

a. Les hirondelles ... sont ... parties.
b. Les sportifs ... restent ... dans le vestiaire.
c. Le boulanger ... a ... de pain.
d. Le facteur ... est ... à l'heure.

8 **Réécris les phrases à la forme affirmative.**

a. Paul n'a pas de chance.
b. Mon réveil ne fonctionne plus.
c. Ma voiture n'est jamais en panne.
d. Les touristes ne sont guère pressés.

9 **Réécris les phrases à la forme négative.**

a. J'ai toujours aimé le chocolat.
b. Pourquoi es-tu resté ?
c. Il a encore des peluches.
d. La Seine va-t-elle déborder ?

10 **Réécris les phrases à la forme affirmative.**

a. Pourquoi ne parles-tu pas plus fort ?
b. N'ont-ils pas entendu la cloche sonner ?
c. N'est-elle plus malade ?
d. Pourquoi n'allez-vous pas vers le port ?

11 **Réécris les phrases en transformant l'expression en rouge selon l'exemple.**

*J'ai décidé **de rester silencieuse**.*
→ *J'ai décidé de **ne pas parler**.*

a. J'ai décidé de **partir**.
b. J'ai décidé de **dire la vérité**.
c. J'ai décidé d'**accepter l'invitation**.
d. J'ai décidé de **gagner ce tournoi**.

12 **Réécris les phrases négatives en respectant les règles de la grammaire.**

– Quand je vous disais qu'on allait à la chasse au trésor, j'ai pas menti, hein ?
– Où t'as trouvé ça ? demande Marco, toujours pratique.
– Heu...Tu l'as pas volé, au moins ? s'inquiète Dédé, toujours méfiant.

J. H. Oppel, *Trois fêlés et un pendu*, Syros.

J'écris

13 **« je dirai non, non, non »**
Rédige quatre nouvelles phrases à la forme négative qui indiquent ce que la fillette va refuser de faire.

Utiliser la ponctuation

Je cherche

Sans nourriture, les animaux ne peuvent pas vivre. Mais ils n'ont pas tous le même appétit ni le même régime alimentaire. Celui-ci détermine leur aspect physique. Les herbivores sont les plus nombreux : ils mangent des feuilles, de l'herbe, des graines, des fruits… Certains sont très spécialisés, comme le panda qui ne se nourrit que de pousses de bambou. **Ils sont souvent chassés par les carnivores qui mangent de la viande, du poisson, des insectes.** D'autres animaux mangent de tout : ce sont les omnivores. Les charognards et les décomposeurs comme les vers de terre se contentent de plantes et d'animaux morts : ils nettoient ainsi la nature en se nourrissant.

Dokéo+ 6-9 ans, Nathan.

1. **Compte le nombre de phrases présentes dans ce texte. Justifie ta réponse en indiquant quels repères tu prends pour identifier les phrases.**
2. **Repère les virgules : à quoi servent-elles dans les deux phrases écrites en rouges ?**
3. **À quoi servent les [:] dans ce texte ? Dans quel autre cas les utilise-t-on ? Donne un exemple.**

Je retiens

✓ Je connais déjà les **différents points qui délimitent une phrase.**
- **Le point** [.] pour les phrases déclaratives : *Ils mangent de tout.*
- **Le point d'interrogation** [?] pour les phrases interrogatives : *Que mangent-ils ?*
- **Le point d'exclamation** [!] pour les phrases exclamatives : *Comme il est gourmand !*

✓ Je repère le rôle de la ponctuation qui permet de **rythmer les phrases.**
- **Les deux-points** [:] annoncent une explication :
  Certains animaux mangent de la viande : ce sont des carnivores.
- Ils annoncent aussi **des paroles de personnages dans un dialogue** :
  Il demande alors : « Que mangent les herbivores ? »
- **Les virgules** [,] détachent ou séparent des compléments :
  Durant l'été, de nombreux animaux font des réserves pour l'hiver.
- Elles peuvent aussi **séparer les éléments d'une même énumération** :
  Les herbivores mangent des herbes, des feuilles, des graines et des fruits.

Je repère

1 Recopie le texte et entoure en rouge la ponctuation qui délimite les phrases et en vert la ponctuation qui les rythme.

L'univers est incroyablement vaste. C'est en fait tout ce que nous pouvons toucher, sentir, mesurer ou détecter. Il inclut les êtres vivants, les galaxies, la lumière et même le temps. Selon les scientifiques, il existe depuis près de 14 milliards d'années.

La grande encyclopédie, Gallimard.

2 Recopie uniquement les phrases qui comportent des virgules dans une énumération.

a. Les touristes visitent les châteaux, les musées, les sites archéologiques et les grottes.
b. Depuis ce matin, la pluie tombe sans cesse.
c. Pierre et Marc, mes cousins, sont arrivés hier.
d. J'aime les coquillages, les poissons, et les crêpes.

3 Recopie uniquement les phrases qui comportent des virgules qui détachent un complément.

a. Cette année, notre équipe a gagné tous les matchs.
b. Les chasseurs cherchent les chevreuils, les lapins, les faisans et les cerfs.
c. Dans le monde entier, Harry Potter est le héros préféré des jeunes.
d. Demain, nous irons acheter un hamster.

4 Indique le rôle des virgules dans le texte de l'exercice 1.

5 Combien de phrases y a-t-il dans le texte suivant ?

De nouvelles machines

Dès le début du XIXe siècle, on utilise la force nouvelle de la vapeur pour faire marcher toutes sortes de machines. Les bateaux à vapeur remplacent les navires à voiles. En Angleterre, on fait rouler pour la première fois un train : tiré par une locomotive à vapeur, il circule sur des rails de fer.

L'Histoire, encyclopédie Larousse 6-9 ans, Larousse.

6 Recopie le texte et entoure les virgules qui ponctuent une énumération.

Tous les matins, M. Breton allait derrière sa cabane chercher du bois pour le feu. Il enfilait trois pulls l'un sur l'autre, ses bottes fourrées, son bonnet de laine, sa veste à carreaux, ses mitaines, et s'entortillait dans son cache-nez.

D. Pinkwater, *L'élan bleu*, trad. H. Zitvogel, Flammarion.

Je manipule

7 Parmi ces phrases, quelles sont celles qui sont mal ponctuées ? Corrige-les.

a. Comment, est-il arrivé jusqu'ici.
b. Le navire est reparti dès l'aube.
c. Sur la falaise, le vent souffle très fort.
d. Sortez tout de suite ?

8 Recopie les phrases en ajoutant les virgules.

a. Chaque année les écoliers reprennent la classe en septembre.
b. Les pêcheurs préparent leurs filets leurs casiers et leurs bateaux.
c. Dès demain nous irons chez le dentiste.
d. Le maçon le peintre le charpentier et l'électricien travaillent sur le même chantier.

9 Rédige une phrase qui comporte une énumération de quatre objets.

10 Rédige une phrase qui comporte une énumération de quatre actions.

J'écris

11 Réécris le texte en le ponctuant correctement.

Sam s'approche de la bibliothécaire et lui dit est-ce que vous pouvez me conseiller un documentaire je dois faire un exposé sur les abeilles bien sûr répond la bibliothécaire je vais t'en montrer quelques-uns tu pourras ensuite faire ton choix combien de livres pouvez-vous me prêter trois livres pour trois semaines

Repérer le verbe conjugué dans une phrase complexe

Je cherche

Les autres enfants courent, sautent, crient, pleurent, ils tirent la langue au loup et cachent leurs têtes dans les jupes de leurs mères. Puis, ils vont faire les clowns devant la cage du gorille et rugir au nez du lion dont la queue fouette l'air. Ce garçon-là, non. Il reste debout, immobile, silencieux. Seuls ses yeux bougent. Ils suivent le va-et-vient du loup, le long du grillage.

Daniel Pennac, *L'Œil du loup*, Nathan Jeunesse.

1. **Réécris le texte en commençant par *Hier*.**
2. **Relève les verbes conjugués. Comment les as-tu identifiés ? Indique leur infinitif.**
3. **Quels autres verbes rencontres-tu dans ce texte ?**

Je retiens

✓ **Je sais repérer le verbe conjugué** :

- il **varie selon le temps** choisi.
  *Aujourd'hui l'alpiniste **escalade** la paroi.* → *Demain, l'alpiniste **escaladera** la paroi.*
  → *Hier, l'alpiniste **escaladait** la paroi.*
- il **varie selon le sujet** choisi.
  *L'alpiniste **escalade** la paroi.* → *Nous **escaladons** la paroi.*

✓ Je désigne le verbe par **son infinitif**. L'infinitif est la **forme invariable** qu'on trouve dans le dictionnaire.
*L'alpiniste **escalade** la paroi.* L'infinitif du verbe : *escalader.*

✓ **Une phrase** qui comporte **plusieurs verbes conjugués** est appelée **« phrase complexe »**.
*L'alpiniste **escaladera** la paroi dès que la météo **sera** favorable.*

Je repère

1 **Recopie les phrases. Souligne les verbes conjugués et indique leur infinitif.**

a. Le renard sort de sa tanière puis part chasser le lapin.
b. Le vent souffle et pousse les nuages.
c. Lorsqu'il gagne la partie, le joueur de tennis saute de joie.
d. Le chien aboie pour manifester qu'il entend du bruit.
e. Le journaliste interroge les acteurs qui sortent du théâtre

2 **Relève l'intrus.**

a. je taille – il taille – la taille.
b. les pêches – elle pêche – tu pêches.
c. il partage – le partage – elle partage.
d. tu coupes – une coupe – je coupe.

3 **Relève les verbes conjugués dans le texte. Indique leur infinitif.**

Repère le coffre au trésor

La carte indique le chemin à suivre pour l'atteindre. Tu dois faire un détour par la grotte secrète où se trouve la clé qui te permettra d'ouvrir le coffre. Rédige un texte pour décrire ton itinéraire : tu prendras soin de citer les lieux et les directions que tu dois suivre pour y arriver.

Géographie cycle 3, Magnard, 2010.

4 **Relève dans ce texte une phrase complexe.**

Les hommes découvrent que l'argile, en cuisant, devient solide. Ils fabriquent des récipients pour stocker, transporter et cuire les aliments. L'agriculture et l'élevage fournissent de nouveaux matériaux : le lin, la laine.

Histoire cycle 3, Magnard, 2010.

Je manipule

5 **Réécris le texte en commençant par** Autrefois **pour faire apparaître les verbes conjugués.**

Les frégates accostent sur les îles qui cachent un trésor. Les pirates débarquent sur la plage et suivent les indications de leur carte.
Le capitaine guide la troupe. Il donne les ordres. Les pirates explorent les rochers et les forêts.

6 **Réécris le texte en commençant par** Demain **pour faire apparaître les verbes conjugués.**

Les personnes qui ne consomment pas de viande la remplacent par des œufs qui leur apportent les acides aminés dont elles ont besoin.

L. Buller, *Notre nourriture : aliments, culture et santé*, trad. H. Piantone, Gallimard.

7 **Réécris les phrases en mettant les sujets au singulier pour faire apparaître les verbes.**

a. Ils sortent tard du cinéma et prennent vite le métro.
b. Les violonistes prennent leur instrument pour l'accorder.
c. Les paysans vendent leurs produits sur les marchés ou les expédient dans la France entière.
d. Les mécaniciens répareront la voiture quand ils auront la bonne pièce.

8 **Complète chaque phrase.**

éclate – éclatera – éclatait – doit – devront – devaient

a. En 1789, la Révolution française ... et les nobles ... se cacher.
b. Demain l'orage ... et les campeurs ... être prudents.
c. Avant que ce pneu n' ..., l'automobiliste ... le changer.

J'écris

9 **Écris un court texte qui raconte la scène ci-dessous en utilisant au moins une phrase complexe.**

Goscinny, Uderzo, *Astérix et Cléopâtre*, © Albert René.

Distinguer les éléments du groupe nominal

Je cherche

un maillot	des gants	la balle	le départ	
l'habileté	l'effort	le ballon	la course	
les raquettes	des skis	l'équipe	les pilotes	
l'arbitre	une coupe	le terrain	un joueur	la victoire

1. Propose différents classements des groupes nominaux ci-dessus. Justifie tes propositions.

2. Complète chaque liste par un groupe nominal de ton choix.

Je retiens

✓ Un **groupe nominal** (GN) est constitué **au minimum** d'un **nom** (commun ou propre) et d'un **déterminant** : *la* (dét.) *table* (nom) *les* (dét.) *Antilles* (nom)

✓ Le nom désigne :
- **des êtres vivants** ou **des parties de leur corps** : *aigle, ailes*
- **des objets** : *fusée, rocher*
- **des idées** : *progrès, réussite*

✓ Je sais que le déterminant est **placé devant le nom** et qu'il indique **le genre** (féminin ou masculin) et **le nombre** (singulier ou pluriel) du nom.
la souris : féminin singulier *les souris* : féminin pluriel

✓ Le déterminant le plus employé est l'**article (défini et indéfini)**.

	singulier		pluriel
	masculin	féminin	
article indéfini	**un**	**une**	**des**
article défini	**le – l'**	**la – l'**	**les**
article défini contracté	à + le = **au** de + le = **du**		à + les = **aux** de + les = **des**

Je repère

1 Recopie seulement les GN.
le calme – sombre – le tunnel – la pente – le pont – glissant – parcourir – traverser

2 Classe ces noms en trois catégories : êtres vivants, objets, idées.
train – politesse – billes – renard – bicyclette – courage – rêve – peur – oie – plante

3 Recopie les phrases et souligne les noms.

a. Les Alpes sont des montagnes élevées.
b. Le massif alpin s'étend sur la France, l'Italie, la Suisse, l'Autriche, l'Allemagne.
c. Le Mont-Blanc a le sommet le plus haut.
d. Les alpinistes aiment découvrir les lacs d'altitude.

4 Trouve l'intrus dans chaque liste.

a. un peigne – une brosse – un coiffeur – des ciseaux
b. la colère – un chevalier – le courage – la peur
c. la patte – l'animal – la nageoire – les oreilles
d. l'échelle – le pompier – le camion – les tuyaux – le casque

5 Relève les GN comportant un article défini.

Malgré l'orage et la pluie, elle avait continué à chasser jusqu'à ce que, sa faim plus ou moins apaisée, elle retourne à sa tanière sous les rochers pour se reposer. Et ce n'est qu'une fois engagée dans le tunnel qu'elle avait senti la présence du garçon.

A. W. Eckert, *La rencontre*, Livre de poche jeunesse.

Je manipule

6 Complète les phrases par l'article qui convient.

a. ... navigateur a lancé ... bouteille à ... mer pour envoyer ... messages de détresse.
b. ... poissons découvrent ce message et le portent jusqu'... port.
c. ... enfant le récupère et va voir ... sauveteurs.
d. Ils sortent ... bateau de sauvetage dès le début de la tempête.

7 Complète les phrases par un nom.

a. Cette ... fonctionne à l'électricité.
b. La ... de course avance à la ... de l'éclair.
c. Il coupe une ... de tarte.
d. Les chouettes sont des ... de nuit.

8 Réécris les phrases en mettant les noms en rouge au singulier.

a. Il prend des **photographies** des **châteaux** de la Loire.
b. Le maire s'adresse aux **commerçants**.
c. La rivière inonde les rues des **villes** et des **villages** qui se trouvent sur son passage.
d. Des **employées** attendent le départ des **touristes** pour fermer les **portes** des **magasins**.

9 Réécris les phrases en mettant le nom en rouge au pluriel.

a. Mon frère peint l'**aile** de l'**avion**.
b. Mon grand-père parle à l'**oiseau**.
c. On a assisté à l'arrivée du **voilier**.
d. Un **enfant** grimpe à l'**échelle**.

10 Réécris le texte en mettant chaque GN au singulier. Attention aux accords.

Ces demeures ressemblent à des châteaux. Les portes s'ouvrent sur des ponts-levis. Les chemins de ronde se trouvent sur les murs d'enceinte. Des tours se dressent fièrement vers le ciel.

J'écris

11 Observe l'illustration et propose le plus de groupes nominaux possibles.

Identifier les déterminants démonstratifs, possessifs et interrogatifs

Je cherche

Le peintre s'installe dans le pré. Il déplie son chevalet et sort ses pinceaux. Il installe sa toile et prend sa palette. « Où ai-je donc mis mes tubes de peinture ? Sont-ils dans cette boîte ? Non. Ils sont dans ce sac ! se dit-il ». Le peintre sort les tubes et commence à mélanger la peinture pour trouver une nouvelle couleur. Cette couleur doit être originale. Quel paysage va-t-il peindre aujourd'hui ? Quelle fleur va-t-il représenter ?

1. **Relève les groupes nominaux qui comportent un article (défini ou indéfini).**

2. **Relève les autres groupes nominaux et classe-les en fonction de leur genre et de leur nombre.**

3. **Classe maintenant ces groupes nominaux en trois colonnes :**
- **a.** **ceux qui précisent à qui appartient quelque chose ;**
- **b.** **ceux qui désignent ce que l'on voit ou ce que l'on montre ;**
- **c.** **ceux qui servent à poser une question.**

4. **Quel est le rôle du déterminant dans le groupe nominal cette couleur ?**

Je retiens

✓ Je sais que **les déterminants varient en genre et en nombre** et qu'ils sont placés **devant le nom**.

✓ J'identifie les différentes catégories de déterminants :
- les **déterminants possessifs** précisent à qui appartient quelque chose.
- les **déterminants démonstratifs** servent à désigner ce que l'on voit.
- les **déterminants interrogatifs** servent à poser une question.

déterminants	masculin singulier	féminin sing.	pluriel
possessifs	**mon – ton – son**	**ma – ta – sa**	**mes – tes – ses**
	notre – votre – leur		**nos – vos - leurs**
démonstratifs	**ce** (+ consonne) : *ce cheval* **cet** (+ voyelle) : *cet âne*	**cette**	**ces**
interrogatifs	**quel**	**quelle**	**quels – quelles**

Le déterminant démonstratif sert aussi à **reprendre un mot ou une idée** déjà vue dans la phrase précédente :
*Ma grand-mère m'a acheté une robe. **Ce** cadeau me fait plaisir.*

Je repère

1 Recopie les phrases. Souligne les déterminants démonstratifs.

a. Ils ont choisi ce dessert.
b. Ces animaux sont féroces.
c. Quelle est la raison de cette colère ?
d. Cet élève travaille beaucoup.

2 Recopie les phrases. Souligne les déterminants possessifs.

a. Le chevalier a saisi son bouclier.
b. Mon chien a mangé ses croquettes.
c. Votre jardin est superbe.
d. Les chatons ont ouvert leurs yeux.

3 Combien de déterminants possessifs trouves-tu dans ce texte ?

La sorcière était vivante, bien vivante, et, à petits pas, elle avait réussi à me rejoindre. Elle avait posé ses mains toutes ridées sur mon épaule et ne me lâchait pas. Elle m'a retournée vers elle pour que je voie son regard mauvais, mauvais.

Cl. Gutman, *Les nougats*, Nathan.

4 Recopie les phrases. Souligne les déterminants interrogatifs.

a. Quel nom as-tu choisi pour ton chien ?
b. À quelle adresse dois-je envoyer le colis ?
c. À quelles personnes doit-on écrire ?
d. Quels parfums désirez-vous ?

5 Recopie les phrases contenant un déterminant interrogatif. Justifie tes choix.

a. Quel temps fait-il ?
b. Quelle heure est-il ?
c. Quel est ton souhait ?
d. Quelles chaussures vas-tu choisir ?

6 Recopie les GN. Souligne les déterminants et indique leur nature.

a. Tes jouets doivent être rangés dans ta chambre.
b. Cette lionne obéit à son dresseur.
c. Quel pays avez-vous visité ?
d. Vous jouez avec votre jeu vidéo.
e. C'est Alexandre qui a cueilli ces fleurs.
f. Le cavalier soigne ses chevaux.

Je manipule

7 Réécris les phrases en mettant au singulier le nom en rouge.

a. La fermière a perdu ses **poules**.
b. Le chasseur appelle ses **chiennes**.
c. J'aime beaucoup ces **acteurs**.
d. Elle a choisi ces **robes**.

8 Remplace le nom masculin en rouge par le nom féminin entre parenthèses.

a. Mon **livre** indique le temps de cuisson. *(recette)*
b. Il a oublié d'ajouter ce **sucre**. *(farine)*
c. Ce **gâteau** sort du four. *(tarte)*
d. Quel **dessin** choisissez-vous ? *(décoration)*

9 Réécris les phrases en mettant les GN singuliers au pluriel.

a. Cette maison est grande.
b. Il a installé ce train électrique.
c. Quel jouet as-tu choisi ?
d. Elle a rangé sa poupée.

10 Réécris les phrases en mettant les GN pluriels au singulier.

a. Posez vos vestes sur ces porte-manteaux.
b. Mes robes sont trop abîmées.
c. J'ai acheté ces melons sur le marché.
d. Quels voyages as-tu faits ?

11 Rédige la question qui correspond à chaque réponse. Commence ta question par un déterminant interrogatif.

a. « J'ai choisi la verte ! »
b. « À 20 heures ! »
c. « Au stade de France ! »
d. « Ceux qui sont au chocolat ! »

J'écris

12 Continue la liste des activités à effectuer en classe en utilisant des déterminants démonstratifs et possessifs.

– Il faut essuyer ce tableau.
– Il faut ranger nos stylos....

Utiliser les pronoms personnels

Je cherche

Lorsque les garçons comprennent qu'ils viennent de découvrir une grotte préhistorique, ils vont voir **leur** instituteur pour lui confier leur secret :
« Nous avons découvert une grotte préhistorique ! lui crient-ils en arrivant.
Il **leur** répond :
– Que me racontez-vous là ? Une grotte préhistorique ?
– Mon chien était tombé dans un trou ! dit Marcel. Il était vivant et je voulais le délivrer ! Nous avons agrandi le trou et là, nous avons découvert la grotte !
– Et qu'as-tu vu dans cette grotte ? demande l'instituteur.
– Des peintures étonnantes ! »
L'instituteur décide de les suivre jusqu'à l'entrée de la grotte. Il est impatient.

1. Relève tous les mots qui représentent :
a. l'instituteur **b. Marcel** **c. le chien** **d. les garçons**

2. Identifie leur nature grammaticale : quels sont ceux qui désignent qui parle ? quels sont ceux qui désignent à qui la personne parle ?

3. Encadre ceux qui sont sujets des verbes.

4. Compare la nature des mots écrits en rouge.

Je retiens

✓ **Dans le dialogue**, j'utilise **des pronoms personnels désignateurs** :
- qui **désignent** qui parle.
  *« **Nous** venons voir la grotte. Elle **nous** intéresse ! » disent les habitants du village.*
- qui **désignent** à qui on parle.
  *« **Tu** as découvert une grotte préhistorique ! Je **te** félicite ! » dit le maître à Marcel.*

✓ J'utilise aussi des pronoms personnels qui **remplacent un nom** ou un GN pour **éviter les répétitions** : *il, elle, ils, elles, le, la, les, lui…* Ce sont **des pronoms personnels substituts.**
*Le chien est tombé dans le trou. Je **le** vois. **Il** est vivant.*

Je ne dois pas confondre l'article et le pronom : le pronom est devant un verbe.
*Je mange **la** tarte.* (la : article ; tarte : nom) *Je **la** mange.* (la : pronom ; mange : verbe conjugué)

Je repère

1 **Recopie les phrases. Souligne les pronoms personnels.**

a. Ils attendent le bus pour se rendre à la piscine.
b. Après avoir dîné, tu liras dans ton lit.
c. Nous espérons que le feu d'artifice va bientôt commencer.
d. Si elle écoute bien, elle saura faire son exercice.
e. Nous avons acheté des fleurs. Nous les offrons à notre maman.
f. L'artiste aime ses œuvres. Elle les expose.

2 **Recopie le texte. Souligne tous les pronoms personnels.**

Après avoir utilisé l'eau, nous la rejetons dans les égouts ou dans les fosses septiques, qui permettent de traiter les eaux usées d'une maison. Lorsque les égouts existent, ils acheminent les eaux usées de nombreuses habitations vers des stations d'épuration. Elles traiteront les eaux sales et polluées rejetées par les habitants.

Géographie cycle 3, Magnard.

3 **Classe les pronoms en fonction du personnage qu'ils représentent : James ou le mille-pattes. Entoure le pronom substitut.**

James traversa docilement près du mille-pattes.
« Merci mille fois, dit le mille-pattes. Tu es un bon petit. »
« Vous en avez des bottines », murmura James.
« C'est normal, puisque j'ai des tas de jambes », répondit avec fierté le mille-pattes.
« Et, par conséquent, des tas de pieds ! J'en ai mille pour ne rien te cacher. »
« Et il remet ça ! » s'exclama le ver de terre.

Roald Dahl, *James et la grosse pêche*, Gallimard.

4 **Les mots en rouge sont-ils des articles ou des pronoms personnels ?**

a. Lève le pied.
b. Il le prend de la main droite.
c. Je le sais déjà.
d. Voici le livre que tu m'as prêté.
e. La lionne joue avec les lionceaux. Elle les bouscule de sa patte.

Je manipule

5 **Remplace le GN surligné par un pronom personnel.**

a. La petite Louise tricote une écharpe.
b. La moissonneuse coupe le blé.
c. Arthur et Tom courent sur le stade.
d. Mon père parle au voisin.

6 **Réécris les phrases en remplaçant les pronoms personnels par des GN de ton choix.**

a. Elles prennent leur bicyclette.
b. Il félicite les vainqueurs.
c. Ils ont arrêté les malfaiteurs.
d. Elle intéresse les enfants.

7 **Réécris les phrases en remplaçant les pronoms personnels par des GN de ton choix.**

a. Mon voisin le voit.
b. Paul les attend.
c. Le boucher la coupe.
d. Les enfants l'entendent.

8 **Réécris ces phrases en évitant les répétitions.**

a. L'enfant pose sa voiture miniature, puis il reprend sa voiture miniature.
b. Le héron attrape le poisson et il avale le poisson.
c. Nous empruntons ces livres. Nous rendrons ces livres plus tard.
d. J'invite mes cousins. Je propose un gâteau au chocolat à mes cousins.

J'écris

9 **Écris un dialogue de quatre phrases correspondant à la scène ci-dessous. Tu utiliseras deux pronoms substituts et deux pronoms désignateurs.**

Identifier les pronoms relatifs et la proposition relative

Je cherche

Texte A

Les Aztèques, les Mayas et les Incas sont des peuples d'Amérique centrale et du Sud qui ont bâti d'immenses cités et des temples impressionnants. Les Incas, que les historiens étudient avec passion, fabriquaient des objets en or et organisaient leurs cultures en terrasses. Le Machu Picchu est une grande cité inca située dans la cordillère des Andes. C'est maintenant un site touristique qui est très visité.

Texte B

Les Aztèques, les Mayas et les Incas sont des peuples d'Amérique centrale et du Sud. Les Incas fabriquaient des objets en or et organisaient leurs cultures en terrasses. Le Machu Picchu est une grande cité inca située dans la cordillère des Andes. C'est maintenant un site touristique.

1. **Quel texte te semble le plus précis ? Recopie les groupes de mots qui apportent ces précisions. Sur quoi apportent-ils des précisions ?**

2. **Dans chaque groupe relevé, encadre le verbe et souligne son sujet.**

3. **Entoure chaque mot qui introduit ces groupes et indique quel mot il remplace.**

Je retiens

✓ Je remarque qu'**une proposition relative** est un **ensemble de mots** :
- qui commence par un **pronom relatif**
- qui contient un verbe conjugué
- qui est placé après un groupe nominal (GN) qu'elle complète.

J'ai les cheveux [***qui** frisent*].
GN : *les cheveux* — proposition relative : *qui frisent*

✓ **Les pronoms relatifs *qui* et *que*** remplacent **un nom ou un groupe nominal pour relier deux propositions** :
- le pronom ***qui*** est toujours « **sujet** » du verbe de la proposition relative.

Le guide [***qui** accueille les visiteurs*] *vérifie les billets.*
→ ***Le guide*** *accueille les visiteurs* (sujet)

- le pronom ***que*** est toujours « **complément d'objet direct** » du verbe de la propositon relative.

Le livre [***que** tu tiens*] *est un roman.*
→ *Tu tiens* ***le livre*** (COD)

Je repère

1 Recopie les propositions relatives. Encadre les pronoms relatifs.

a. Les jeux que vous espériez sont enfin là.
b. Les tartes qui cuisent sont appétissantes.
c. Le chêne est un bois qui brûle bien.
d. Le facteur apporte le colis que tu attendais.

2 Recopie les phrases. Encadre les pronoms relatifs. Souligne le mot qu'ils remplacent.

a. La robe qui me plaît est exposée dans la vitrine.
b. Où a-t-il mis la clé qui ouvre le garage ?
c. Il regarde le chien que la famille adopte.
d. Mange le gâteau que je te sers !

3 Indique la fonction des pronoms relatifs en rouge.

a. Le visiteur jette des cacahuètes au singe qui se précipite dessus.
b. Les oiseaux mangent les miettes de pain que tu as déposées.
c. L'astronome qui observe une éclipse prend des précautions.
d. Les chaussettes qu'il a prises sont trouées.

4 Relève les propositions relatives qui complètent les GN surlignés.

Il y a de cela très longtemps, dans un lointain pays qui n'existe plus aujourd'hui, vivait un roi très beau qui s'appelait Léon. Léon était si beau qu'il passait des heures à se regarder dans la glace et la seule chose qui l'intéressait dans la vie, c'était d'être le plus beau.

H. Bichonnier, *Le Roi des Bons*, Gallimard.

Je manipule

5 Recopie les phrases en les complétant par un pronom relatif.

a. Le château ... nous voulons visiter est fermé.
b. Tu as écouté le CD ... je t'ai offert.
c. Le lièvre ... se moque de la tortue est arrivé en retard.
d. Voici le conte ... je vais vous lire.
e. Le cartable ... a été oublié est celui de Jérémy.

6 Réécris les phrases en supprimant la proposition relative.

a. Le vent qui souffle fait claquer les voiles.
b. Le Petit Chaperon Rouge emprunte le chemin boisé qui est le plus long.
c. L'éléphant d'Asie qui a de petites oreilles obéit à son cornac.
d. Le sport que nous pratiquons est peu connu.

7 À partir des deux phrases, écris une seule phrase avec une proposition relative.

a. L'orignal est un mammifère. Il vit en Amérique du Nord.
b. Le Persan est un chat. Il a de longs poils soyeux.
c. Les castors sont des rongeurs. Ils bâtissent des barrages sur l'eau.
d. Le chien surveille les moutons. Ils mangent l'herbe de la prairie.

8 À partir des deux phrases, écris une seule phrase en évitant les répétitions.

a. J'ai perdu le beau livre. Tu m'avais donné ce livre.
b. Le chien garde la maison. La maison renferme des trésors.
c. Le Petit Poucet sème des cailloux. Il a caché ces cailloux dans sa poche.
d. La pluie arrose les salades. Mon grand-père a planté ces salades hier.

J'écris

9 Dico **Écris pour chaque mot une définition comportant une proposition relative.**

une mangrove
le corail
la mousson

Identifier les adverbes

Je cherche

a. Hier, les déménageurs sont arrivés tôt.
b. Ils se sont garés là dans l'allée.
c. Ils ont rangé soigneusement les cartons dans le camion.
d. Les déménageurs ont très vite descendu les étages.
e. Parfois, ils faisaient une pause.
f. Ensuite, ils sont partis ailleurs.

1. **Réécris les phrases en supprimant les mots écrits en rouge : que remarques-tu ?**
2. **Propose un classement des mots écrits en rouge. Justifie ton classement.**

Je retiens

✓ L'adverbe est un **mot invariable**.

✓ Je distingue :
- **les adverbes de lieu** : *ici, là, ailleurs…*
- **les adverbes de temps** : *autrefois, demain, hier…*
- **les adverbes de manière** : *vite, mal, bien, lentement…*

✓ En général, l'adverbe peut être supprimé :
Le lézard dort ***paresseusement*** *au soleil.* → *Le lézard dort au soleil.*

✓ Certains adverbes de lieu et de temps ne peuvent être ni déplacés ni supprimés : *Il est* ***ici***.

✓ Les adverbes de manière en ***-ment*** se forment à partir d'un adjectif :

certain →	**certainement**	bruyant →	**bruyamment**	prudent →	**prudemment**
adjectif	adverbe	adjectif	adverbe	adjectif	adverbe

Je repère

1 Relève les adverbes et classe-les selon qu'ils indiquent le lieu ou le temps.
a. Là-bas, les fauves sont en liberté.
b. Hier, le facteur a déposé un colis.
c. Range ton cahier ici.
d. Maintenant installez-vous et écoutez attentivement.

2 Recopie les phrases. Souligne les adverbes de manière.
a. Le vent souffle fort.
b. L'orage éclate violemment.
c. Les nuages avancent vite.
d. L'automobiliste avance prudemment puis s'arrête.

3 Recopie la phrase qui comporte deux adverbes.

a. Les élèves ont travaillé aujourd'hui.
b. Souvent, le téléphone sonne bruyamment.
c. Paul a facilement trouvé une place.
d. Le beau temps est arrivé tard.

4 Dans chaque liste, relève les adverbes.

a. lentement – vêtement – prudemment – rapidement – isolement – sifflement.
b. clairement – événement – enlèvement – doucement – souplement – durement.

5 Relève les adverbes de ce texte.

Parfois elles avaient l'air immobiles, flottant simplement dans l'air, les ailes étendues, mais il leur suffisait d'un léger mouvement pour se déplacer avec une grâce et une élégance qui donnaient envie d'être avec elles là-haut.

Luis Sepulveda, *Histoire d'une mouette et du chat qui lui apprit à voler*, Métailié/Seuil, 1996.

6 Indique si les mots en rouge sont des adverbes ou des adjectifs.

a. L'homme fort porte le carton à une main.
b. Mon grand-frère est fort déçu.
c. L'alouette vole haut dans le ciel.
d. La haute tour du château a été rénovée.

Je manipule

7 Associe chaque adverbe à son contraire.

lentement – hier – parfois – vite – souvent – haut – demain – bas

8 Dico Cherche deux adverbes synonymes de autrefois.

9 Donne l'adverbe contraire de chaque adverbe.

a. bien
b. avant
c. derrière
d. dedans

10 Réécris les phrases en supprimant l'adverbe.

a. Samy parle beaucoup avec son voisin.
b. Autrefois, les gens voyageaient à cheval.
c. L'animal s'agite trop.
d. Après le sport, mon petit frère a très faim.

11 Corrige les phrases suivantes.

a. L'escargot avance rapidement.
b. Les avions permettent de se déplacer lentement.
c. Grâce à mes lunettes, je vois mal.
d. L'oiseau vole bas.

12 Réécris les phrases en remplaçant les adverbes par un adverbe synonyme.

a. Les bateaux avancent vite.
b. Jadis, les hommes habitaient dans des cavernes.
c. Les élèves entrent silencieusement dans la classe.

13 Dico Forme l'adverbe correspondant à chaque adjectif.

calme – adroit – distrait – tendre – exact – lourd – rapide

14 Cherche les adjectifs qui ont permis de former les adverbes suivants.

a. tranquillement – facilement – rarement.
b. simplement – longuement – violemment.
c. froidement – largement – méchamment.

15 Ajoute un adverbe dans chaque phrase.

a. L'enfant déballe son cadeau.
b. Le lézard avance.
c. Les classes sont équipées d'ordinateurs.
d. Le chevalier se battait contre son adversaire.

J'écris

16 Écris quatre phrases sur l'évolution des voitures en utilisant les adverbes : autrefois – lentement – aujourd'hui – vite

Repérer le sujet du verbe

Je cherche

Les spationautes partent vivre plusieurs mois dans des stations spatiales.

Ils portent des scaphandres qui comportent une réserve d'air.

Ils lancent des satellites et étudient les mystères de l'espace.

1. **Réécris le texte en commençant par « La spationaute ».**
2. **Relève les sujets du texte. Comment les as-tu repérés ?**
3. **Classe les sujets selon leur nature.**

Je retiens

✓ Dans une phrase, **je peux repérer le sujet du verbe en** utilisant l'expression ***c'est… qui…*** ou ***ce sont… qui…*** que l'on appelle le présentatif.
Le train arrive. ***C'est*** *le train* ***qui*** *arrive.*
Les passagers descendent. ***Ce sont*** *les passagers* ***qui*** *descendent.*

✓ **La fonction « sujet » peut être** tenue par :
- **un GN ou un nom propre :** *Mon frère s'amuse. Paul s'amuse.*
- **un pronom personnel :** *Il s'amuse.*
- **un pronom relatif :** *La pluie qui tombe ce matin rafraîchit les jardins.*
- **un verbe à l'infinitif :** *Chanter est un vrai plaisir !*

✓ **Le sujet est placé avant le verbe.** On peut toutefois le trouver **après le verbe** :
- dans une **phrase interrogative** : *Iras-tu à la fête ?*
- dans un **dialogue** : *« Je ne sais pas », dit-elle.*

✓ **Un sujet** peut être **commun à plusieurs verbes** : *Le chat* ***ronronne*** *puis* ***s'endort****.*

Je repère

1 **Recopie les phrases. Entoure les verbes et relie-les à leur sujet par une flèche.**

a. Les nuages gris roulent dans le ciel.
b. Tom est le frère de Noah.
c. Fred et Zoé font de l'accrobranche.
d. Nous avons visité le château d'Ussé.

2 **Dans chaque phrase, il y a deux sujets pour un verbe : vrai ou faux ?**

a. Chaque soir, le buffle et la gazelle viennent boire à cette mare.
b. Dans le ciel, la Lune et les étoiles apparaissent nettement.
c. Le boulanger pétrit puis cuit la pâte.
d. Tintin cherche Milou.

3 **Recopie les phrases. Encadre les verbes et souligne les sujets.**

a. Dans la prairie, le cheval galope et le poulain le suit.
b. Que fais-tu ?
c. S'amuser est agréable.
d. Maman rit car je la chatouille.

4 **Relève le verbe qui a pour sujet le mot écrit en rouge.**

Claire vint le rejoindre quelques minutes plus tard. Elle non plus n'avait pas envie de parler. Elle s'assit à côté de lui. Un merle traversa la pelouse devant eux, à petits pas nerveux, s'arrêtant parfois pour piquer du bec et chercher quelque chose sous la terre.

Jean-Noël Blanc, *Chat perdu*, Gallimard.

5 **Recopie les phrases. Entoure les verbes. Souligne les sujets et indique leur nature.**

a. La vache regarde le train qui passe.
b. Le berger qui surveille ses brebis s'assoupit.
c. Le livre que j'achète est un roman.
d. Le vent pousse la porte qui claque.

6 **Recopie le texte. Encadre les verbes conjugués. Souligne les sujets. Relie-les à leur verbe.**

Comment fonctionnent les muscles ? Lorsque l'on veut bouger le bras, le cerveau envoie des messages aux muscles qui le mettent en mouvement, leur ordonnant de se contracter ou de se relâcher. Les muscles tirent ainsi sur les os du bras et le font bouger.

Mon Encyclopédie Découvertes 6-9 ans, Gallimard.

7 **Dans le texte suivant, il y a un sujet inversé : vrai ou faux ? Justifie ta réponse.**

Des montagnes coiffées de neige aux déserts torrides, l'Afrique offre des paysages très variés. L'Afrique du Nord est surtout désertique alors que plus au Sud s'étendent savane et forêt pluviale.

8 **Réécris les phrases en utilisant le présentatif c'est… qui…**

a. La vague dépose des coquillages sur la plage.
b. Sam observe les footballeurs.
c. Demain, le touriste partira en excursion.
d. L'élève corrige son cahier.

Je manipule

9 **Recopie les phrases après avoir remplacé le sujet par un pronom personnel.**

a. Le chien et le chat attendent leur maître.
b. Tes frères et tes parents parlent anglais.
c. Marie et Anita dansent avec grâce.
d. Sans bruit, Luc joue aux dominos.
e. Amélie s'amuse avec sa poupée.

10 **Recopie les phrases après avoir remplacé les sujets par des pronoms personnels.**

a. Benoît et moi faisons une maquette.
b. Ta tante et toi préparez le repas.
c. Mon ami et moi aimons la nature.
d. L'été dernier, ma sœur et ma mère sont parties camper.

11 **Transforme les phrases en inversant le sujet.**

a. Une vipère se faufile dans les herbes.
b. La fillette pense : « Quelle jolie poupée !»
c. Le corbeau crie : « Croa, croa ! ».
d. Des explorateurs imprudents s'aventurent au-delà des frontières.

12 **Utilise chaque GN comme sujet dans une phrase.**

a. Astérix et Obélix
b. le cow-boy solitaire
c. le Rhône
d. aller au cinéma

J'écris

13 **Raconte une courte histoire de pirates. Tu utiliseras au moins trois sujets différents : un GN, un pronom personnel et un pronom relatif.**

Repérer les compléments du verbe : COD, COI et COS

Je cherche

a. Paul parle.
b. Paul parle plusieurs langues.
c. Paul parle à sa soeur.
d. Paul parle de son travail.
e. Paul parle de ses copains à sa grande soeur.
f. Chaque soir, Léa lit.
g. Chaque soir, Léa lit une bande dessinée.
h. Chaque soir, Léa lit une histoire à son petit frère.

1. Classe les phrases en fonction de leur construction en deux ensembles :
A : sujet + verbe + COD
B : sujet + verbe + COI

2. Observe les phrases que tu n'as pas classées dans le tableau : quelles remarques peux-tu faire sur leur construction ?

Je retiens

✓ Je sais que **les compléments du verbe** sont **des compléments obligatoires**.

✓ **Le verbe** peut avoir besoin d'un **Complément d'Objet Direct (COD)** placé directement après lui : *L'élève **lit** son livre*.

✓ **Le verbe** peut avoir besoin d'un **Complément d'Objet Indirect (COI)** qui est introduit par une préposition ***(à, de)*** : *L'élève **parle** à son voisin*.

✓ Quand le verbe a besoin de **deux compléments**, le deuxième est appelé **Complément d'Objet Second (COS)**.

*L'élève **donne** son cahier (COD) à la maîtresse (COS).*

*L'élève **parle de** son exercice (COI) à sa maîtresse (COS).*

✓ **Les fonctions « COD » et « COI »** peuvent être tenues par **un GN, un nom propre, un verbe à l'infinitif ou un pronom**.

*Le prince charmant **rêve de** Blanche Neige (COI). Le garçon **espère** gagner (COD).*

Lorsqu'un pronom a la fonction « COD » ou « COI », il est placé avant le verbe :
*Le garçon le (COD) **regarde**.*

Je repère

1 Recopie les phrases. Entoure les verbes conjugués. Souligne les COD.

a. Mon chat préfère chasser.
b. Le brouillard enveloppe la campagne.
c. La neige la recouvre.
d. Cet enfant aime rêver.

2 Recopie les phrases. Entoure les verbes. Souligne les COI.

a. Le sportif décide de gagner.
b. Je lui ressemble.
c. Le chanteur songe à son succès.
d. Nous réfléchissons à notre voyage.

3 Recopie les phrases. Souligne les verbes en rouge et les COS en vert.

a. Le joueur parle du match à l'entraîneur.
b. La fillette offre des fleurs à la musicienne.
c. Le chien lui apporte la balle.
d. Grand-mère offre un cadeau à Nina.

4 Recopie les phrases. Identifie le complément d'objet surligné (COD, COI ou COS).

a. Michaël parle de ses voyages à son oncle.
b. Les touristes profitent de la plage.
c. Elle joue de la flûte à son amie.
d. Tu écris à ton cousin.

5 Recopie les phrases qui respectent la construction « sujet + verbe + COI ».

a. La bibliothécaire prête un livre à un élève.
b. Loïc ressemble à son frère.
c. Le prisonnier rêve de liberté.
d. La lumière éclaire la chambre.

6 Relève l'intrus parmi ces phrases.

a. Vous apportez des fleurs à Lucie.
b. Le bébé fait un sourire à sa nourrice.
c. Le jardinier tondra la pelouse à midi.
d. Le garagiste rend la voiture à cette cliente.

7 Classe les COD et les COI selon leur nature.

Les lombrics représentent la première masse animale terrestre. Ils enfouissent les feuilles mortes dans leurs galeries et les avalent avec de la terre. Ils participent ainsi à leur décomposition.

Sciences cycle 3, Magnard, 2010.

Je manipule

8 Recopie les phrases et complète-les avec un COD.

a. La lumière éclaire ....
b. Blanche Neige croque ....
c. La couturière coud ....
d. Le cuisinier râpe ....

9 Utilise les verbes suivants dans une phrase avec un COI.

a. penser
b. rêver
c. participer
d. jouer

10 Utilise le verbe écrire dans une phrase en respectant les constructions suivantes.

a. écrire + COD
b. écrire + COI
c. écrire + COD + COS

11 Utilise les verbes suivants dans des phrases où ils auront un COS.

a. demander
b. promettre
c. raconter
d. empêcher

12 Associe chaque phrase contenant un groupe nominal COD à une phrase contenant un pronom COD.

a. Je regarde un film.
b. Je regarde la fleur.
c. Je regarde le tableau.
d. Je regarde les nuages
e. Je regarde mon chien.

- Je la regarde.
- Je le regarde.
- Je les regarde.

J'écris

13 Écris un court texte pour décrire une sorcière. Utilise les verbes suivants : **ressembler à**, **se méfier de**, **préparer**, **transformer**, **jeter**.

Identifier les compléments circonstanciels : temps, lieu et cause

Je cherche

La Terre et la Lune

La Terre est née il y a près de 5 milliards d'années.
Elle s'est transformée lentement et la première trace de vie a pu y apparaître. On l'appelle souvent planète bleue, à cause notamment, des mers qui la recouvrent.
La Terre a un satellite : la Lune. Il n'y a ni eau, ni air sur la Lune.

Encyclopédie Méga 6-9 ans, Nathan.

1. Dans le texte, relève les groupes de mots qui répondent aux questions suivantes : Quand la Terre est-elle née ? Où n'y a-t-il ni eau ni air ? Pourquoi la Terre est-elle appelée planète bleue ?

2. Peux-tu déplacer ces groupes de mots dans la phrase ? Peux-tu les supprimer ?

Je retiens

✓ Dans une phrase, **je sais reconnaître les compléments circonstanciels (CC)** :
- ils précisent **les circonstances** de l'action exprimée par le verbe.
- ils peuvent être **déplacés en début de phrase** ou **être supprimés**.

✓ **La fonction « complément circonstanciel » peut indiquer :**
- **le lieu** (CCL) : *Des fleurs poussent dans le pré.* (CCL : dans le pré) (**Où** *poussent-elles ?*)
- **le temps** (CCT) : *Le matin, l'abeille sort de la ruche.* (CCT : Le matin) (**Quand** *sort-elle ?*)
- **la cause** (CCC) : *Le marin rentre à cause du vent.* (CCC : à cause du vent) (**Pourquoi** *rentre-t-il ?*)

✓ **La fonction « complément circonstanciel »** peut être tenue par **un GN** ou **un adverbe**. *Demain, à l'aube, nous partirons.*

Certains compléments circonstanciels de lieu et de temps ne peuvent être ni supprimés, ni déplacés.
Ma sœur ***habite*** *à Paris.* (CCL : à Paris) *Le voyage* ***dure*** *2 heures.* (CCT : 2 heures)

Je repère

1 Recopie les phrases. Souligne les CCL et relie-les au verbe qu'ils complètent.

a. Un gâteau au chocolat cuit dans le four.
b. Le chat dort sur le tapis.
c. Sur le tronc de l'arbre, le pivert cherche sa nourriture.
d. La méchante sorcière vit dans la forêt.

2 Recopie les phrases. Souligne les CCT.

a. Le film débutera à 15 heures.
b. À la nuit tombée, le hibou part à la chasse dans les bois.
c. Les oisillons piaillent dès les premiers rayons de soleil.
d. Demain, le train partira de Paris à 8 heures.

3 Recopie les phrases. Souligne les CCC et relie-les au verbe qu'ils complètent.

a. À cause de la pluie, tu dois prendre le parapluie.
b. Tu choisis le taxi en raison des grèves des transports.
c. Elle pleure de douleur.
d. La souris ne bouge pas de peur d'être vue.

4 Indique la nature et la fonction des groupes de mots écrits en rouge.

a. Tout le monde se réunit **autour de la table**.
b. **Bientôt**, les nuages vont disparaître.
c. Mon camarade est absent **aujourd'hui**.
d. Le bandit est puni **à cause de son vol**.

5 Recopie les phrases. Souligne les CC et identifie-les.

a. Dépose le parapluie mouillé ailleurs !
b. Je suis trempé à cause de la pluie.
c. En raison des intempéries, les magasins ont fermé plus tôt.
d. Ce soir, le vainqueur de la course pleure de joie.

Je manipule

6 Écris les questions dont les expressions écrites en rouge sont les réponses.

Les nuages noirs roulent **dans le ciel**. Le tonnerre gronde dans le lointain **depuis deux heures**. Les oiseaux de la forêt se réfugient sous les arbres **en raison de l'orage**.

7 Recopie les phrases en déplaçant les CC.

a. Près du stade, la route est à sens unique.
b. Demain, nous irons à la piscine.
c. Hier, j'ai entendu des bruits étranges dans le grenier.
d. Au fil des années, le château a disparu sous les ronces.

8 Recopie les phrases en déplaçant les CC.

a. Dans trois jours, je pars en voyage dans la cordillère des Andes.
b. Ici, près de la cheminée, j'ai installé un bon fauteuil en cuir.
c. Dans cette ville, circuler en rollers est interdit sur les trottoirs.
d. Hier, la princesse s'est endormie dans un lit moelleux.

9 Recopie chaque phrase et ajoute un CC qui aura la nature indiquée entre parenthèses.

a. Le soleil brille (**GN**).
b. Tu iras à l'école (**adverbe**).
c. Les oiseaux chantent (**GN**).
d. La marée monte (**GN**).
e. Je lis un livre (**adverbe**).

10 Recopie chaque phrase et ajoute un CCC en utilisant en raison de ou à cause de.

a. Le bébé pleure.
b. Le cycliste s'énerve.
c. Le chien aboie.
d. La plante est morte.

11 Réécris le texte en supprimant les CC.

Sur le coup de onze heures, ne pouvant trouver le sommeil, le garçonnet s'accouda à sa fenêtre. Dans la pinède qui lui faisait face, les grillons s'étaient tus. On apercevait au loin la rumeur étouffée d'une fête organisée dans un mas voisin.

M. Villard, *Les doigts rouges*, Syros jeunesse.

J'écris

12 Rédige un texte court pour décrire la scène. Utilise un CCT, un CCL et un CCC.

Distinguer les compléments d'objet des compléments circonstanciels

Je cherche

Texte A

La vie des hommes au Moyen Âge est souvent difficile. Dans les campagnes, les mauvaises récoltes entraînent des famines. À cause des mauvaises conditions d'hygiène, beaucoup d'enfants meurent dès la naissance et les gens ne vivent pas vieux. Il y a aussi de grandes épidémies : la peste noire, au XIVe siècle, a tué une personne sur trois en Europe.

L'Histoire, Encyclopédie Larousse 6-9 ans, © Larousse

Texte B

La vie des hommes au Moyen Âge est souvent difficile. Les mauvaises récoltes entraînent des famines dans les campagnes. Beaucoup d'enfants meurent dès la naissance à cause des mauvaises conditions d'hygiène, et les gens ne vivent pas vieux. Il y a aussi de grandes épidémies : au XIVe siècle, en Europe, la peste noire a tué une personne sur trois.

Texte C

La vie des hommes au Moyen Âge est souvent difficile. Les mauvaises récoltes entraînent des famines. Beaucoup d'enfants meurent dès la naissance et les gens ne vivent pas vieux. Il y a aussi de grandes épidémies : la peste noire a tué une personne sur trois.

- **Compare les trois textes : identifie leurs points communs et leurs différences.**

Je retiens

✓ **Je sais distinguer un complément d'objet d'un complément circonstanciel.**

- **Un complément d'objet complète le verbe.** C'est un **complément obligatoire** qui ne peut être ni supprimé, ni déplacé en début de phrase.
  L'automobiliste demande un renseignement. (un renseignement : COD)
- **Un complément circonstanciel apporte une précision supplémentaire.** C'est généralement un **complément facultatif** qui peut être supprimé ou déplacé.
  Dans le ciel, des nuages se forment. (Dans le ciel : CC) *Des nuages se forment dans le ciel.* (dans le ciel : CC)

Rappel : certains compléments circonstanciels sont obligatoires :
*Je vais **à Tours**.*

Je repère

1 **Recopie les phrases. Souligne les compléments obligatoires.**

a. Le médecin pèse le bébé.
b. L'étudiant passe un examen.
c. Léa lèche le chocolat dans la casserole.
d. La boulangère rend la monnaie.

2 **Relève les phrases qui comportent des compléments circonstanciels.**

a. Le tonnerre gronde depuis une heure.
b. Les élèves visitent le village médiéval.
c. Le pique-nique aura lieu dans le jardin.
d. Le canoë a chaviré à cause d'un tourbillon.
e. Les hirondelles préparent leur départ.

3 **Indique si les compléments surlignés sont des compléments circonstanciels ou des compléments d'objet.**

Aussitôt, Arlequin se met au travail. Il démonte sa roulotte, et, avec les pièces et les morceaux, il édifie un échaffaudage sur le devant de la blanchisserie. C'est comme si la roulotte démontée prenait possession de la maison de Colombine. Arlequin se juche prestement sur son échaffaudage.

M. Tournier, *Pierrot ou les secrets de la nuit*, Gallimard.

4 **Recopie les phrases. Souligne les compléments. Indique leur nature et leur fonction.**

a. Tu parles à ta voisine.
b. J'habite à Rabat.
c. Dans la cheminée, papa brûle des papiers.
d. Le peintre admire son tableau.

5 **Dans le texte suivant, relève les phrases qui contiennent un COD et souligne-le.**

Tôt le matin, le chasseur part dans la campagne. Il rentre tard chez lui. Il ramène du gibier. Il dépose plusieurs lapins sur la table. Il pense à ses amis : ils dégusteront un bon repas.

6 **Recopie les phrases. Souligne les compléments circonstanciels obligatoires.**

a. Le train va à Nice.
b. Le trajet durera deux heures.
c. Le loup hurle à cause de la pleine lune.
d. Le Président loge au Palais de l'Élysée.

Je manipule

7 **Complète les phrases par un complément d'objet et un complément circonstanciel.**

a. L'oiseau picore ....
b. Le vent secoue ....
c. Le fleuve transporte ....
d. L'écrivain invente ....
e. Le facteur dépose ....

8 **Réécris le texte en déplaçant les compléments facultatifs.**

Le jardinier se lève et se met au travail de bon matin. Dans son potager, au printemps, il surveille toutes les pousses. Chaque jour, il arrache les mauvaises herbes. Il arrose les plantes en soirée.

9 **Réécris le texte en supprimant les compléments facultatifs et en soulignant les COD.**

Au Moyen Âge, les gens aimaient danser. Ils dansaient partout, sur les places des villages, lors des fêtes. Des musiciens les accompagnaient toute la nuit.

10 **Réécris les phrases en supprimant les CC.**

a. Près du bureau, Colin écoute le maître.
b. Le lapin croque un radis dans le potager.
c. Chaque soir, je lis une bande dessinée.
d. Nous rangeons les cerceaux sous le préaux.

J'écris

11 **Écris un court texte intitulé « Jour de classe ». Utilise les mots suivants : toute la journée, dans la classe, près du tableau, distribuer, écouter.**

Identifier l'attribut du sujet

Je cherche

Texte A

Cet animal est un fauve. Il est vif et souple. Il paraît puissant. Il demeure un dangereux prédateur même lorsqu'il semble assoupi.

Texte B

Ces animaux sont des fauves. Ils sont vifs et souples. Ils paraissent puissants. Ils demeurent de dangereux prédateurs même lorsqu'ils semblent assoupis.

1. **Dans le texte A, relève les éléments du texte qui te permettent de décrire l'animal.**
2. **Compare ces éléments à ceux du texte B : que remarques-tu ?**
3. **Indique la nature de ces éléments.**

Je retiens

✓ **J'identifie l'attribut du sujet grâce à quatre éléments :**

- il donne une **information essentielle** sur le sujet,
- il ne peut **pas être supprimé**,
- il se place **derrière un verbe d'état**,
- il **s'accorde avec le sujet**.

*Le clown **est** / **semble** / **paraît** triste.*
*Les clowns **sont** / **semblent** / **paraissent** tristes.*

✓ **La fonction « attribut »** peut être tenue par **un GN ou un adjectif qualificatif**.

*Le chat **est** un félin. L'eau **paraît** froide.*
GN attribut — adj. attribut

On appelle **verbe d'état** un verbe qui sert à exprimer **une manière d'être**. Il met en relation un sujet et son attribut : *être*, *sembler*, *paraître*, *devenir*, *demeurer*, *avoir l'air*, *rester*.

Je repère

1 Les adjectifs écrits en rouge sont-ils attributs du sujet ? Justifie ta réponse.

La fenêtre est **dorée**. Les murs en pain d'épices sont **appétissants**. Le toit paraît **croustillant**. La maison semble **vide**. Vite, croquons-en un morceau !

2 Recopie les phrases. Encadre le sujet et souligne les adjectifs attributs du sujet.

a. La Corse est montagneuse.
b. Le fruit paraît mûr.
c. L'oiseau semble blessé.
d. L'île est déserte.
e. Le tigre est féroce.

3 **Chaque phrase doit contenir un attribut du sujet. Cherche l'intrus.**

a. Pinocchio est un pantin vivant.
b. Le soleil devenait une grosse orange.
c. Ce drapeau rayé claque dans le vent.
d. Le panda a l'air d'une boule de poil.

4 **Recopie le texte. Indique la nature des attributs du sujet surlignés.**

Mais je suis à présent un chasseur. Je sais tuer ce qu'il me faut. Je n'ai plus peur. Mon poil ne brille plus. Mes muscles sont durs. Je suis maigre. Je ne fais pas plus de bruit qu'une ombre quand je chasse.

J.-N. Blanc, *Chat perdu*, Gallimard.

5 **Recopie les phrases qui contiennent des GN attributs du sujet.**

a. Le Petit Robert est un dictionnaire.
b. Le Nôtre est un jardinier célèbre.
c. Tu parais fatigué.
d. Cet exercice semble difficile.
e. Cette abeille est une ouvrière.

6 **Recopie le texte. Souligne les attributs du sujet.**

Le petit murin est une chauve-souris, d'assez grande taille (environ 7 cm et 25 g). Comme toutes les chauves-souris, elle est capable de voler. Cette espèce est présente en Europe dans les régions méditerranéennes.

Sciences cycles 3, Magnard, 2010.

Je manipule

7 **Associe un attribut du sujet à chaque début de phrase.**

L'ordinateur est •	• lourd.
Ces livres paraissent •	• usés.
Mon cartable devient •	• une machine.
Ces vêtements sont •	• lourds.

8 **Complète les phrases par un adjectif attribut du sujet.**

a. L'ours est ....
b. L'eau paraît ....
c. La maison semble ....
d. Le donjon demeure ....
e. Mon pantalon est ....

9 **Complète les phrases par un GN attribut du sujet.**

a. Le dromadaire est ....
b. Ce vieux navire reste ....
c. Cette machine est ....
d. Cette chenille deviendra ....

10 **Réécris chaque phrases en mettant le sujet au féminin.**

a. Ce garçon est attentif.
b. Il paraît joyeux.
c. Le maître demeure exigeant.
d. Le lion semble endormi.

11 **Réécris chaque phrases en mettant le sujet au pluriel.**

a. Le fauve est affamé.
b. Cet oiseau semble apeuré.
c. Ce panier devient lourd.
d. Le dessert est un gâteau.

12 **Réécris le texte au pluriel.**

Le cake est un dessert. Il semble appétissant et il reste savoureux. De plus en plus, il devient une entrée car il est sucré ou salé.

13 **Réécris le texte au singulier.**

Les renards sont des mammifères. Ils semblent rusés. Ils deviennent de bons chasseurs car ils restent silencieux et rapides. Ils sont roux avec une belle queue touffue.

J'écris

14 **Écris un court texte pour décrire ces animaux. Tu utiliseras au moins une fois les verbes : être, avoir l'air, paraître, rester.**

Identifier les fonctions de l'adjectif : épithète et attribut du sujet

Je cherche

Les déserts chauds

Les déserts chauds sont chauds toute l'année alors que les déserts froids peuvent être glacials l'hiver et torrides l'été. Mais la nuit, dans les déserts chauds, comme il n'y a pas de nuages, il arrive que la température chute de façon spectaculaire.

La grande encyclopédie, Gallimard.

1. **Écris la première phrase en commençant par « le désert ».**
2. **Identifie les changements réalisés et justifie tes choix.**
3. **Indique les fonctions de l'adjectif chauds dans le texte.**

Je retiens

✓ **Je sais identifier les fonctions d'un adjectif.**

✓ **Dans un GN, l'adjectif est épithète du nom qu'il qualifie.**
- Il **s'accorde avec le nom** placé **avant** ou **après** lui.
- Il peut **être supprimé**.
- Un nom peut avoir **plusieurs adjectifs épithètes**.

Le petit ***lapin*** *blanc se sauve dans son terrier. → Le lapin se sauve dans son terrier.*
(petit : épithète ; blanc : épithète)

✓ **L'adjectif est attribut du sujet quand il est employé avec un verbe d'état.**
- Il **s'accorde avec le sujet**.
- Il **ne** peut **pas être supprimé**.
- Un sujet peut avoir **plusieurs adjectifs attributs**.

Le ***tigre*** *est gros et féroce. → Les tigres sont gros et féroces.*
(gros et féroce : attribut ; gros et féroces : attribut)

Je repère

1 **Recopie les phrases. Souligne l'adjectif épithète et encadre le nom qu'il qualifie.**

a. Le minuscule moustique s'agite.
b. Le café savoureux fume dans la tasse.
c. Le grand parasol rayé protège du soleil.
d. Les belles feuilles rousses tombent.

2 **Les mots écrits en rouge sont-ils des adjectifs épithètes ? Justifie ta réponse.**

a. Le vieux fauteuil rouge est confortable.
b. La petite haie traverse le champ verdoyant.
c. La dune de sable chaud s'étale sur une longue distance.
d. L'eau fraîche désaltère le chien épuisé.

3 **Recopie le texte. Quelle est la fonction de chaque adjectif surligné ?**

Maître Renard grimpa le tunnel obscur jusqu'à l'entrée de son terrier. Son beau museau pointu surgit dans la nuit sombre et il se mit à flairer.

Roald Dahl, *Fantastique Maître Renard*, Gallimard.

4 **Recopie le texte. Souligne les adjectifs épithètes et relie-les par une flèche au nom qu'ils qualifient.**

La chenille poilue avance sur l'arbuste souple. Ses courtes pattes s'accrochent aux fines feuilles. Elle va s'entourer d'un fil soyeux. Dans ce cocon, elle se transformera en un magnifique papillon multicolore.

5 **Recopie le texte. Souligne chaque adjectif attribut et relie-le au sujet auquel il se rapporte.**

Les musiciens sont inquiets car le chef d'orchestre n'est pas arrivé. Leurs instruments restent silencieux. Les spectateurs sont pourtant déjà nombreux dans la salle.

6 **Recopie les phrases. Souligne les adjectifs. Indique leur fonction.**

a. Le pull bleu est sale.
b. Les fleurs épanouies sont parfumées.
c. La brioche dorée et moelleuse a l'air appétissante.
d. Ce beau chêne touffu est ancien.

7 **Recopie le texte. Souligne les adjectifs et indique leur fonction.**

Un éclat brillant attira son regard. Une écaille vert vif, de la taille d'une amande, était incrustée dans la boue séchée autour de la roue. L'extrémité de l'écaille bougea doucement, laissant apparaître une tête cuirassée, dotée de deux petits yeux noirs mobiles et d'une seule antenne.

M. Girin, *Le scarabée magique*, Rageot.

8 **Qui a raison ?**

Le vieux lion est fatigué.

Tom dit : « Dans cette phrase, il y a un adjectif épithète. ».
Sam dit : « Dans cette phrase, il y a un adjectif attribut .»

Je manipule

9 **Réécris les phrases en ajoutant des adjectifs épithètes.**

a. La fille joue sur le sable.
b. L'oiseau vole dans le ciel.
c. Le bateau navigue sur l'océan.
d. Le renard sort de son terrier.

10 **Écris des phrases en associant un GN à un adjectif attribut. Varie l'emploi des verbes d'état.**

un camion •	• pourri
une jupe •	• beau
un fruit •	• vert

11 **Écris des phrases en associant un GN avec deux adjectifs épithètes. Accorde les adjectifs correctement.**

des chiens •	• beau + vert
une nappe •	• court + rythmé
un arbre •	• roux + gros
des poésies •	• rayé + grand

12 **Réécris chaque phrase en mettant le sujet au singulier.**

a. Les ogres féroces sont effrayants.
b. Les étoiles scintillantes paraissent proches.
c. Tes dessins sont colorés.
d. Les fourmis semblent infatigables.

J'écris

13 **Décris le perroquet très précisément. Utilise des adjectifs épithètes et des adjectifs attributs pour ses yeux, son plumage, son bec…**

Identifier les expansions du nom : épithète et complément du nom

Je cherche

Texte A

Le chat de Birmanie se reconnaît grâce à sa fourrure soyeuse, ses pattes de velours, ses yeux bleus, sa queue en panache et ses oreilles qui sont droites.

Texte B

Le chat de gouttière se reconnaît grâce à sa fourrure tigrée, ses pattes de chasseur, ses yeux expressifs, sa queue annelée et ses oreilles qui sont dentelées.

1. **Compare les deux textes : quelles remarques peux-tu faire ?**
2. **Recopie les deux textes. Entoure les noms et souligne les éléments qui les enrichissent.**
3. **Classe ces éléments en trois ensembles et justifie ton choix.**

Je retiens

✓ **Les éléments qui enrichissent un groupe nominal sont des expansions du nom.**

✓ **Je sais reconnaître la fonction « épithète »** qui est tenue par **un adjectif** placé directement **devant ou derrière le nom** qu'il qualifie.

*un petit **jardin** ; un **jardin** fleuri ; un petit **jardin** fleuri.*
(petit : épithète ; fleuri : épithète ; petit : épithète ; fleuri : épithète)

✓ **Je sais reconnaître la fonction « complément du nom »** qui peut être tenue par :

- **un GN** placé derrière le nom qu'il complète, et **relié au nom par une préposition *(à, en, de)*** : *des **volets** en bois ; une **maison** de campagne.* (en bois : C du nom ; de campagne : C du nom)
- **une proposition relative** qui commence par un pronom relatif ***(qui, que)***. Je repère qu'elle **contient un verbe conjugué** et est placée **après le GN qu'elle complète** : *J'ai les **cheveux** qui frisent.* (qui frisent : C du nom)
- **un verbe à l'infinitif** relié au nom par **une préposition *(à, de)*** : *une **table** à repasser*

Je repère

1 **Recopie les GN. Souligne les compléments du nom et entoure les prépositions.**

a. une antenne de radio
b. une planche à découper
c. une bouteille en plastique
d. une pompe à essence

2 Recopie les GN et souligne les adjectifs épithètes.

a. le gros chat tigré
b. un petit coussin moelleux
c. l'immense océan bleu
d. une journée ensoleillée
e. des cahiers propres et rangés

3 Chaque phrase comporte un GN enrichi par un complément du nom : vrai ou faux ?

a. Il admire une belle statue en marbre.
b. Cette forêt inquiétante renferme des secrets terribles.
c. Le directeur de l'école appelle les élèves.
d. La table à repasser est cassée.

4 Toutes les phrases contiennent à la fois des adjectifs épithètes et des compléments du nom. Cherche l'intrus.

a. Mon collier doré est rangé dans ma superbe boîte à bijoux.
b. L'élève distribue les livres d'histoire.
c. Ce petit métier à tisser appartient à ma sœur aînée.
d. J'ai acheté un joli sac en tissu violet.

5 Relève les propositions relatives avec le nom qu'elles complètent.

a. La neige qui tombe recouvre les toits.
b. Les roses que tu apportes sont parfumées.
c. Luc emporte l'appareil qui est en panne.
d. Ces élèves qui courent sont en retard.

6 Recopie le texte. Souligne les adjectifs épithètes et encadre les compléments du nom. Relie-les par une flèche aux noms qu'ils précisent.

Le cabinet noir avait deux petites fenêtres en verre coloré qui donnaient sur la salle de bains ; une lumière rose, ambrée et verte, filtrait à travers les carreaux en losange.

T. Capote, *L'invité d'un jour*, Gallimard.

Je manipule

7 Complète les GN par un complément du nom et un adjectif épithète.

une paire – une serviette – une bouteille – un bureau – un magasin – un carton.

8 Réécris les GN en remplaçant l'expansion du nom selon l'exemple.

*La demeure **princière**. La demeure **du prince***

a. un rayon lumineux
b. un temps automnal
c. un parfum fruité
d. l'élection présidentielle

9 Dico **Réécris les GN en remplaçant l'expansion du nom selon l'exemple.**

*Une enquête **de police**. Une enquête **policière**.*

a. la plage de sable
b. une voiture à électricité
c. des températures d'été
d. une course de chevaux

10 Recopie les phrases en enrichissant le GN rouge par une proposition relative.

a. Le chat observe l'oiseau.
b. Le livre est passionnant.
c. La vache regarde son veau.
d. Le rôti fume dans le four.

11 Réécris le texte en supprimant les compléments du nom et les adjectifs épithètes.

Un beau gâteau trônait sur la table de la salle à manger. Neuf bougies étaient plantées dans la délicieuse pâtisserie et, contre une chaise, le grand sac en plastique reposait.

M. Villard, *Les doigts rouges*, Syros.

12 Réécris les phrases en supprimant les propositions relatives.

a. La poupée que tu m'as offerte est brune.
b. L'avion qui atterrit vient des Antilles.
c. Le navigateur hisse la voile qui se gonfle.
d. L'écolier pose son cartable qui est lourd.

J'écris

13 Enrichis le texte en ajoutant deux compléments du nom, deux adjectifs épithètes et une proposition relative.

Le repas est prêt. Le rôti est découpé sur un plat puis il est apporté aux invités. Le gâteau reste dans le four.

Reconnaître le complément du verbe passif

Je cherche

Texte A

Les États-Unis sont souvent touchés par des tornades, nées de la rencontre d'air chaud en provenance du Mexique et d'air froid descendu du pôle Nord. Des quartiers de la banlieue de Birmingham, la plus grande ville de l'Alabama, ont été entièrement détruits par le passage d'une tornade.

Mon Quotidien, 10 mai 2011 © Play Bac Press.

Texte B

Des tornades, nées de la rencontre d'air chaud en provenance du Mexique et d'air froid descendu du pôle Nord, touchent souvent les Etats-Unis. Le passage d'une tornade a entièrement détruit des quartiers de la banlieue de Birmingham, la plus grande ville de l'Alabama.

1. Compare les textes A et B : que remarques-tu ?

2. Dans le texte A, quelle est la fonction des GN « Les États-Unis » et « Des quartiers de la banlieue de Birmingham, la plus grande ville de l'Alabama » ?

3. Dans le texte B, quelle est la fonction de ces GN ?

4. Relève les sujets des verbes du texte B.

5. Quelle est la fonction de ces GN dans le texte A ?

Je retiens

✓ **Je sais reconnaître le complément du verbe passif.**

- **il est placé derrière un verbe conjugué à la voix passive ;**
- **il est introduit par les prépositions *de* ou *par* :**

*La nuit **est éclairée** par la lune.* (C du verbe passif) *Le sol **est recouvert** de feuilles mortes.* (C du verbe passif)

✓ Je peux **transformer une phrase à la voix active en phrase à la voix passive.**

La tornade (sujet) *détruit la ville* (COD). → *La ville* (sujet) *a été détruite par la tornade* (C du V passif).

Le COD du verbe de la voix active devient **sujet du verbe** de la voix passive.
Le sujet du verbe de la voix active devient **le complément du verbe passif.**

Je repère

1 **Recopie les phrases. Souligne les compléments du verbe passif.**

a. Le voleur est suivi par le policier.
b. Les champs sont submergés par l'eau.
c. Le poisson sera pêché par le héron.
d. Le pré est envahi de coquelicots.

2 **Souligne le complément du verbe passif dans les phrases suivantes.**

a. Le lapin est poursuivi par le renard.
b. Les colis sont déposés par le livreur.
c. Les cheveux sont coupés par le coiffeur.
d. Le miel est fabriqué par les abeilles.
e. Le musée est surveillé par des caméras.

3 **Recopie les phrases. Souligne les COD en bleu et les compléments du verbe passif en vert.**

a. La coupe est remise par le champion.
b. Un maçon construit la maison.
c. Nina a présenté un exposé.
d. Le château est visité par des touristes.

4 **Il n'y a pas de complément d'objet dans les phrases suivantes : vrai ou faux ?**

a. L'arbre a été frappé par la foudre.
b. Le charpentier pose la dernière poutre.
c. La branche a été sciée par le bûcheron.
d. La vague écrase le château de sable.
e. Le concours est gagné par les CM1.

5 **Recopie le texte. Souligne les COD en bleu et les compléments du verbe passif en vert.**

Ces guêpes *(Apoica pallida)* bâtissent un nid ouvert formé d'un rayon d'alvéoles. La partie supérieure est protégée par une enveloppe externe en forme de cônes, faite de fibres végétales. La partie inférieure est couverte de guêpes en rang, tournées vers l'extérieur, prêtes à défendre le nid et à piquer.

L. Mound, *Le peuple des insectes*, Gallimard.

6 **Cherche l'intrus et justifie ta réponse.**

a. Le jardin est envahi par les mauvaises herbes.
b. Je suis arrivé par hasard.
c. Les légumes sont arrosés par le jardinier.
d. La voiture est réparée par le garagiste.

7 **Relève les phrases qui sont à la voix passive.**

a. L'exposition de tableaux est ouverte depuis hier.
b. L'arrivée du train est annoncée par le chef de gare.
c. Une carte a été envoyée par mon cousin.
d. Robin des bois a tout de suite aimé la belle Marianne.

Je manipule

8 **Transforme les phrases actives en phrases passives.**

a. Les rayons du soleil brûlent le sol.
b. Le tonnerre effraie mon petit frère.
c. Mes vêtements remplissent mon sac.
d. Les ronces envahissent le château de la Belle au bois dormant.

9 **Quelle est la fonction des mots écrits en rouge dans l'exercice 8 ? Quelle est leur fonction quand tu transformes les phrases à la voix passive ?**

10 **Transforme ces phrases à la voix active.**

a. Le plan est dessiné par l'architecte.
b. La rivière est enjambée par un vieux pont.
c. Les moutons sont guidés par le berger.
d. La ville est protégée par des remparts.

11 **Complète les phrases par un sujet et un complément du verbe passif de ton choix.**

a. ... sont dessinés par ....
b. ... est traversé par ....
c. ... est dévorée par ....
d. ... a été découvert par ....

12 **Utilise chaque GN dans une phrase où il sera complément de verbe passif.**

a. par la voisine
b. de crème chantilly
c. par le vent

J'écris

13 **Aide-toi de l'illustration pour écrire trois phrases passives.**

Distinguer nature et fonction

Je cherche

a. La barque navigue sur la Loire.
b. Je monte dans la barque.
c. Le propriétaire de la barque habite ici.
d. Lucien répare sa barque.
e. Grand-père pense à sa vieille barque.
f. La vipère est cachée par une barque.

1. **Cherche dans le dictionnaire la nature du mot barque.**
2. **Indique sa fonction dans chaque phrase : que remarques-tu ?**

Je retiens

✓ **Je sais distinguer la nature d'un mot et sa fonction.**

✓ **La nature d'un mot** (on parle aussi de sa « classe ») est indiquée dans le **dictionnaire**.

- Parmi les classes de mots, je connais : **le nom, le déterminant, le verbe, l'adjectif qualificatif, le pronom personnel, le pronom relatif, l'adverbe.**
  *Le mot **soleil** est un nom commun.*

✓ **La fonction d'un mot dépend de la manière dont il est utilisé dans une phrase.**

- Parmi les fonctions, je connais : **sujet, COD, COI, COS, complément circonstanciel, attribut, complément du nom, complément du verbe passif.**
  Le soleil se cache derrière le nuage. (Le soleil : sujet)
  Les rayons de soleil m'éblouissent. (de soleil : C du nom)
  Un nuage cache le soleil. (le soleil : COD)
  Les cultures sont brûlées par le soleil. (par le soleil : C du V passif)

Je repère

1 **Recopie les phrases. Indique la fonction des GN surlignés.**

a. La forêt s'étend sur une grande surface.
b. Les animaux de la forêt sont farouches.
c. Le Petit Poucet est perdu dans la forêt.
d. Le garde forestier surveille la forêt.

2 **La nature des mots en rouge est toujours la même. Indique-la et recherche l'intrus.**

Même cette petite peur dans ma nuque et mes épaules me fait frissonner de plaisir. Les valises sont prêtes dans le vestibule, les manteaux les recouvrent, on dirait un gros chien qui dort. Demain soir, nous serons à Paris.

E. Errera, *Les premiers jours*, Actes Sud Junior.

3 **Pour chaque verbe, écris les formes verbales du présent qui se prononcent de la même manière.**

dégager – danser – enfoncer – semer

4 **Pour chaque verbe, écris les formes verbales du présent qui se prononcent et s'écrivent de la même manière.**

mélanger – grignoter – balancer – préférer

5 **Dans les tableaux p. 204-207, trouve un verbe repère qui se conjugue comme :**

a. lancer
b. inquiéter
c. remplacer
d. venger
e. opérer
f. colorier

Je manipule

6 **Recopie les phrases en les complétant avec le radical qui convient.**

a. Ils se …ent toujours très tard le matin. (lev-/lèv-)
b. Nous …ons les ingrédients dans le saladier. (mélang-/mélange-)
c. Vous …ez des ballons à la fête foraine. (crev-/crèv-)
d. Il …e toutes ses affaires chaque semaine. (amen-/amèn-)
e. Tu …es tes billes dans le trou. (lanc-/lanç-)
f. Mes amis …ent manger à la cantine. (préfér-/préfèr-)

7 **Conjugue les verbes suivants aux 1res personnes du singulier et du pluriel.**

a. soulever – arriver – pincer – rédiger
b. préférer – naviguer – avantager – oublier
c. mener – plonger – créer – placer

8 **Conjugue les verbes suivants aux 1res personnes du singulier et du pluriel. Puis classe-les dans le tableau.**

promener – raconter – corriger – parler – penser – semer – bouger – peser – laisser – prononcer

verbe à 1 radical	verbe à 2 radicaux

9 **Complète les phrases par un GN ou un pronom personnel qui convient.**

a. … partage les gâteaux.
b. … proposes des bonbons aux enfants.
c. … enfoncez les clous dans les planches.
d. … enlevons les épines des roses.
e. … passent la serpillère dans la cuisine.

10 **Choisis la forme du verbe qui convient.**

a. Les élèves (corriges/corrige/corrigent) leurs exercices de calcul.
b. Le dresseur (promène/promènes/promènent) ses chiens dans le parc.
c. Tu (dictes/dicte/dictent) les mots à tes camarades.
d. J'(enlève/enlèves/enlèvent) mes livres de mon cartable.
e. Les singes se (balances/balance/balancent) de branche en branche.

11 **Réécris le texte en commençant par : « Nous… »**

Je voyage souvent à l'étranger. Je change de pays plusieurs fois par an. J'aime découvrir la vie des gens. Je partage leur vie quelques temps, j'écoute leurs histoires, je cuisine et je mange avec eux. Je me promène dans les villes et je visite les grands monuments.

J'écris

12 **Écris un court texte ayant pour titre « Le déménagement », en utilisant les verbes suivants au présent :** déménager – porter – casser – remplacer – changer.

Le présent des verbes du 2e groupe

Je cherche

réfléchir	....
je réfléchis tu .... il/elle/on réfléchit nous .... vous .... ils/elles réfléchissent	je choisis tu .... il/elle/on .... nous .... vous .... ils/elles choisissent

1. Recopie et complète les tableaux ci-dessus en t'aidant des tableaux des verbes repères (p. 204-207).

2. Pour chacun des verbes, identifie les deux radicaux.

3. Choisis un de ces deux verbes et regroupe ensemble :
- les formes verbales qui se prononcent de la même façon,
- les formes verbales qui s'écrivent de la même façon,
- les autres formes verbales.

4. Quelles sont les terminaisons qui sont identiques à celles des verbes du 1er groupe ?

Je retiens

✓ **Tous les verbes** en ***-ir*** **qui ont deux radicaux** du type ***fini-*** et ***finiss-*** sont **des verbes du 2e groupe.**
*je **fini**s, nous **finiss**ons*

✓ Pour les conjuguer au présent, j'ajoute **aux radicaux les terminaisons suivantes :**

*je ...**-s***	*tu ...**-s***	*il / elle / elle / on ...**-t***
*nous ...**-ons***	*vous ...**-ez***	*ils / elles ...**-ent***

Je ne dois pas oublier que certaines formes se prononcent de la même manière mais s'écrivent différemment.
*je fini**s**, tu fini**s**, il fini**t***

Je repère

1 Parmi ces verbes, relève ceux du 2e groupe.
rougir – dormir – punir – réunir – sortir – courir – grandir – tenir – rétrécir – mentir

2 Recopie les formes verbales et sépare le radical de la terminaison.
je réagis – ils atterrissent – elle franchit – elles rougissent – tu faiblis – il ralentit – nous guérissons – vous vernissez

3 Pour chaque verbe, écris les formes verbales du présent qui se prononcent de la même manière.
salir – démolir – remplir – bavarder – agacer

4 **Pour chaque verbe, écris les formes verbales du présent qui se prononcent et s'écrivent de la même manière.**
finir – réunir – alourdir – cultiver – tracer

5 **Recopie les phrases qui contiennent un verbe du 2e groupe.**
a. Nous relisons nos leçons chaque soir.
b. Vous poussez la porte doucement.
c. Tu écris un article sur la kermesse.
d. Je gravis les pentes du volcan.
e. Il agit sans réfléchir.

Je manipule

6 **Choisis la forme verbale du présent qui convient.**
a. Le public (applaudis/applaudit) avec enthousiasme.
b. Je (chéris/chérit) ma grand-mère.
c. Tu (engloutis/engloutit) ton assiette avec appétit.
d. Je (saisit/saisis) bien l'idée importante du texte.
e. Le mimosa (fleuris/fleurit) en janvier.

7 **Choisis le groupe nominal sujet qui convient.**
a. (l'alpiniste/les alpinistes) accomplissent des exploits .
b. (le projecteur/les projecteurs) éblouit le comédien.
c. (le cheval/les chevaux) hennit et se cabre avant de s'enfuir.
d. (le jour/les jours) raccourcissent en hiver.

8 **Écris les verbes au présent à la personne demandée.**
a. aplatir : tu …
b. blêmir : elle …
c. envahir : il …
d. agrandir : vous …
e. vieillir : ils …
f. embellir : elles …

9 **Réécris les phrases à la 1re personne du pluriel.**
a. Je finis une rédaction sur le bonheur.
b. L'esquimau brandit un harpon.
c. Tu réussis l'examen brillamment.
d. J'obéis à mon père.
e. Il affranchit sa lettre avant de la poster.

10 **Réécris les phrases au présent.**
a. La neige blanchissait les sommets.
b. L'avion atterrira dans trois heures.
c. La fatigue affaiblissait les marcheurs, alors ils ralentissaient le pas.
d. La brise légère nous rafraîchissait.

11 **Écris les phrases avec un sujet de ton choix.**
a. … choisit le chemin le plus court.
b. … atterrissent près des maisons.
c. … déguerpissez en riant.
d. … rougis par timidité.

12 **Écris le radical qui convient.**
a. Les écureuils …ent de branche en branche. (bondi/bondiss)
b. Les automobilistes …ent prudemment. (ralenti/ralentiss)
c. Les hirondelles …ent leur nid sous le toit des maisons. (bâti/bâtiss)
d. Le chien …t son os au fond du jardin. (enfoui/enfouiss)
e. Vous …ez à la fin du spectacle. (applaudi/applaudiss)

13 **Réécris ce texte au présent.**
Le roi choisira un architecte renommé. Il agrandira le château. Les ouvriers démoliront la tour et en rebâtiront une autre plus large et moins haute. Les grandes fenêtres éclairciront et embelliront les pièces.

J'écris

14 **Écris un court texte ayant pour titre « Une compétition d'athlétisme ». Tu utiliseras les verbes suivants au présent : commencer – réussir – franchir – accomplir**

Le présent des verbes être, avoir et aller

Je cherche

1. **Relève les verbes et donne leur infinitif.**

2. **Conjugue-les au présent à toutes les personnes. Trouves-tu des points communs entre les terminaisons de ces trois verbes et celles des verbes du 1er et du 2e groupe ?**

3. **Pour chaque verbe, souligne les formes verbales qui se prononcent de la même façon.**

Je retiens

✓ Les verbes ***être***, ***avoir*** et ***aller*** sont **des verbes très irréguliers au présent** : leur radical change beaucoup.

✓ Pour les verbes ***avoir*** et ***aller***, je remarque que **les terminaisons de la 1re et de la 2e personne du pluriel** (***nous*** et ***vous***) sont identiques à celles des verbes du 1er et du 2e groupe.

*nous av**ons** – vous av**ez***　　*nous all**ons** – vous all**ez***

Je ne dois pas oublier que certaines formes se prononcent de la même manière mais s'écrivent différemment.

*tu **es**, il **est***　　*tu **as**, elle **a***　　*tu **vas**, on **va***

Je retrouve la conjugaison de ces trois verbes particuliers dans **les tableaux des verbes repères** **(p. 204)**.

Je repère

1 **Recopie les phrases dans lesquelles tu reconnais le verbe être au présent.**

a. La bibliothèque est ouverte aujourd'hui.
b. Il utilise son compas pour tracer un cercle.
c. Julian étale la confiture sur sa tartine.
d. Le chocolat est mon parfum préféré.

2 **Recopie les phrases dans lesquelles tu reconnais le verbe avoir au présent.**

a. Tony a une console de jeu toute neuve.
b. Je désire des patins à roulettes.
c. As-tu un livre sur les volcans ?
d. Je me rends à l'école à pied.

3 **Recopie les phrases dans lesquelles tu reconnais le verbe aller au présent.**

a. Je vais au cirque.
b. Ils allaient au marché.
c. Ils vont à la piscine.
d. Ils marchent dans l'allée.

4 **Relève dans le texte les formes des verbes être, avoir et aller au présent.**

Mes parents ont une belle voiture. Nous l'avons choisie verte car c'est la couleur préférée de mon père. Ils en sont très fiers et nous allons souvent en promenade. Mes frères et moi, nous avons de la chance : derrière l'appuie-tête, il y a un écran pour voir des films.

5 **Trouve l'intrus dans chaque liste.**

a. je suis – vous étiez – ils sont – nous sommes
b. tu as – vous avez – ils avaient – j'ai
c. tu vas – il va – vous allez – nous allions
d. il est – il a – il ira – il va

Je manipule

6 **Conjugue ces expressions au présent à toutes les personnes.**

avoir faim – être en forme – aller au cinéma

7 **Complète les phrases par un pronom personnel ou un GN.**

a. … vont au cinéma tous les samedis.
b. … sommes souvent très fiers de vous.
c. … ai une magnifique collection de timbres.
d. … es un véritable ami pour moi.

8 **Réécris les phrases en associant un pronom personnel avec une forme verbale.**

Tu Je Nous Ils Il	vont au marché le dimanche. va directement à la gare. suis en CM1 cette année. es trop fatigué ce soir. avons deux poissons rouges.

9 **Complète ces phrases avec les verbes être, avoir ou aller au présent.**

a. Tu ne … pas souvent chez le dentiste.
b. Vous … une grande et belle maison.
c. Il … à l'école à pied avec ses amis.
d. Je … rarement malade.

10 **Réécris les phrases en commençant par la personne indiquée.**

a. Je suis affamé comme un ogre. → Nous …
b. Vous allez à la montagne. → Nous …
c. Il a les cheveux trop longs. → Tu …
d. Nous sommes amis. → Vous …

11 **Réponds aux questions par des phrases.**

a. As-tu des frères et sœurs ?
b. Vas-tu souvent à la piscine ?
c. Es-tu pour le recyclage des déchets ?
d. Tes cousins et toi, avez-vous le même âge ?

12 **Réecris ce texte au présent.**

C'était le 12 septembre 1940. J'avais 16 ans. J'étais en vacances chez ma grand-mère, à Montignac (Dordogne). Avec deux copains, on allait voir les Espagnoles sur les hauteurs du village. Sur le chemin, on a croisé Marcel. Il avait une pioche et une lampe à pétrole.

Mon quotidien, 8 sept 2010.

13 **Complète le texte avec les verbes donnés dans l'ordre au présent : avoir – pousser – tomber – remplacer – être – avoir**

Les cerfs … au sommet de leur tête des cornes appelées « bois ». Elles … toute leur vie. Chaque année, leurs bois … et, quelques mois plus tard, des bois plus grands les … . Plus un cerf … vieux, plus ses bois … de branches.

J'écris

14 **Écris ton autoportrait en quatre phrases en utilisant les verbes avoir, être et aller au présent.**

Le présent des verbes du 3e groupe

Je cherche

j'ouvre – tu prends – nous mettons – il vient
vous partez – elle peut – ils font – nous produisons
vous dites – elles voient – tu rends – on écrit

1. Donne l'infinitif de chacun des verbes conjugués.

2. Cherche ces verbes dans les tableaux des verbes repères (p. 204-207). Indique pour chacun d'eux le radical ou les radicaux.

3. Trouves-tu des points communs entre les terminaisons de ces verbes et celles des verbes du 1er et du 2e groupe ?

4. Relève pour chaque verbe les formes verbales qui se prononcent et qui s'écrivent de la même façon.

Je retiens

✓ **Le 3e groupe** est constitué des verbes qui ne font partie ni du 1er ni du 2e groupe.

✓ Pour conjuguer **ces verbes au présent**, j'utilise le plus souvent **les terminaisons** suivantes :

*je …**-s***	*tu …**-s***	*il / elle / on …**-t***
*nous …**-ons***	*vous …**-ez***	*ils / elles …**-ent***

✓ Je dois connaître les particularités de certains de ces verbes :
- les verbes de type ***ouvrir*** ont les mêmes terminaisons que les verbes du 1er groupe : *j'ouvre, tu ouvres, elle ouvre*
- les verbes ***vouloir*** et ***pouvoir*** prennent un « **-x** » aux deux 1res personnes du singulier : *je peu**x**, tu peu**x** – je veu**x**, tu veu**x***
- les verbes ***faire*** et ***dire*** ont la même irrégularité à la 2e personne du pluriel. *vous di**tes**, vous fai**tes***
- les verbes de type ***rendre***, ***prendre*** et ***mettre*** n'ont aucune terminaison à la 3e personne du singulier : *elle rend, elle prend, elle met*

‼ Lorsque je conjugue l'un de ces verbes, je dois penser à identifier les formes verbales qui se prononcent de la même manière mais s'écrivent différemment.

Je repère

1 **Recopie les verbes et sépare le radical de la terminaison.**

a. je vends – il part – nous cueillons – il ouvre
b. il rend – elles mettent – vous voulez
c. ils comprennent – tu entends – vous voyez
d. on met – elles peuvent – je veux – elle dit

2 **Dans les tableaux p. 204-207, relève tous les verbes repères du 3e groupe. Puis classe-les dans le tableau suivant.**

1 radical	2 radicaux	3 radicaux

3 **Trouve l'intrus. Justifie ta réponse.**

a. il rentre – il ouvre – il offre – il souffre
b. tu ris – tu oublies – tu écris – tu dis
c. sortir – partir – fournir – courir
d. choisir – obéir – cueillir – finir

4 **Pour chaque verbe, écris les formes verbales qui se prononcent de la même façon.**

mettre – faire – prendre – lire

5 **Pour chaque verbe, écris les formes verbales qui se prononcent et s'écrivent de la même façon.**

permettre – dire – vendre – construire

6 **Dans les tableaux p. 204-207, trouve un verbe repère qui se conjugue comme :**

a. croire
b. transmettre
c. décrire
d. tenir
e. descendre
f. conduire

Je manipule

7 **Conjugue ces verbes aux 1res personnes du singulier et du pluriel. Quels sont ceux qui n'ont qu'un seul radical ?**

mordre – ressentir – perdre – accueillir – reprendre – battre

8 **Conjugue ces verbes au présent aux personnes demandées.**

a. croire : nous …
b. détenir : elle …
c. commettre : je …
d. perdre : ils …
e. refaire : vous …
f. appartenir : tu …
g. ouvrir : il …
h. mentir : elle …

9 **Réécris les phrases en mettant le sujet au pluriel.**

a. L'écrivain décrit ce paysage avec talent.
b. La mère inscrit son fils au conservatoire.
c. Le médecin prescrit les médicaments.
d. Je réécris ce texte au présent.

10 **Écris les phrases à la personne du pluriel correspondante.**

a. Je fais mes courses au supermarché.
b. Que dis-tu ?
c. Il fait des grimaces.
d. Tu construis un triangle.
e. Elle fait du théâtre avec Vincent.

11 **Complète les phrases en utilisant ces verbes au présent : détruire – cuire – reproduire – traduire**

a. Nous … cette figure géométrique.
b. Les bulldozers … les maisons.
c. Tu … cette chanson en anglais.
d. Le gâteau … dans le four.

12 **Transforme les phrases au présent.**

a. Tu tenais la porte ouverte.
b. Vous offrirez des fleurs à votre mère.
c. Ils partaient visiter le château de Versailles.
d. Nous nous couvrirons bien car il fera très froid.
e. Elle vendait des fromages sur les marchés.

13 **Réécris ce texte au présent.**

Assis devant l'ordinateur, je frappais nerveusement les touches du clavier. Mais je ne parvenais pas à nettoyer l'écran de la buée qui l'envahissait. Il me vint une drôle d'impression. Mon cœur bondissait dans ma poitrine. Mon ventre me faisait mal. À ce moment précis, la porte de ma chambre s'ouvrit.

J'écris

14 **Écris un court texte en utilisant les verbes suivants au présent :** attendre – surprendre – offrir – sortir

L'imparfait des verbes du 1er et du 2e groupe

Je cherche

je naviguais – ils nageaient – tu bronzais – nous jouions
il pinçait – on enfouissait – tu rougissais – vous souleviez
elles ramassaient – nous remplissions – elle criait

1. Classe chaque forme verbale en fonction de son groupe.

2. Souligne le radical et entoure la terminaison.

3. À l'aide des tableaux des verbes repères (p. 204-207), cherche le verbe repère qui se conjugue comme *rougir*. Relève le radical utilisé à l'imparfait. À quelle personne du présent retrouves-tu ce radical ?

4. Conjugue un verbe du 1er groupe et un verbe du 2e groupe à toutes les personnes de l'imparfait en regroupant :
- les formes verbales qui se prononcent de la même façon,
- les formes verbales qui s'écrivent de la même façon,
- les autres formes verbales.

Je retiens

✓ Pour conjuguer **à l'imparfait les verbes du 1er groupe** :
- j'ajoute **au radical une terminaison** formée de :
  - **la marque de l'imparfait** : *-ai-* ou *-i-*
  - **la marque de personne** : *-s, -s, -t, -ons, -ez, -ent*
- pour les verbes qui finissent en « **-cer** » et en « **-ger** », j'utilise **deux radicaux à l'écrit** :
  *je **lanç**ais, nous **lanc**ions* *je **mange**ais, nous **mang**ions*

✓ Pour **conjuguer à l'imparfait les verbes du 2e groupe** :
- j'utilise **le radical de la 1re personne du pluriel** au présent.
  *nous **finiss**ons → je **finiss**ais*
- j'ajoute **au radical les mêmes terminaisons que pour le 1er groupe**.

Je dois savoir qu'aux deux premières personnes du pluriel, **les verbes en « -ier »** prennent deux « i » : *nous pli**ions**, vous pli**iez***
Je ne dois pas oublier que certaines formes se prononcent de la même manière mais s'écrivent différemment : *Je ram**ais**, tu ram**ais**, on ram**ait**, ils ram**aient***

Je repère

1 **Recopie les phrases dans lesquelles le verbe est conjugué à l'imparfait.**

a. Vous jouez dehors avec vos cousins.
b. Mon grand père racontait des histoires passionnantes.
c. J'hésiterai avant de répondre.
d. Nous nous dégourdissions les jambes en marchant.

2 **Recopie les verbes et sépare le radical de la terminaison par un trait.**

a. nous proposions – je bavardais – il plaçait – tu promenais – vous effaciez

b. elle rougissait – tu discutais – je nageais – nous rangions – vous maigrissiez

3 **Pour chaque verbe, écris les formes verbales de l'imparfait qui se prononcent de la même manière.**

échanger – obéir – pincer – colorier

4 **Pour chaque verbe, écris les formes verbales de l'imparfait qui se prononcent et s'écrivent de la même manière.**

ralentir – accepter – grimacer – déménager – finir

5 **Trouve l'intrus dans chaque liste.**

a. tu laçais – il perçait – je traversais – ils forçaient

b. vous habitiez – vous criez – vous possédiez – vous rêviez

c. nous remplacions – nous caressons – nous menacions – nous foncions

Je manipule

6 **Dans les tableaux p. 204-207, trouve le verbe repère qui se conjugue à l'imparfait comme :**

a. pincer

b. nager

c. naviguer

d. soulever

7 **Conjugue les verbes au présent puis à l'imparfait en suivant l'exemple.**

Exemple : finir → nous finissons → je finissais

remplir – rougir – franchir – applaudir

8 **Réécris ce texte à la 1re personne du pluriel.**

Pour écrire un texte, je commençais par faire un brouillon. Je réfléchissais et je notais mes idées sur mon cahier. Ensuite je rédigeais mes phrases avec soin, puis je corrigeais toujours mes erreurs. Je remplaçais des mots qui se répétaient. Je modifiais les accords. Je m'aidais parfois du dictionnaire. Pour finir, je recopiais mon texte proprement.

9 **Choisis la forme du verbe qui convient.**

a. Mon frère (marchais/marchait/marchaient) plus vite que ses camarades.

b. Les Gaulois (remplissais/remplissait/remplissaient) les tonneaux.

c. Tu (traçais/traçait/traçaient) des lignes.

d. Les dinosaures (mangeais/mangeait/mangeaient) des petits animaux.

10 **Réécris les phrases en commençant par la personne indiquée.**

a. Tu participais aux randonnées. → Nous …

b. Vous glissiez sur le verglas. → Nous …

c. Il regardait grandir ses enfants. → Tu …

d. Ils fleurissaient leur jardin en toutes saisons. → Nous …

11 **Réécris les phrases à l'imparfait.**

a. Les soldats assiègent les châteaux.

b. Je rince mes cheveux.

c. Nous lançons la balle.

d. Vous allongez vos jambes.

e. Tu marches sur le bord de la route.

J'écris

12 **Réécris ce texte à l'imparfait.**

Les Gaulois cultivent des céréales, des légumes, des plantes avec lesquelles ils fabriquent tissus et cordages. Ils élèvent de la volaille, des vaches, des bœufs, des porcs, des chevaux. Ces animaux leur fournissent le lait et les matières premières (laine, cuir, cornes ou os) avec lesquelles les artisans fabriquent des vêtements et des outils quotidiens.

Histoire cycle 3, Magnard, 2010.

L'imparfait des verbes être, avoir, aller et des verbes du 3e groupe

Je cherche

je mettais — tu ouvrais — ils venaient — elle était — il voyait — elles voulaient — vous aviez — on écrivait — nous partions — ils allaient — tu prenais — tu pouvais

1. Donne à l'oral l'infinitif des verbes ci-dessus.
2. Recopie chaque forme verbale. Souligne le radical et entoure la terminaison.
3. Cherche les verbes ci-dessus dans les tableaux des verbes repères (p. 204-207). À quelle personne du présent retrouves-tu le radical que tu as souligné ?
4. Choisis deux verbes du 3e groupe puis conjugue-les à l'imparfait en regroupant :
   – les formes verbales qui se prononcent de la même façon,
   – les formes verbales qui s'écrivent de la même façon,
   – les autres formes verbales.

Je retiens

✓ Pour **conjuguer à l'imparfait les verbes du 3e groupe** et les verbes particuliers ***avoir*** et ***aller*** :
- j'utilise **le radical de la 1re personne du pluriel au présent.**
  *nous **rend**ons → je **rend**ais* *nous **av**ons → j'**av**ais* *nous **all**ons → j'**all**ais*
- j'ajoute **au radical la terminaison** formée de :
  – **la marque de l'imparfait :** *-ai-* ou *-i-*
  – **la marque de personne :** *-s, -s, -t, -ons, -ez, -ent*

✓ Le verbe **être** a **un seul radical à l'imparfait** : *j'**ét**ais, tu **ét**ais, nous **ét**ions…*

Je ne dois pas oublier que certaines formes se prononcent de la même manière mais s'écrivent différemment.
*je rend**ais**, tu rend**ais**, elle rend**ait**, elles rend**aient***

Je repère

1 **Recopie les verbes et sépare le radical de la terminaison par un trait.**
il prenait – vous couriez – je venais – nous allions – tu dormais – on cousait – j'étais – nous avions

2 **Pour chaque verbe, écris les formes verbales de l'imparfait qui se prononcent de la même manière.**
construire – inscrire – rendre – venir – dire – suivre – pouvoir – écrire

3 **Pour chaque verbe, écris les formes verbales de l'imparfait qui se prononcent et s'écrivent de la même manière.**

sentir – vouloir – faire – combattre – réduire – vendre – venir – dire

4 **Trouve l'intrus dans chaque liste.**

a. nous suivions – je suivais – on suivait – vous suivez

b. tu tendais – tu vivais – tu remplissais – tu mentais

c. je blanchissais – je pouvais – je suis – je riais

d. ils disaient – ils parlaient – ils faisaient – ils conduisaient

Je manipule

5 **Écris l'infinitif de chaque forme verbale.**

je devenais – il conduisait – nous sentions – tu faiblissais – vous couriez – il ouvrait

6 **Dans les tableaux p. 204-207, trouve le verbe repère qui se conjugue à l'imparfait comme :**

a. perdre
b. séduire
c. sortir
d. retenir

7 **Réécris ces phrases à l'imparfait.**

a. Je ne comprends pas les leçons.

b. À l'école nous apprenons la cuisine.

c. Le géant reprend deux fois de chaque plat.

d. La sonnerie du réveil nous surprend à chaque fois.

8 **Complète la phrase par un pronom personnel ou un GN qui convient.**

a. … faisaient semblant de dormir.

b. Au mois d'avril, … faisait encore froid.

c. … faisais du sport tous les mercredis.

d. … faisions partie d'un groupe de rock.

9 **Réécris les phrases à l'imparfait.**

a. Je ne peux plus rien voir dans le brouillard.

b. Les matelots veulent faire escale dans cette île.

c. Nous pouvons entendre la sirène du bateau.

d. Le vieil homme veut revoir son village natal.

10 **Réécris les phrases à l'imparfait.**

a. Je te promets de revenir très vite.

b. La radio émet de la musique toute la nuit.

c. Les enfants mettent la table à tour de rôle.

d. Nous transmettons le message.

11 **Réécris les phrases à l'imparfait.**

a. Le conducteur conduit prudemment.

b. Tu enduis le mur avec du plâtre.

c. Vous construisez un château de cartes.

d. Il réduit sa vitesse.

12 **Réécris les phrases à l'imparfait avec le pronom personnel indiqué.**

a. La glace fond rapidement. → Elles …

b. Tu revends tes vieux jouets. → Nous …

c. Mon père étend le linge au soleil. → Vous …

d. Je mords la pomme à pleines dents. → Il …

13 **Réécris ce texte à l'imparfait.**

Comment vivent les paysans au Moyen-Âge ? Comme ils ne sont pas propriétaires des terres qu'ils cultivent et qu'ils payent les redevances, les paysans n'ont souvent que peu de biens pour nourrir leur famille. Par le droit de ban, le seigneur oblige également les paysans à utiliser son four, son moulin, son pressoir à vin et les fait payer pour cela. Il juge les conflits entre paysans et impose des amendes.

Histoire Cycle 3, Magnard, 2010.

J'écris

14 **Décris cette ancienne salle de classe en rédigeant ton texte à l'imparfait et en utilisant au moins une fois les verbes être, avoir et aller.**

Le futur des verbes du 1er et du 2e groupe

Je cherche

....	lever	finir
je plierai tu .... il/elle/on pliera nous .... vous .... ils/elles plieront	je .... tu lèveras il/elle/on .... nous lèverons vous lèverez ils	je finirai tu .... il/elle/on .... nous .... vous finirez ils/elles ....

1. **Recopie le tableau ci-dessus et complète-le en t'aidant des tableaux des verbes repères (p. 204-207).**

2. **Pour chaque forme, souligne le radical et entoure la terminaison.**

3. **Existe-t-il des points communs entre les terminaisons du futur et celles des temps déjà étudiés ?**

4. **Pour ces trois verbes, entoure les formes verbales qui se prononcent de la même façon.**

Je retiens

✓ **Au futur, les verbes des 1er et 2e groupes conservent le même radical.**

✓ Pour conjuguer ces verbes **au futur**, j'ajoute **au radical la terminaison formée de** :
– **la marque du futur :** ***-er-*** pour le 1er groupe et ***-r-*** pour le 2e groupe
– **les marques de personnes :** ***-ai*, *-as*, *-a*, *-ons*, *-ez*, *-ont***

✓ Pour les verbes du type ***lever***, j'utilise **le radical de la première personne du singulier du présent.**
*je **lève** → je **lève**rai* *j'**achète** → j'**achète**rai*

Je ne dois pas oublier que certaines formes se prononcent de la même manière mais s'écrivent différemment.
*tu jou**eras**, on jou**era*** *nous jou**erons**, ils/elles jou**eront***

Je repère

1 **Recopie les phrases qui sont au futur. Entoure la terminaison des verbes.**
a. Le peintre dessinera d'abord les arbres, puis il ajoutera les couleurs.
b. Je préparais le repas avec plaisir.
c. Tes amis arriveront lundi matin.
d. Il réparait la voiture dans le garage.
e. Nous achèterons les cadeaux.

2 **Écris l'infinitif de chaque forme verbale.**
nous arriverons – on applaudira – tu promèneras – vous espérerez – je tomberai – il crèvera – nous plierons – vous finirez

3 **Recopie les verbes et sépare le radical de la terminaison par un trait.**

tu participeras – nous adoucirons – j'élèverai – ils étudieront – elle nourrira – vous trierez – on tournera – vous agirez

4 **Classe ces formes verbales dans le tableau.**

il priera – nous soupirerons – tu entreras – vous noircirez – je monterai – elle réunira – ils frotteront – vous relierez – nous finirons

1er groupe	2e groupe

5 **Pour chaque verbe, écris les formes verbales du futur qui se prononcent de la même manière.**

montrer – blanchir – réussir – laver – rougir

6 **Trouve l'intrus dans chaque liste.**

a. nous envahirons – je démarrerai – on obéira – vous finissez

b. tu éclaireras – tu joueras – tu colorias – tu dîneras

c. je blanchirai – je parlerai – je sourirai – je priai

d. ils mangeront – je rangerai – vous pliez – ils planteront

Je manipule

7 **Conjugue les verbes au futur et souligne les formes verbales qui se prononcent de la même manière.**

a. voyager

b. applaudir

c. effacer

d. colorier

8 **Complète les phrases avec un GN ou un pronom qui convient.**

a. … nourrira les poules au grain.

b. … nourriras les petits hamsters.

c. … soulèveront les pierres avec des grues.

d. … soulèverons des haltères.

e. … remplirai le tableau.

f. … remplirez vos gourdes.

9 **Conjugue ces verbes au futur à la personne demandée.**

a. parier : tu …

b. avertir : elle …

c. changer : nous …

d. fatiguer : ils …

10 **Choisis la forme verbale qui convient.**

a. Tu (montreras/montrera) le chemin à ton frère.

b. L'épicier (étaleras/étalera) sa marchandise sur les planches.

c. On (refroidiras/refroidira) l'eau du bain.

d. Les coureurs (accélèrerons/accélèreront) à la fin de la course.

11 **Réécris ce texte au futur.**

Avant de prendre la mer, le navigateur vérifie son matériel. Il charge la nourriture nécessaire à bord. Il organise soigneusement le matériel et choisit des matériaux légers qui n'alourdissent pas son bateau. Il s'assure que sa radio fonctionne bien. Il étudie précisément son itinéraire sur les cartes. Il n'oublie pas de dire au revoir à ses amis et à sa famille.

12 **Réécris le texte de l'exercice 11 au futur en commençant par :**

a. « Avant de prendre la mer, tu … »

b. « Avant de prendre la mer, vous … »

c. « Avant de prendre la mer, ils … »

J'écris

13 **Voici une ville du futur. Imagine la vie dans cette ville. Tu utiliseras au futur les verbes suivants : bâtir – habiter – se déplacer – se nourrir.**

Le futur des verbes *être*, *avoir* et *aller*

Je cherche

1. **Relève les verbes conjugués au futur.**

2. **Donne l'infinitif de chaque verbe. Conjugue-les au futur et souligne les formes verbales qui se prononcent de la même façon.**

3. **Compare les terminaisons de ces verbes avec celles des verbes des 1er et 2e groupes au futur : que remarques-tu ?**

Je retiens

✓ Pour conjuguer les verbes ***être***, ***avoir*** et ***aller*** **au futur**, j'utilise **les terminaisons** du futur formées de :
- **la marque de temps :** ***-r-***
- **les marques de personnes** identiques à celles des verbes **des 1er et 2e groupes** : *-ai*, *-as*, *-a*, *-ons*, *-ez*, *-ont*

*je **serai**, tu **seras**…* *j'**aurai**, tu **auras**…* *j'**irai**, tu **iras**…*

Je retiens les formes qui se prononcent de la même manière mais qui s'écrivent différemment :

*tu **seras**, on **sera*** *tu **auras**, on **aura*** *tu **iras**, on **ira***

*nous **serons**, ils **seront*** *nous **aurons**, ils **auront*** *nous **irons**, ils **iront***

Je retrouve la conjugaison de ces trois verbes particuliers dans les **tableaux des verbes repères** **(p. 204)**.

Je repère

1 **Recopie les phrases dans lesquelles le verbe *être* est conjugué au futur.**

a. Je serai absent la semaine prochaine.

b. Tu es assez grand pour monter sur ce cheval.

c. Ma chambre sera plus belle et plus grande.

d. Nous serons là dans cinq minutes.

e. Le soleil était haut dans le ciel.

2 **Recopie les phrases dans lesquelles le verbe aller est conjugué au futur.**

a. Vous irez au tableau réciter la poésie.
b. Les éléphants allaient s'enduire de boue.
c. Pascal ira au marché avec toi.
d. Le comédien va saluer le public.

3 **Recopie les phrases dans lesquelles le verbe avoir est conjugué au futur.**

a. Marco aura besoin de se reposer.
b. L'araignée a huit pattes.
c. Les explorateurs avaient soif.
d. J'aurai neuf ans dans trois jours.

4 **Relève les phrases qui sont au futur et donne l'infinitif des verbes.**

Yann et Max se préparent pour sortir.
– Vite, il est treize heures.
– Je serai bientôt prêt.
Léo arrive et demande :
– Où allez-vous ?
– Nous allons au cinéma.
– Nous irons tous ensemble la prochaine fois.
– Nous serons contents d'y aller avec vous !

Je manipule

5 **Conjugue les expressions au futur et aux personnes suivantes : il – nous – elles.**

aller mieux – être en colère – avoir peur

6 **Conjugue les expressions au futur et aux personnes suivantes : je – tu – vous.**

aller au lit – avoir froid – être en vacances

7 **Recopie chaque liste et complète-la avec deux formes verbales. Entoure les terminaisons du futur.**

a. j'irai – nous irons – vous irez ...
b. ils seront – je serai – elle sera...
c. tu auras – elles auront – j'aurai ...

8 **Écris un pronom personnel ou un GN qui convient.**

a. ... auras mal aux pieds.
b. ... aura peur du méchant ogre.
c. ... serai en bonne compagnie avec toi.
d. ... serez déçus de ne pas être venus.
e. ... irons chez le médecin dès que possible.
f. ... iront voir le feu d'artifice.

9 **Réécris les phrases au futur.**

a. Suzie est ma meilleure amie.
b. Le coureur allait moins vite avec la fatigue.
c. Tu vas arroser les plantes.
d. J'ai envie de faire une pause.
e. Vous aviez encore la force de nager.

Je révise

10 **Conjugue le verbe avoir au temps qui convient.**

a. Cet été, tu ... le temps de venir nous voir.
b. Il y ... une souris dans la maison.
c. Jadis, le roi ... des courtisans.
d. Dans un an, ma sœur ... 18 ans.

11 **Conjugue le verbe être au temps qui convient.**

a. La salle de classe ... maintenant bien décorée.
b. L'année dernière, ils ... champions de France.
c. Les renards ... rusés.
d. Plus tard, je ... heureuse de revoir les photos.

12 **Conjugue le verbe aller au temps qui convient.**

a. Nous ... visiter Londres l'été prochain.
b. Comment ...-tu aujourd'hui ?
c. La dernière fois, vous ... plus vite !
d. Demain, le cirque ... dans une autre ville.

J'écris

13 **Imagine comment les hommes se déplaceront dans le futur. Écris quatre phrases sur des nouveaux moyens de transport avec les verbes être, avoir et aller au futur.**

Le futur des verbes du 3e groupe

Je cherche

elle écrira | je pourrai | je prendrai

on rendra | tu feras | nous viendrons

nous partirons | elles ouvriront | ils mettront

il dira | tu verras | vous voudrez | vous produirez

1. **Donne à l'oral l'infinitif des verbes ci-dessus.**

2. **Recopie chaque forme verbale. Souligne le radical et entoure la terminaison.**

3. **Choisis trois verbes, puis conjugue-les au futur en t'aidant des tableaux des verbes repères** **(p. 204-207)****.**

4. **À quelles personnes les formes verbales se prononcent-elles de manière identique ?**

Je retiens

✓ **Au futur, les verbes du 3e groupe** se conjuguent avec **un seul radical.**

✓ Pour les conjuguer, j'ajoute **au radical une terminaison** formée de :

- **la marque de temps :** ***-r-***
- **les marques de personnes** identiques à celles des autres groupes :
  -ai, -as, -a, -ons, -ez, -ont
  *je parti**rai**, tu parti**ras**… je prend**rai**, tu prend**ras**…*

Je ne dois pas oublier que certaines formes se prononcent de la même manière mais s'écrivent différemment.
*tu surprend**ras**, elle surprend**ra*** *nous surprend**rons**, elles surprend**ront***

Je repère

1 **Recopie les phrases qui sont au futur.**

a. Quand il aura faim, il viendra.
b. Nous comprendrons vos idées.
c. Je préférais venir à pied.
d. Je repartais quand j'en avais envie.
e. Tu penses à essuyer tes pieds.

2 **Écris l'infinitif de chaque forme verbale.**

a. il conduira – nous rirons – vous découvrirez
b. tu concluras – on battra – je pourrai
nous deviendrons – vous servirez
c. tu liras – ils cueilleront – vous verrez –
vous prendrez – nous viendrons

3 **Recopie les verbes et sépare le radical de la terminaison par un trait.**

tu feras – nous défendrons – je mentirai – ils fuiront – elle fondra – vous entendrez – on lira – vous saurez

4 **Pour chaque verbe, écris les formes verbales du futur qui se prononcent de la même manière.**

a. ouvrir – faire – rendre – vouloir
b. venir – dire – voir – conduire

5 **Dans les tableaux p. 204-207, trouve un verbe repère qui se conjugue comme :**

a. sentir
b. battre
c. suivre
d. recevoir
e. entendre
f. tenir

Je manipule

6 **Complète avec un pronom personnel ou un GN.**

a. … ferons du sport demain.
b. … feront du ski alpin.
c. … découvriras les paysages de montagne.
d. … découvrira demain si elle a réussi.
e. … écrirai la date au tableau.
f. … écrirez à nos amis du Midi.

7 **Choisis la forme verbale qui convient.**

a. Tu (reverras/reverra) la mer le mois prochain.
b. Le maître ne (croiras/croira) pas que tu as oublié ton devoir.
c. Ils (rendrons/rendront) leurs manuels à la fin de l'année.
d. Quand tu (apprendras/apprendra) tes leçons, ça (iras/ira) mieux.
e. Les lutteurs (combattrons/combattront) pendant 15 minutes.

8 **Réécris les phrases au futur.**

a. Les chèvres sortent brouter dans les alpages.
b. Vous venez à la fête d'anniversaire.
c. Tu ne peux pas courir longtemps.
d. Je ne dors pas avant minuit.
e. Mon frère écrit à ma tante.
f. Nous accueillons vos amis avec joie.

9 **Réécris ces phrases au futur.**

a. J'entends du bruit dans le couloir.
b. Les moutons courent quand les chiens approchent.
c. Le maçon construit une nouvelle maison.
d. Vous sentez les roses du jardin.

10 **Réécris ces phrases au futur.**

a. Tu lisais beaucoup de romans.
b. Nous prenions nos précautions pour partir.
c. Je faisais de l'athlétisme quand j'étais au CM1.
d. Vous reteniez votre souffle et vous attendiez la fin de la course.
e. Elle attendait le retour de ses enfants.

Je révise

11 **Écris ce texte au futur.**

Le musée ouvre à dix heures. La caissière s'installe et commence à vendre les billets. Elle sourit et salue les visiteurs.

J'écris

12 **Rédige au futur les indications à donner au chevalier pour libérer la princesse. Tu utiliseras les verbes :** suivre – voir – combattre – prendre – ouvrir.

Le passé simple des verbes du 1er groupe

Je cherche

sauter	lancer	plonger
je sautai tu sautas il/elle/on sauta nous sautâmes vous sautâtes ils/elles sautèrent	je lançai tu lanças il/elle/on lança nous lançâmes vous lançâtes ils/elles lancèrent	je plongeai tu plongeas il/elle/on plongea nous plongeâmes vous plongeâtes ils/elles plongèrent

1. Recopie chaque verbe en regroupant :
– les formes verbales qui se prononcent de la même façon ;
– les autres formes verbales.

2. Pour chaque forme verbale, souligne le radical et entoure la terminaison.

3. Observe les verbes lancer et plonger. Combien ont-ils de radicaux ? Explique pourquoi leur radical change.

4. À l'aide du tableau des verbes repères (p. 204-207)**, relève les points communs entre les terminaisons du passé simple et celles des autres temps étudiés.**

Je retiens

✓ Pour conjuguer **les verbes du 1er groupe au passé simple**, j'ajoute **au radical les terminaisons** suivantes :

*je …-**ai*** — *tu …-**as*** — *il / elle …-**a***
*nous …-**âmes*** — *vous …-**âtes*** — *ils / elles …-**èrent***

✓ Je dois me rappeler que **les verbes** qui finissent **en « -cer »** et **en « -ger »** ont **deux radicaux à l'écrit**.

*je **traç**ai – ils **trac**èrent* — *je **range**ai – ils **rang**èrent*

Je ne dois pas oublier que certaines formes se prononcent de la même manière mais s'écrivent différemment.
tu plias, on plia

Je repère

1 Recopie les phrases qui sont au passé simple.

a. Il passe ses journées à dormir.
b. Il passa tout près du dragon.
c. Tu commences à m'inquiéter.
d. Tu commenças à marcher très tôt.
e. Je dépenserai tout mon argent de poche.
f. Je dépensai mes économies d'un seul coup.

2 Recopie les verbes et sépare le radical de la terminaison par un trait.

tu parlas – nous regardâmes – je quittai – vous respirâtes – il tomba – ils écoutèrent

3 Pour chaque verbe, écris les formes verbales du passé simple qui se prononcent de la même manière.

a. éternuer – engager – éclairer – avancer
b. avaler – longer – promener – placer

4 Dans les tableaux p. 204-207, trouve un verbe repère qui se conjugue au passé simple comme :

a. tomber
b. corriger
c. semer
d. enfoncer
e. naviguer
f. allonger

5 Trouve l'intrus et justifie ta réponse.

a. je levai – je tombai – je parlerai – je téléphonai
b. nous invitâmes – ils rangèrent – tu collas – il découpait
c. vous remplaçâtes – ils roulaient – tu négocias – j'oubliai
d. tu jouas – tu balanceras – tu enlevas – tu passas

6 Choisis la forme verbale du passé simple qui convient.

a. Ils (arrêtent/arrêtèrent) le travail.
b. Le conducteur (tourna/tournait) son volant.
c. Ils (écoutèrent/écoutent) attentivement.
d. Je (fronçai/fronçais) les sourcils.

Je manipule

7 Écris l'infinitif de chaque forme verbale.

tu partageas – il arriva – vous préparâtes – il glaça – nous dérangeâmes – ils bavardèrent

8 Complète les phrases par un pronom personnel ou un GN.

a. ... grogna après les arrivants.
b. ... approchâmes du bord.
c. ... dévorâtes le Petit Poucet.
d. ... restai silencieux.

9 Réécris les phrases en commençant par la personne indiquée.

a. Tu cachas la vérité. → Nous ...
b. Vous arrivâtes trop vite. → Je ...
c. Nous guidâmes le groupe. → Tu ...
d. Ils accusèrent les loups. → Il ...

10 Conjugue ces verbes au passé simple à la personne demandée.

a. présenter : tu ...
b. expliquer : nous...
c. manger : elle ...
d. placer : il...

11 Conjugue les verbes aux 1res personnes du singulier et du pluriel du passé simple. Tu peux t'aider des tableaux de verbes repères (p. 204-207).

arrêter – lever – percer – arranger

12 Conjugue ces verbes aux 3e personnes du singulier et du pluriel du passé simple.

marcher – garder – manquer – retrouver

13 Réécris ce texte à la 1re personne du singulier.

L'homme entra dans l'immeuble en sifflotant. Il monta rapidement les premières marches. Au premier étage, il croisa sa voisine qui le salua en souriant. Puis il arriva au deuxième étage, posa ses affaires et commença à chercher ses clés. Il fouilla et retourna ses poches, vida son sac. Rien ! Plus de clés !

14 Réécris ce texte au passé simple.

Maxime commence à courir. Les autres concurrents le regardent partir, puis démarrent à leur tour. Arrivé à la rivière, Maxime glisse sur la boue, mais arrive finalement à enjamber l'obstacle. Les suivants arrivent et sautent par-dessus l'eau. Ils en profitent pour rattraper le temps perdu. Alors, Maxime accélère et gagne la course.

J'écris

15 Raconte la scène de la fin de « La Belle au bois dormant » au passé simple. Utilise au passé simple les verbes : arriver – trouver – regarder – embrasser.

Le passé simple des verbes du 2e groupe

Je cherche

surgir	bondir
je surgis tu surgis il/elle/on surgit nous surgîmes vous surgîtes ils/elles surgirent	je bondis tu bondis il/elle/on bondit nous bondîmes vous bondîtes ils/elles bondirent

1. **Recopie chaque verbe en regroupant :**
– les formes verbales qui se prononcent de la même façon ;
– les autres formes verbales.

2. **Pour chaque forme verbale, souligne le radical et entoure la terminaison.**

3. **À l'aide du tableau des verbes repères (p. 204-207), relève les points communs entre ces formes verbales et celles des temps déjà étudiés.**

Je retiens

✓ Pour conjuguer **les verbes du 2e groupe au passé simple**, j'ajoute **au radical les terminaisons** suivantes :

*je …-**is*** | *tu …-**is*** | *il / elle …-**it***
*nous …-**îmes*** | *vous …-**îtes*** | *ils / elles …-**irent***

Je ne dois pas oublier que certaines formes se prononcent de la même manière mais s'écrivent différemment.
*je fin**is**, tu fin**is**, elle fin**it***

Je repère

1 **Recopie les verbes et sépare le radical de la terminaison par un trait.**
il mincit – nous envahîmes – vous punîtes – ils engloutirent – j'adoucis – tu réfléchis – elles agrandirent – on atterrit

2 **Pour chaque verbe, écris les formes verbales du passé simple qui se prononcent de la même manière.**
a. démolir – gémir – faiblir
b. blanchir – trahir – franchir

3 **Pour chaque verbe, écris les formes verbales du passé simple qui se prononcent et s'écrivent de la même manière.**
a. fleurir – adoucir – grossir
b. vieillir – grandir – avertir

4 **Trouve l'intrus et justifie ta réponse.**
a. il blanchit – tu applaudis – nous envahissons – ils nourrirent
b. ils finirent – tu choisis – ils obéissent – il noircit
c. vous garantîtes – vous dites – nous remplîmes – ils trahirent

5 **Recopie les phrases dans lesquelles tu reconnais un verbe au passé simple.**
a. Nous applaudissons les clowns.
b. Max franchit l'obstacle et tomba.
c. Ils affranchirent leur courrier.
d. Zoé et Anissa guérirent rapidement.

Je manipule

6 **Complète les phrases avec un GN ou un pronom personnel qui convient.**
a. … surgit de son terrier.
b. … gravis les escaliers.
c. … nourrîmes les animaux.
d. … vieillirent très vite.

7 **Réécris les phrases en commençant par la personne indiquée.**
a. Il unit les mariés. → Ils…
b. Nous rougîmes de honte. → Elles…
c. J'agis sans réfléchir. → Il…
d. Ils envahirent le terrain. → Il….

8 **Écris les verbes au passé simple à la personne demandée.**
a. fournir : nous …
b. finir : elle …
c. saisir : il …
d. remplir : je …
e. réfléchir : ils …
f. réunir : elles …

9 **Identifie le temps des verbes en vert.**
a. L'explorateur dormait, quand soudain un lion **surgit**.
b. Chaque soir, le lion **bondit** dans le cerceau.
c. Le train filait à grande allure, puis d'un coup, il **ralentit**.
d. Mon chien est malade, il **maigrit** beaucoup.

10 **Choisis la forme verbale du passé simple qui convient.**
a. Les cloches (**retentissent**/**retentirent**).
b. Tu (**gémis**/**gémit**) de douleur.
c. Nous (**choisissons**/**choisîmes**) de dormir.
d. Le lanceur (**brandis**/**brandit**) son javelot.

11 **Conjugue les verbes suivants aux troisièmes personnes du singulier et du pluriel du passé simple.**
a. avertir – envahir
b. réagir – franchir
c. unir – punir
d. guérir – garnir

12 **Réécris ces phrases au passé simple.**
a. Il aplatissait les feuilles avant de les coller.
b. Elle guérissait de toutes les maladies.
c. Le peintre vernissait son tableau.
d. Ils obéissaient au professeur.

13 **Réécris ces phrases au passé simple.**
a. Tu accomplissais des exploits sportifs.
b. J'applaudissais le chanteur.
c. Les soldats brandissaient leurs armes.
d. Elle détestait les moqueries.

14 **Réécris ce texte en mettant les GN sujets au pluriel.**
L'équipe se regroupa et envahit le terrain. L'entraîneur donna ses instructions. L'équipe s'échauffa. Un joueur dribbla, mais un autre surgit de sa droite et réussit à lui prendre le ballon. L'entraîneur annonça la fin de l'échauffement et siffla le début du match.

15 **Complète le texte en conjuguant au passé simple les verbes donnés dans l'ordre :**
s'assombrir – **s'alourdir** – **noircir** – **s'abriter** – **s'accroupir** – **traverser** – **frémir** – **gémir**
Le ciel … à vue d'œil. Les nuages … et … l'horizon. Un jeune garçon … sous un arbre. Il … pour ne pas être mouillé par la pluie. Des éclairs … le ciel. Le garçon … et … de peur.

J'écris

16 **Réécris ce texte au passé simple.**
Le 13 janvier 2001, un séisme a touché le Salvador. La terre a tremblé, les secousses ont duré trente secondes environ. Le tremblement de terre a blessé de nombreuses personnes.

Le passé simple des verbes *être*, *avoir* et *aller*

Je cherche

être	avoir	aller
je fus tu fus il/elle/on fut nous fûmes vous fûtes ils/elles furent	j'eus tu eus il/elle/on eut nous eûmes vous eûtes ils/elles eurent	j'allai tu allas il/elle/on alla nous allâmes vous allâtes ils/elles allèrent

1. Recopie chaque verbe en regroupant :
– les formes verbales qui se prononcent de la même façon ;
– les autres formes verbales.

2. Recherche dans le tableau des verbes repères (p. 204-207) quels verbes se conjuguent au passé simple comme le verbe aller. À quel groupe appartiennent-ils ?

Je retiens

✓ Pour conjuguer **les verbes *être* et *avoir* au passé simple**, j'utilise les mêmes **terminaisons** que **certains verbes du 3e groupe** : *-us*, *-us*, *-ut*, *-ûmes*, *-ûtes*, *-urent*.

✓ Pour conjuguer **le verbe *aller* au passé simple**, j'utilise les mêmes **terminaisons** que les **verbes du 1er groupe** : *-ai*, *-as*, *-a*, *-âmes*, *-âtes*, *-èrent*.

Je ne dois pas oublier que certaines formes se prononcent de la même manière mais s'écrivent différemment.
*je **fus**, tu **fus**, il **fut*** *j'**eus**, tu **eus**, elle **eut*** *tu **allas**, on **alla***

Je repère

1 Recopie les formes verbales des verbes être, avoir et aller qui sont conjuguées au passé simple.

a. j'ai – tu fus – nous avons – vous eûtes – nous fûmes – vous allâtes – tu allais
b. ils allèrent – tu allas – nous allions – vous fûtes – je suivais – tu fumes – on avait – ils firent – tu auras

2 Recopie les phrases dans lesquelles tu reconnais le verbe être au passé simple.

a. Il fit la fierté de son père.
b. Tu avais eu de la chance.
c. Nous fûmes les derniers à arriver.
d. Les dinosaures furent victimes d'un astéroïde.

3 Recopie les phrases dans lesquelles tu reconnais le verbe avoir au passé simple.

a. Aurélia eut un très beau vélo ce jour-là.
b. Pour mon anniversaire, j'ai eu des patins à roulettes.
c. Avais-tu des amis dans le village ?
d. Les soldats eurent de la chance.
e. Le prince veut escalader la haute tour du château fort.

4 **Recopie les phrases dans lesquelles tu reconnais le verbe aller au passé simple.**

a. J'allais à la patinoire.
b. Tu allas au cinéma.
c. Ils allaient au marché.
d. Il alla à la piscine.
e. Ils allèrent au tribunal.

5 **Trouve l'intrus et justifie ton choix.**

a. je suis – vous allâtes – ils eurent – j'allai
b. tu eus – vous eûtes – ils allaient – je fus
c. tu allas – je fis – vous fûtes – nous allâmes
d. il fut – il avait – il alla – il eut

6 **Relève dans le texte les formes des verbes être, avoir et aller au passé simple.**

Je fus invité à la fête d'anniversaire de la reine. Mon frère eut la même invitation et nous allâmes ensemble au château. Quand nous arrivâmes, nous fûmes impressionnés par le faste de la réception. Puis nous eûmes la chance d'être présentés à sa majesté.

Je manipule

7 **Conjugue ces expressions au passé simple à toutes les personnes.**

avoir une surprise – être en avance – aller au cirque

8 **Complète les phrases par un pronom personnel ou un GN.**

a. ... eurent de beaux enfants.
b. ... alla chercher de l'eau à la fontaine.
c. ... fus heureux près de toi.
d. ... allèrent sous les arbres pour s'abriter.
e. ... eut une belle récolte.

9 **Réécris les phrases en associant un pronom personnel avec une forme verbale.**

tu je nous vous elles il	allèrent visiter l'Afrique. eut très peur ce jour-là. fus très amoureux d'elle. eus des ennemis. vîntes à sa rencontre. fûmes en retard.

10 **Complète ces phrases en conjuguant les verbes être, avoir ou aller au passé simple.**

a. Les mariés ... ravis de la cérémonie.
b. Les élèves ... d'excellents résultats.
c. Il ... médecin pendant vingt ans.
d. Elles ... voir le coucher de soleil.

11 **Réécris les phrases en commençant par la personne indiquée.**

a. Je fus très rapide. → Nous ...
b. Vous allâtes à la réception. → J'...
c. Il eut les yeux brûlés. → Tu ...
d. J'eus peur du bruit et je fus surpris. → Ils ...

12 **Complète le texte avec les verbes donnés dans l'ordre au passé simple.**

aller – trouver – regarder – décider – être – avoir – donner – emmener

Les marins ... sur l'île et ... de l'eau à boire. L'enfant les ... en se cachant dans les buissons, puis il ... de se montrer. Les marins ... surpris de trouver là un enfant seul. Ils ... pitié et lui ... à manger. Ensuite, ils l'... à bord de leur navire.

Je révise

13 **Dans quelle phrase le verbe est-il conjugué au présent ? Justifie ton choix.**

a. Ma mère saisit la pomme et la coupa.
b. Mon chat bondit toujours sur les souris.

J'écris

14 **Réécris ce texte au passé simple.**

Après son enfance à Vinci, Léonard de Vinci grandit à Florence. Il va ensuite à Rome, Bologne et Venise et passe la fin de sa vie en France. Il a eu une vie bien remplie et a réalisé de très nombreuses œuvres.

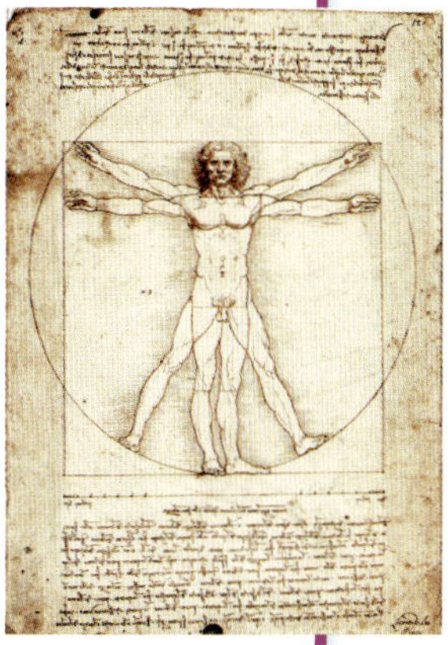

Le passé simple des verbes du 3e groupe

Je cherche

faire	vouloir	venir
je fis tu fis il/elle/on fit nous fîmes vous fîtes ils/elles firent	je voulus tu voulus il/elle/on voulut nous voulûmes vous voulûtes ils/elles voulurent	je vins tu vins il/elle vint nous vînmes vous vîntes ils/elles vinrent

1. **Recopie chaque verbe en regroupant :**
– les formes verbales qui se prononcent de la même façon ;
– les autres formes verbales.

2. **Pour chaque forme verbale, souligne le radical et entoure la terminaison.**

3. **Parmi ces trois verbes, quel est le verbe qui se conjugue comme ceux du 2e groupe ?**

4. **Dans les tableaux des verbes repères** (p. 204-207)**, cherche d'autres verbes qui se conjuguent au passé simple avec les mêmes terminaisons que les verbes ci-dessus.**

Je retiens

✓ **Au passé simple, les verbes du 3e groupe conservent le même radical.**

✓ Les **terminaisons du passé simple** varient selon les verbes :

- certains verbes du 3e groupe, comme ***dire***, ***faire***, ***partir***, ***prendre***, ***voir***, se conjuguent avec les terminaisons suivantes :

  *je …**-is***   *tu …**-is***   *il / elle …**-it***
  *nous …**-îmes***   *vous …**-îtes***   *ils / elles …**-irent***

- d'autres verbes, comme ***pouvoir***, ***vouloir***, se conjuguent avec les terminaisons suivantes :

  *je …**-us***   *tu …**-us***   *il / elle …**-ut***
  *nous …**-ûmes***   *vous …**-ûtes***   *ils / elles …**-urent***

✓ Les verbes ***venir*** et ***tenir*** (et leurs dérivés ***revenir***, ***soutenir***…) ont des terminaisons particulières : ***-ins***, ***-ins***, ***-int***, ***-înmes***, ***-întes***, ***-inrent***

Je ne dois pas oublier que certaines formes se prononcent de la même manière mais s'écrivent différemment.
*je **dis**, tu **dis**, elle **dit***   *je **lus**, tu **lus**, il **lut***

Je repère

1 Recopie les verbes et sépare le radical de la terminaison par un trait.

il put – nous vîmes – nous voulûmes – ils durent – je pris – elles mirent – tu sus – on entendit

2 Écris les formes verbales du passé simple qui se prononcent de la même manière.

a. devenir – sentir – comprendre
b. rendre – attendre – sortir

3 Écris les formes verbales du passé simple qui se prononcent et s'écrivent de la même manière.

a. mourir – partir – suivre – écrire
b. ouvrir – perdre – servir – rire

4 Trouve l'intrus et justifie ta réponse.

a. il courut – tu descendis – nous offrions – ils apprirent
b. ils dormirent – il détruisit – ils écrivent – je partis
c. vous sourîtes – vous saisissiez – nous disparûmes – ils battirent
d. je souffris – tu souffris – il souffrit – nous souffrions

5 Dans les tableaux p. 204-207, trouve un verbe repère qui se conjugue au passé simple comme :

a. décrire
b. attendre
c. boire
d. promettre

Je manipule

6 Complète avec un GN ou un pronom qui convient.

a. ... tendit le bras hors de la voiture.
b. ... se souvinrent des obstacles rencontrés.
c. ... vendîmes de nombreux lots.
d. ... découvrirent de nouvelles terres.

7 Réécris les phrases en commençant par la personne indiquée.

a. Tu défendis tes amis. → Nous ...
b. Le vieil homme promit de revenir. → Ils ...
c. Il poursuivit la discussion. → Ils ...
d. Ils parvinrent au but. → Vous ...

8 Choisis la forme verbale du passé simple qui convient.

a. Le mendiant (**répondis**/**répondit**) au prince.
b. Tu (**découvris**/**découvrit**) la musique.
c. Nous (**reçûmes**/**recevions**) du courrier.
d. La dame (**attendis**/**attendit**) longtemps.
e. Ils (**entendent**/**entendirent**) des voix.

9 Conjugue les verbes aux premières personnes du singulier et du pluriel du passé simple. Tu peux t'aider des tableaux de verbes repères (p. 204-207).

a. sentir – apprendre – courir
b. voir – permettre – vendre

10 Conjugue ces verbes aux 3e personnes du singulier et du pluriel du passé simple.

a. descendre – retenir – offrir
b. souffrir – pouvoir – décrire

11 Réécris ce texte au passé simple.

Un soir, un orage terrible se déchaîne. Le tonnerre gronde, les éclairs déchirent le ciel. [...] En voyant une ferme isolée, il prend courage et frappe à la porte. Un vieil homme aux yeux tristes lui ouvre. Il ne semble pas remarquer la laideur de son hôte. Il l'accueille, le nourrit, l'invite à se réchauffer auprès du foyer, comme si l'étudiant était un visiteur de marque.

B. Tanaka, *La montagne aux trois questions*, Albin Michel.

J'écris

12 Raconte l'histoire du Petit Chaperon Rouge en utilisant ces verbes au passé simple : partir – voir – vouloir, attendre – avoir – décider – rendre visiter.

Le passé composé : choisir l'auxiliaire

Je cherche

INSPECTEUR LACRIME : Qui a cambriolé le musée à 19 h 05 ?
MARTIN DEAUDOUCE : Je suis allé à la piscine. Je suis descendu dans les cabines pour me changer. J'ai mis mon maillot de bain. J'ai nagé pendant une heure et je ne suis sorti de l'eau qu'à 20 heures.
LUCAS LAPOISSE : J'ai conduit mon fils au tournoi de ping-pong. Mais au retour, j'ai crevé. J'ai monté une nouvelle roue sur la voiture. Je ne suis rentré à la maison que vers 21 heures.
JAMES BOMBE : Je suis monté à cheval. Je suis parti en promenade, j'ai descendu une colline au galop. J'ai rentré mon cheval et je l'ai bichonné jusqu'à 22 heures.

1. **Rappelle la règle de formation du passé composé.**

2. **Relève les formes verbales et classe-les en fonction de l'auxiliaire utilisé : que remarques-tu ?**

3. **Relève les compléments que tu trouves après ces formes verbales. Que peux-tu en déduire ?**

Je retiens

✓ Je sais que **le passé composé est un temps du passé** qui est composé de deux parties :
- **l'auxiliaire *être*** ou ***avoir*** conjugué **au présent**
- **le participe passé du verbe conjugué.**

*Nous **sommes** (aux.) **partis** (p. passé) à la mer. Nous **avons** (aux.) **mangé** (p. passé) trop vite.*

✓ Quand **un verbe est complété par un COD ou un COI**, je sais qu'il faut choisir l'auxiliaire ***avoir***. *Tu **as** retourné la couverture* (COD).

✓ J'utilise souvent l'auxiliaire ***être*** avec **un verbe qui indique un mouvement ou un déplacement.**
*Je **suis arrivé** à la campagne. Nous **sommes tombés** dans la cour.*

✓ Certains verbes peuvent être utilisés **avec les deux auxiliaires** : ils n'auront **pas le même sens.** *J'**ai retourné** la couverture. Je **suis retourné** à la piscine.*

Je repère

1 Relève les verbes conjugués au passé composé et écris leur infinitif.

a. Le feu a pris dans la cuisine.
b. J'ai senti la fumée.
c. Les pompiers sont venus à notre secours.
d. Tu as voulu partir avec eux.

2 Pour chaque verbe, écris les formes verbales du passé composé qui se prononcent de la même manière.

a. trouver
b. finir
c. dire
d. prendre

3 Relève les verbes conjugués au passé composé.

Je suis allé à la montagne. Avec mes amis, j'ai marché sur les sentiers de randonnée. Là, nous avons aperçu des chamois. Nous avons aussi observé des marmottes. Nous n'avons pas cueilli d'edelweiss car le guide l'a interdit.

4 Trouve l'intrus et justifie ta réponse.

a. j'ai promis – je suis tombé – j'étais arrivé – j'ai téléphoné
b. nous avons trouvé – ils auraient rangé – tu es venu – il a porté
c. vous avez gardé – ils sont revenus – tu as embrassé – j'eus parlé
d. tu as joué – tu auras demandé – tu es sorti – tu es resté

Je manipule

5 Recopie les phrases dans lesquelles être est un auxiliaire.

a. Il est devenu mon meilleur ami.
b. Es-tu le frère aîné de Robin ?
c. Nous sommes restés au lit très tard.
d. Elle est prête à partir.

6 Recopie les phrases dans lesquelles avoir est un auxiliaire.

a. J'ai très mal aux dents.
b. Ils ont de la chance d'y arriver.
c. Vous n'avez pas choisi de place.
d. Elle a appelé ses parents.

7 Complète avec l'auxiliaire qui convient.

a. Vous ... refusé de répondre.
b. Elle ... descendue en rappel.
c. Nous ... présenté nos amis à nos parents.
d. Je ... monté au sommet de la montagne.

8 Complète avec l'auxiliaire qui convient.

a. Ils ... monté les chaises sur la table.
b. Il ... monté par l'ascenseur.
c. Nous ... descendu les valises.
d. Il ... descendu du train.

9 Conjugue ces verbes au passé composé aux 1res personnes du singulier et du pluriel.

a. refuser – battre – mincir – devenir
b. couler – lire – applaudir – apercevoir

10 Réecris ces phrases au passé composé.

a. Tu restes avec nous ce soir.
b. Nous pensons souvent à toi.
c. J'ajoute un peu de sel dans le plat.
d. Les chats retombent sur leurs pattes.

11 Utilise chaque verbe dans deux phrases : l'une avec l'auxiliaire avoir, l'autre avec l'auxiliaire être.

a. monter
b. descendre
c. sortir
d. rentrer

J'écris

12 Réécris ce texte au passé composé.

Jeanne d'Arc, une jeune paysanne née en Lorraine, affirme entendre des voix envoyées par Dieu. Ces voix lui ordonnent de délivrer la France des Anglais et de faire sacrer le Dauphin à Reims. Ce dernier accepte de recevoir Jeanne d'Arc et lui confie une armée. Jeanne d'Arc, à la tête de son armée, libère Orléans.

Histoire cycle 3, Magnard, 2010.

Le passé composé : former le participe passé

Je cherche

Louis XIV **est né** en 1638. À la mort de son père, il **est devenu** roi à l'âge de 5 ans, mais le cardinal Mazarin et sa mère Anne d'Autriche **ont gouverné** à sa place. Les nobles **sont entrés** en rébellion au début de son règne et Louis XIV **a fui** Paris. À la mort de Mazarin, en 1661, Louis XIV **a choisi** de gouverner seul. En 1701, il **a mis** son manteau d'hermine et **a posé** pour Hyacinthe Rigaud qui **a peint** son portrait. Louis XIV **a bâti** à Versailles un superbe château dans lequel il **a organisé** de grandes fêtes. Il **est mort** dans son palais en 1715. Il **a été** un grand roi.

1. Classe les formes verbales écrites en vert selon leur groupe et souligne les participes passés.

2. Fais la liste des terminaisons des participes passés des verbes de chaque groupe.

Je retiens

✓ **Le participe passé des verbes du 1er groupe se termine en « -é ».**
ranger → rangé *plier → plié* *lever → levé*

✓ **Le participe passé des verbes du 2e groupe se termine en « -i ».**
finir → fini *choisir → choisi* *remplir → rempli*

✓ **Le participe passé des verbes du 3e groupe se termine en « -i » ou « -u » ou « -s » ou « -t ».**
partir → parti *venir → venu* *prendre → pris* *ouvrir → ouvert*

✓ Pour entendre **la lettre muette** qui est à **la fin du participe passé**, je le mets **au féminin** : *mis → mise* *écrit → écrite*

Je dois me rappeler que seul le participe passé employé avec l'auxiliaire ***être*** s'accorde avec le sujet.
*Ils **sont** partis. / Elles **sont** parties.*

Je repère

1 Relève les formes verbales et souligne le participe passé.

a. Tu as ouvert la porte à nos amis.
b. Nous avons pris la route ensemble.
c. La dame a pu nous rejoindre.
d. Ils ont vu le film au cinéma.

2 **Pour chaque verbe, écris les formes verbales du passé composé qui se prononcent de la même manière.**

a. venir
b. mettre
c. avertir
d. dire

3 **Dans les tableaux p. 204-207, trouve un verbe repère qui forme son participe passé comme :**

a. tenir
b. aimer
c. sortir
d. défaire
e. offrir
f. construire

4 **Trouve l'intrus et justifie ta réponse.**

a. j'ai volé – je suis tombé – je suis arrivé – j'ai répondu
b. nous avons fini – ils ont permis – tu as démoli – il a englouti
c. vous avez pris – ils sont sortis – ils sont partis – nous sommes ressortis

Je manipule

5 **Transforme les phrases selon le modèle.**

La table est recouverte. → Elle a recouvert la table.

a. Une récompense est promise.
b. Une lettre est écrite.
c. La compétition est bien organisée.
d. La grotte est découverte.

6 **Réécris les phrases au passé composé.**

a. Tu finis avant tout le monde.
b. Je rougis au soleil.
c. Ils saisissent la bonne occasion.
d. Elle désobéit à ses parents.

7 **Réécris les phrases au passé composé.**

a. Elle devient une très grande artiste.
b. Il voit des tableaux de Picasso.
c. Je descends à la cave.
d. Vous prenez toutes les bananes.

8 **Réécris ces phrases au passé composé.**

a. Nous déposons nos sacs à l'entrée.
b. Tu construis un barrage sur la rivière.
c. Ils établissent des règles strictes.
d. Je poursuis mes études à Paris.
e. Vous comprenez les consignes.

9 **Écris les verbes au passé composé à la personne demandée.**

a. sortir : tu …
b. grandir : nous …
c. prendre : elle …
d. dire : il…
e. croiser : je …
f. parcourir : vous …
g. pouvoir : ils …
h. construire : elles …

10 **Conjugue ces verbes au passé composé aux premières personnes du singulier et du pluriel.**

a. entendre – offrir – charger – faiblir
b. vouloir – revenir – faire – promettre

11 **Utilise ces groupes verbaux au passé composé à la personne de ton choix.**

a. diriger un orchestre
b. écraser des framboises
c. dormir à la belle étoile
d. devenir de plus en plus rapide
e. combattre l'injustice

12 **Réécris ce texte au passé composé.**

En 1969, on veut aller sur la Lune. Trois hommes montent dans une fusée en Floride et ils traversent l'espace. Le 20 juillet, la mission Apollo 11 se pose. Neil Armstrong descend de la fusée, met le pied sur la Lune et y plante un drapeau. Sur la Terre, on suit l'exploit à la télévision. Quelque temps plus tard, les astronautes remontent à bord de la fusée et rentrent sur Terre.

J'écris

13 **Raconte au passé composé une visite au musée avec la classe. Écris cinq phrases en utilisant les verbes aller – prendre – voir – trouver.**

Le présent de l'impératif

Je cherche

1. **Identifie le type de la phrase dite par la grand-mère. À qui s'adresse-t-elle dans chaque dessin ?**

2. **Relève les formes verbales des trois bulles : quelles terminaisons reconnais-tu ?**

3. **Dans l'igloo, la grand-mère proposera aux enfants de « prendre une soupe chaude ». Écris la phrase qu'elle prononcera pour chaque dessin.**

Je retiens

✓ J'utilise **l'impératif** pour exprimer **un ordre ou un conseil**.

✓ Pour conjuguer **un verbe à l'impératif, je n'utilise pas les pronoms personnels**. Je choisis **les terminaisons du présent de l'indicatif**.

	entrer	***finir***	***écrire***	***aller***
Je m'adresse à une personne (2e pers. sing.)	*entre*	*finis*	*écris*	*va*
Je m'adresse à un groupe dont je fais partie (1re pers. pl.)	*entr**ons***	*finiss**ons***	*écriv**ons***	*all**ons***
Je m'adresse à un groupe dont je ne fais pas partie (2e pers. pl.)	*entr**ez***	*finiss**ez***	*écriv**ez***	*all**ez***

✓ Pour **les verbes du 1er groupe** ainsi que pour le verbe ***aller***, je n'écris pas de « **-s** » à la deuxième personne du singulier.

verse *mélange* *tourne* *va*

✓ **Le présent de l'impératif des verbes *avoir* et *être*** se forme de la manière suivante :

avoir	***être***
aie *ay**ons*** *ay**ez***	*sois* *soy**ons*** *soy**ez***

Je repère

1 **Recopie les phrases qui sont au présent de l'impératif.**
a. Caroline, tu viens ?
b. Lance les dés et avance ton pion.
c. Prépare ton sac et viens.
d. Un deux trois ! Partez !

2 **Indique à quelle personne sont conjugués les verbes à l'impératif.**
a. Portons ce gâteau à ta grand-mère.
b. Venez voir !
c. Mets tes chaussons dans la maison.

3 **Relève les verbes conjugués au présent de l'impératif.**
Voici un remède à essayer contre les verrues. Placez dans un sac autant de galets que vous avez de verrues. Abandonnez le sac à la croisée de deux chemins. Les verrues s'en iront sur le premier qui le ramassera. Ou alors, piquez vos verrues avec une épingle de sorcière que vous planterez ensuite dans un frêne [...].

C. Hawkins, *Les sorcières*, Gallimard.

Je manipule

4 **Conjugue les verbes à l'impératif à toutes les personnes.**
a. manger – avancer – venir
b. partir – choisir – écrire

5 **Choisis la forme du verbe qui convient.**
a. ... bien à tout. (penses/pense)
b. N'... pas tes livres. (oublies/oublie)
c. ... prendre ta douche. (vas/va)
d. ... des oranges. (achètes/achète)

6 **Réécris les phrases à la 1re personne du pluriel de l'impératif.**
a. Change de place tout de suite.
b. Tracez le trait bien droit.
c. Effacez le tableau.

7 **Réécris les phrases à la 2e personne du pluriel de l'impératif.**
a. Sois bien sage.
b. Faisons semblant de nous cacher.
c. Ne disons pas de bêtises.

8 **Réécris les phrases au présent de l'impératif.**
a. Vous n'ouvrez pas la porte.
b. Nous commençons notre repas.
c. Tu relis ta rédaction avant de la rendre.
d. Tu vas à l'école en vélo.
e. Tu roules doucement.

9 **Voici les recommandations pour être un vaillant chevalier. Transmets-les à un ami en conjuguant les verbes à l'impératif.**

Être un bon cavalier
Combattre les dragons
Avoir du courage
Sauver les princesses
Ne jamais abandonner

10 **Réécris le texte en commençant par : « Prenez le chemin... ».**
Prends le chemin de gauche, et longe la rivière pendant un kilomètre. Après l'arbre à plumes, dirige-toi vers la lumière bleue. En passant sous le porche, n'oublie pas de ramasser trois herbes jaunes. Continue ton chemin jusqu'à la montagne et gravis-la. Tout en haut, siffle trois fois et écoute l'écho. Sois attentif à la réponse de l'oiseau. S'il chante trois fois, offre-lui les herbes jaunes, sinon, fais demi-tour car l'oiseau ne veut pas te rencontrer.

J'écris

11 **Écris cinq conseils que tu donnerais à l'un de tes camarades pour bien se comporter à la piscine. Écris-les à l'impératif. Puis donne les mêmes conseils à plusieurs camarades.**

Utiliser le présent

Je cherche

Texte A

Texte B

Christophe Colomb débarque aux Antilles en 1492. Il pense être arrivé en Inde. En fait, il découvre un nouveau continent : l'Amérique.

Texte C

On peut lire l'heure sur des cadrans à aiguilles ou des cadrans à chiffres. Sur les cadrans à aiguilles, la grande aiguille indique les minutes et la petite aiguille donne les heures.

1. Observe les verbes dans les trois textes : à quel temps sont-ils conjugués ?

2. Quel texte pourrait-on écrire au passé ? Pourquoi ?

3. Dans quel texte parle-t-on de quelque chose de général (c'est-à-dire d'un fait qui est toujours vrai) ? Justifie ta réponse.

Je retiens

✓ J'utilise **le présent** pour raconter **un fait qui se déroule au moment où je parle** :
*« Je **viens** pour l'annonce ! » dit Mélusine.*

✓ Je peux aussi utiliser **le présent** :

- pour **raconter un fait historique**, c'est le **présent historique**.
  Il permet de rendre le passé plus proche de nous.
  *Louis XIV **gouverne** seul en monarque absolu.*
- pour **exprimer des faits toujours vrais,** c'est le **présent de vérité générale**.
  *La boussole **indique** le nord.*
- pour **raconter des faits qui se répètent**, c'est le **présent de répétition**.
  Il est souvent accompagné d'expressions comme : ***toujours, tous les matins, habituellement...***
  *Tous les matins, Enzo **sort** son chien.*

Je repère

1 **Recopie les phrases dans lesquelles tu reconnais le présent de vérité générale.**

a. Les mammifères allaitent leurs petits.
b. Il regarde la télévision après le repas.
c. En Europe, les paysages sont très variés.
d. Le soleil est plus chaud en été.

2 **Recopie les phrases dans lesquelles tu reconnais le présent historique.**

a. En dessous de zéro degré, l'eau se transforme en glace.
b. Les Alliés débarquent en juin 1944.
c. De nos jours, les femmes peuvent enfin porter des pantalons.
d. À la Renaissance, les écrivains redécouvrent les auteurs de l'Antiquité.

3 **Dans quel texte le présent est-il utilisé pour raconter un fait qui se déroule quand le personnage parle ?**

a. Le médecin sort son stéthoscope : « J'examine votre gorge de suite, jeune homme ! » dit-il.
b. La mère dit à sa fille : « Lorsqu'il fait froid, tu dois toujours mettre un bonnet ! »

4 **Recopie les phrases dans lesquelles tu reconnais le présent de répétition.**

a. Chaque année, les oies s'envolent pour les pays chauds à la fin de l'été.
b. La Polynésie française est le territoire le plus éloigné de la France continentale.
c. Nous allons au stade le lundi.

5 **Indique quel type de présent est utilisé dans chaque phrase. Justifie ta réponse.**

a. L'eau s'évapore sous l'effet de la chaleur.
b. Les Anglais roulent à gauche.
c. Je me brosse les dents tous les soirs.
d. Les vikings pillent les villages.
e. On appelle la Terre « la planète bleue ».

6 **Voici la définition d'un mot.**

> **Méandre** n.m. Sinuosité que fait un cours d'eau. *La Seine fait de nombreux méandres.*

Dictionnaire Larousse Junior CE/CM, 2010.

a. De quel présent s'agit-il ?
b. Explique pourquoi elle est écrite au présent.

Je manipule

7 **Réécris ce texte en commençant par « Hier, la maîtresse… ». Que remarques-tu ?**

La maîtresse demande :
« Pierre, est-ce que tu manges à la cantine ?
– Non, pas aujourd'hui. Maman vient me chercher.
– Et toi, Charlotte ?
– Moi, je reste à la cantine. »
Pendant ce temps, tous les autres élèves écrivent la date dans leur cahier.

8 **Réécris ce texte au présent. De quel présent s'agit-il ?**

Le dodo, ou dronte, était un oiseau coureur apparenté aux pigeons. À cause de sa lourdeur, ce gros oiseau se déplaçait avec difficulté et était incapable de voler. C'était un gibier facile à chasser.

H. Rajcak, D. Laverdunt, *Petites et grandes histoires des animaux disparus*, Actes Sud Junior.

9 **Réécris ce texte au présent. De quel présent s'agit-il ?**

Jacques Prévert est né en 1900 à Paris où il passa son enfance. Il a fait partie du mouvement surréaliste. Il a écrit des poèmes, des dialogues de films et des pièces de théâtre. Il est mort en 1977.

10 **Réécris cet extrait au présent. De quel présent s'agit-il ?**

Je venais d'avoir sept ans. Comme d'habitude, mes parents m'emmenèrent en Norvège pour passer Noël, chez Grand-mère. Alors que nous roulions au nord d'Oslo par un froid glacial, notre voiture dérapa et dégringola dans un ravin.

Roald Dahl, *Sacrées sorcières*, trad. R. Farré, Gallimard.

J'écris

11 **Raconte ce que tu fais le soir avant de te coucher. De quel présent s'agit-il ?**

Utiliser l'imparfait et le passé simple

Je cherche

Les maisons étaient toutes semblables. Leurs porches à colonnes, leurs portes où l'on accédait par trois ou quatre marches avaient fière allure et témoignaient d'un passé luxueux. Mais malgré la nuit, Billy pouvait voir sans peine que la peinture s'écaillait sur les boiseries des portes et des fenêtres et que les façades lézardées à présent, pleuraient leur blancheur perdue.

Soudain, à la fenêtre d'un rez-de-chaussée brillamment éclairée par un réverbère, Billy aperçut un écriteau appuyé contre la vitre. Il lut : « Chambres avec petit déjeuner ». […] Intrigué, Billy s'approcha.

Roald Dahl, « La logeuse », *Mieux vaut en rire*, Gallimard Jeunesse.

1. Le premier paragraphe de ce texte sert-il à raconter une action ou à décrire le cadre d'une histoire ? À quel temps les verbes sont-ils conjugués dans ce paragraphe ?

2. Quel rôle joue l'adverbe *soudain* au début du second paragraphe ? Relève les verbes qui ont pour sujet *Billy* et son pronom substitut *il*. À quel temps ces verbes sont-ils conjugués ? Ces verbes servent-ils à raconter ou à décrire ?

Je retiens

✓ **Pour écrire un récit au passé, j'utilise l'imparfait et le passé simple.**

✓ **Le passé simple** sert à :
- **mettre au premier plan les actions qui font progresser l'histoire.**
  *Le sauveteur **nagea** jusqu'à la barque où se trouvait le blessé.*
- **raconter des actions soudaines ou brèves**, qui se succèdent.
  *Paul **prit** son blouson, **attrapa** son cartable et **sauta** sur son vélo.*

✓ **L'imparfait** sert à :
- **poser le décor** en décrivant et en racontant des **faits de second plan**.
  *La neige **recouvrait** les toits.*
- **raconter des actions habituelles, répétées.**
  *La fillette **refusait** chaque jour de sortir de sa chambre.*
- **raconter des faits qui durent.**
  *Le détective **listait** les indices et **passait** des coups de téléphone.*

Certains indices peuvent m'aider à choisir le bon temps de conjugaison :
– *toujours, souvent, habituellement…* sont utilisés avec des verbes à l'imparfait.
– *tout à coup, soudain, alors…* sont utilisés avec des verbes au passé simple.

	Verbe	Présent	Imparfait	Passé simple	Futur
1er groupe	▸ **tracer** **Passé composé** j'ai **tracé**	je **trace** tu **trace**s il/elle **trace** nous **traç**ons vous **trac**ez ils/elles **trac**ent	je **traç**ais tu **traç**ais il/elle **traç**ait nous **trac**ions vous **trac**iez ils/elles **traç**aient	je **traç**ai tu **traç**as il/elle **traç**a nous **traç**âmes vous **traç**âtes ils/elles **trac**èrent	je **trace**rai tu **trace**ras il/elle **trace**ra nous **trace**rons vous **trace**rez ils/elles **trace**ront
	▸ **lever** **Passé composé** j'ai **levé**	je **lève** tu **lève**s il/elle **lève** nous **lev**ons vous **lev**ez ils/elles **lèv**ent	je **lev**ais tu **lev**ais il/elle **lev**ait nous **lev**ions vous **lev**iez ils/elles **lev**aient	je **lev**ai tu **lev**as il/elle **lev**a nous **lev**âmes vous **lev**âtes ils/elles **lev**èrent	je **lève**rai tu **lève**ras il/elle **lève**ra nous **lève**rons vous **lève**rez ils/elles **lève**ront
	▸ **acheter** **Passé composé** j'ai **acheté**	j'**achète** tu **achète**s il/elle **achète** nous **achet**ons vous **achet**ez ils/elles **achèt**ent	j'**achet**ais tu **achet**ais il/elle **achet**ait nous **achet**ions vous **achet**iez ils/elles **achet**aient	j'**achet**ai tu **achet**as il/elle **achet**a nous **achet**âmes vous **achet**âtes ils/elles **achet**èrent	j'**achète**rai tu **achète**ras il/elle **achète**ra nous **achète**rons vous **achète**rez ils/elles **achète**ront
	▸ **conjuguer** **Passé composé** j'ai **conjugué**	je **conjugue** tu **conjugue**s il **conjugue** nous **conjugu**ons vous **conjugu**ez ils **conjugu**ent	je **conjugu**ais tu **conjugu**ais il **conjugu**ait nous **conjugu**ions vous **conjugu**iez ils **conjugu**aient	je **conjugu**ai tu **conjugu**as il **conjugu**a nous **conjugu**âmes vous **conjugu**âtes ils **conjugu**èrent	je **conjugue**rai tu **conjugue**ras il **conjugue**ra nous **conjugue**rons vous **conjugue**rez ils **conjugue**ront
2e groupe	▸ **finir** **Passé composé** j'ai **fini**	je **fini**s tu **fini**s il/elle **fini**t nous **finiss**ons vous **finiss**ez ils/elles **finiss**ent	je **finiss**ais tu **finiss**ais il/elle **finiss**ait nous **finiss**ions vous **finiss**iez ils/elles **finiss**aient	je **fin**is tu **fin**is il/elle **fin**it nous **fin**îmes vous **fin**îtes ils/elles **fin**irent	je **fini**rai tu **fini**ras il/elle **fini**ra nous **fini**rons vous **fini**rez ils/elles **fini**ront
3e groupe	▸ **mettre** **Passé composé** j'ai **mis**	je **met**s tu **met**s il/elle **met** nous **mett**ons vous **mett**ez ils/elles **mett**ent	je **mett**ais tu **mett**ais il/elle **mett**ait nous **mett**ions vous **mett**iez ils/elles **mett**aient	je **m**is tu **m**is il/elle **m**it nous **m**îmes vous **m**îtes ils/elles **m**irent	je **mett**rai tu **mett**ras il/elle **mett**ra nous **mett**rons vous **mett**rez ils/elles **mett**ront

3e groupe

Verbe	Présent	Imparfait	Passé simple	Futur
▶ **dire** **Passé composé** j'ai **dit**	je **dis** tu **dis** il/elle **dit** nous **dis**ons vous **dit**es ils/elles **dis**ent	je **dis**ais tu **dis**ais il/elle **dis**ait nous **dis**ions vous **dis**iez ils/elles **dis**aient	je **d**is tu **d**is il/elle **d**it nous **d**îmes vous **d**îtes ils/elles **d**irent	je **di**rai tu **di**ras il/elle **di**ra nous **di**rons vous **di**rez ils/elles **di**ront
▶ **faire** **Passé composé** j'ai **fait**	je **fai**s tu **fai**s il/elle **fai**t nous **fais**ons vous **fait**es ils/elles **f**ont	je **fais**ais tu **fais**ais il/elle **fais**ait nous **fais**ions vous **fais**iez ils/elles **fais**aient	je **f**is tu **f**is il/elle **f**it nous **f**îmes vous **f**îtes ils/elles **f**irent	je **fe**rai tu **fe**ras il/elle **fe**ra nous **fe**rons vous **fe**rez ils/elles **fe**ront
▶ **partir** **Passé composé** je suis **parti(e)**	je **par**s tu **par**s il/elle **par**t nous **part**ons vous **part**ez ils/elles **part**ent	je **part**ais tu **part**ais il/elle **part**ait nous **part**ions vous **part**iez ils/elles **part**aient	je **part**is tu **part**is il/elle **part**it nous **part**îmes vous **part**îtes ils/elles **part**irent	je **parti**rai tu **parti**ras il/elle **parti**ra nous **parti**rons vous **parti**rez ils/elles **parti**ront
▶ **venir** **Passé composé** je suis **venu(e)**	je **vien**s tu **vien**s il/elle **vien**t nous **ven**ons vous **ven**ez ils/elles **vienn**ent	je **ven**ais tu **ven**ais il/elle **ven**ait nous **ven**ions vous **ven**iez ils/elles **ven**aient	je **v**ins tu **v**ins il/elle **v**int nous **v**înmes vous **v**întes ils/elles **v**inrent	je **viend**rai tu **viend**ras il/elle **viend**ra nous **viend**rons vous **viend**rez ils/elles **viend**ront
▶ **vouloir** **Passé composé** j'ai **voulu**	je **veu**x tu **veu**x il/elle **veu**t nous **voul**ons vous **voul**ez ils/elles **veul**ent	je **voul**ais tu **voul**ais il/elle **voul**ait nous **voul**ions vous **voul**iez ils/elles **voul**aient	je **voul**us tu **voul**us il/elle **voul**ut nous **voul**ûmes vous **voul**ûtes ils/elles **voul**urent	je **voud**rai tu **voud**ras il/elle **voud**ra nous **voud**rons vous **voud**rez ils/elles **voud**ront
▶ **pouvoir** **Passé composé** j'ai **pu**	je **peu**x tu **peu**x il/elle **peu**t nous **pouv**ons vous **pouv**ez ils/elles **peuv**ent	je **pouv**ais tu **pouv**ais il/elle **pouv**ait nous **pouv**ions vous **pouv**iez ils/elles **pouv**aient	je **p**us tu **p**us il/elle **p**ut nous **p**ûmes vous **p**ûtes ils/elles **p**urent	je **pour**rai tu **pour**ras il/elle **pour**ra nous **pour**rons vous **pour**rez ils/elles **pour**ront

	Verbe	Présent	Imparfait	Passé simple	Futur
3e groupe	▶ voir Passé composé j'ai vu	je vois tu vois il/elle voit nous voyons vous voyez ils/elles voient	je voyais tu voyais il/elle voyait nous voyions vous voyiez ils/elles voyaient	je vis tu vis il/elle vit nous vîmes vous vîtes ils/elles virent	je verrai tu verras il/elle verra nous verrons vous verrez ils/elles verront
	▶ prendre Passé composé j'ai pris	je prends tu prends il/elle prend nous prenons vous prenez ils/elles prennent	je prenais tu prenais il/elle prenait nous prenions vous preniez ils/elles prenaient	je pris tu pris il/elle prit nous prîmes vous prîtes ils/elles prirent	je prendrai tu prendras il/elle prendra nous prendrons vous prendrez ils/elles prendront
	▶ ouvrir Passé composé j'ai ouvert	j'ouvre tu ouvres il/elle ouvre nous ouvrons vous ouvrez ils/elles ouvrent	j'ouvrais tu ouvrais il/elle ouvrait nous ouvrions vous ouvriez ils/elles ouvraient	j'ouvris tu ouvris il/elle ouvrit nous ouvrîmes vous ouvrîtes ils/elles ouvrirent	j'ouvrirai tu ouvriras il/elle ouvrira nous ouvrirons vous ouvrirez ils/elles ouvriront
	▶ rendre Passé composé j'ai rendu	je rends tu rends il/elle rend nous rendons vous rendez ils/elles rendent	je rendais tu rendais il/elle rendait nous rendions vous rendiez ils/elles rendaient	je rendis tu rendis il/elle rendit nous rendîmes vous rendîtes ils/elles rendirent	je rendrai tu rendras il/elle rendra nous rendrons vous rendrez ils/elles rendront
	▶ produire Passé composé j'ai produit	je produis tu produis il produit nous produisons vous produisez ils produisent	je produisais tu produisais il produisait nous produisions vous produisiez ils produisaient	Je produisis tu produisis il produisit nous produisîmes vous produisîtes ils produisirent	je produirai tu produiras il produira nous produirons vous produirez ils produiront
	▶ écrire Passé composé j'ai écrit	j'écris tu écris il/elle écrit nous écrivons vous écrivez ils/elles écrivent	j'écrivais tu écrivais il/elle écrivait nous écrivions vous écriviez ils/elles écrivaient	j'écrivis tu écrivis il/elle écrivit nous écrivîmes vous écrivîtes ils/elles écrivirent	j'écrirai tu écriras il/elle écrira nous écrirons vous écrirez ils/elles écriront

Écrire les mots en -ail/-aille, -euil/-euille, -eil/-eille

Je cherche

Sous le soleil, un épouvantail en paille, assis dans un fauteuil, travaille. Il guette les chevreuils cachés parmi les broussailles et les feuilles. Des abeilles butinent autour des groseilles, tandis que l'écureuil qui sommeille, n'a pas entendu le réveil des corneilles.

1. Relève les noms communs présents dans ce texte.
2. Classe-les et justifie ton classement.
3. Quelle est la nature grammaticale des deux mots en couleur ?
4. Cite les homophones de ces mots en indiquant leur nature grammaticale.

Je retiens

✓ **Je peux écrire les sons [aj], [œj] et [ɛj] avec « l » ou « ll ».**

- **Les noms masculins ne prennent qu'un « l » :**
  *le trav**ail**, un bouvr**euil**, un appar**eil**…*
- **Les noms féminins prennent deux « l » :**
  *une bat**aille**, une f**euille**, une corn**eille**…*
- **Les verbes conjugués prennent deux « l » :**
  *ils cons**eill**ent, nous cu**eill**ons.*

J'écris *un chèvre**feuille**, un porte**feuille**, un mille**feuille***. Ce sont des noms masculins de la famille du mot *feuille*.

Lorsque le son [œj] est précédé des lettres « c » ou « g », je dois écrire ***-ueil*** : *un rec**ueil**, l'org**ueil***.

Je retiens l'orthographe d'un mot particulier : ***un œil***.

Je repère

1 **Classe les mots suivants et justifie ton choix.**
une feuille – le travail – une trouvaille – il sommeille – un écureuil – un portail – une merveille – le soleil – il travaille – le sommeil.

2 **Recopie les mots et barre l'intrus dans chaque série proposée.**
a. un soupirail – un rail – une trouvaille – un éventail.
b. un appareil – une abeille – une corneille – une groseille.
c. un fauteuil – un bouvreuil – un écureuil – un écueil.

3 **Relève l'intrus dans chaque série proposée.**

a. un recueil – je cueille – la feuille – le seuil.

b. je travaille – je bataille – la paille – je me ravitaille.

c. le soleil – je sommeille – le réveil – une oreille.

4 **Relève les mots se terminant par les sons [aj] et [ɛj] et explique l'écriture des sons.**

a. Une Australienne de 10 ans a reçu une médaille. Elle a guidé les secouristes qui ont sauvé son père et son frère.

b. La foudre a traversé le corps d'une fillette de 10 ans, puis elle est ressortie par un orteil.

Mon quotidien, mai 2011

5 **Classe les mots suivants en fonction de leur nature. Justifie ton choix.**

recueilles – recueils – recueille – recueillent – recueil.

Je manipule

6 **Écris des mots avec les syllabes proposées.**

mé | dé | tail | teuil | ba | fau

cueil | daille | taille | teil | or | re

7 **Écris les phrases et complète les mots avec -eil ou -eille.**

a. La météo promet un beau sol....

b. Au printemps, la nature s'év....

c. J'ai rempli la corb... de fruits.

d. Léa a perdu sa belle boucle d'or....

8 **Écris les phrases et complète les mots avec -euil ou -euille.**

a. Mon père a égaré son portef....

b. L'écur... a mangé toutes mes noisettes.

c. Hugo s'est affalé dans le faut....

d. Elle cu... des fraises des bois.

9 **Écris les phrases et complète les mots avec -ail ou -aille. Attention aux accords !**

a. Un agriculteur prépare les sem... d'automne.

b. Le gouvern... du bateau est cassé.

c. Où vas-tu avec ton attir... ?

d. Il nourrit ses vol....

10 **Complète les verbes. Attention aux accords !**

a. Les Touaregs se ravit... près de l'oasis.

b. Luc somm... dans le canapé.

c. Elle accu... ses amis.

d. Les magiciens émerv... les spectateurs.

11 **Recopie les phrases en complétant les mots.**

a. Le chèvref... embaume le jardin.

b. Le chevalier s'est lancé dans la bat....

c. Le journaliste rec... des témoignages.

d. Demain, nous fêterons nos retrouv....

e. Les poissons sont recouverts d'éc....

12 **Choisis le bon mot pour compléter les phrases.**

a. Julie ... son anglais avec application. (travail/travaille)

b. Léon donne un ... judicieux à son ami. (conseil/conseille)

c. J'ai changé la page d'... de mon ordinateur. (accueil/accueille)

d. Hugo se ... tous les matins au chant du coq ! (réveil/réveille)

13 **Complète les formes par un mot qui convient. Justifie ton choix.**

a. ... réveille – ... réveil

b. ... accueil – ... accueillent

c. ... détails – ... détailles

d. ... sommeillent – ... sommeil

J'écris

14 **Écris un court texte, en utilisant au moins quatre mots en [aj], [œj], [ɛj].**

Écrire des mots commençant par *in-, im-, ir-, il*

Je cherche

1. **Lis les textes des deux bulles. Les personnages sont-ils d'accord ? Justifie ta réponse.**

2. **Relie des mots de la première bulle aux mots de la deuxième bulle qui appartiennent à la même famille. Quelles remarques peux-tu faire ?**

Je retiens

✓ Je peux utiliser **le préfixe *in-*** pour **construire des contraires.**
*humain → **in**humain ; utile → **in**utile*

✓ **Le préfixe *in-* prend des formes différentes** en fonction du radical :
- ***ir-*** devant un radical commençant par « r » : *responsable → **ir**responsable*
- ***il-*** devant un radical commençant par « l » : *lisible → **il**lisible*
- ***im-*** devant un radical commençant par « m », « b » ou « p » : *patient → **im**patient ; buvable → **im**buvable*

Je repère

1 **Recopie chaque mot et entoure le préfixe.**
a. inapte – incapable – indiscret.
b. impossible – impatient – imprécis.
c. illégal – illimité – illégitime.
d. irrégulier – irréel – irrespectueux.

2 **Associe les mots de la même famille. Entoure le préfixe.**

innombrable •	• responsable
impuissant •	• nombre
irresponsable •	• puissant
inconsolable •	• consoler

3 **Trouve l'intrus dans les listes de mots. Justifie ta réponse.**

a. injuste – impossible – incapable – incertain.
b. illégal – irréel – illisible – illogique.
c. inutile – inapte – irréaliste – inintéressant.
d. indéfini – incassable – incendie – inavouable.

4 **Trouve l'intrus dans les listes de mots.**

a. infidèle – injustice – innocente – instable.
b. imprudence – impuissant – imperceptible – immense.
c. illégitime – illusion – illisible – illimité.
d. immobile – immeuble – immerger – immoral.

Je manipule

5 **Écris le contraire des mots suivants.**

a. imperméable – illisible – irréfléchi – immoral – inutilisable – inattentif.
b. discret – buvable – patient – possible – digne – habité.
c. réel – incapable – actif – insuffisant – inconfortable – parfait.

6 **Écris le contraire des mots suivants.**

logique – réalisable – lettré – légal – humain – responsable – mobile.

7 **Recopie et complète les phrases en utilisant l'un des mots proposés.**
illisible – imprévisible – impopulaire – irréparable – illégal

a. Je ne peux pas lire cette page : elle est ....
b. Ce chanteur a perdu sa popularité : il est ....
c. Julien respecte la loi ; il ne fait rien d'....
d. Je ne pouvais pas prévoir cette rencontre : elle est ....
e. Ta voiture est complétement cassée : elle est ....

8 **Utilise les adjectifs suivants dans une phrase qui explique leur sens.**

a. inaudible
b. invulnérable
c. invariable
d. illisible

9 **Réécris les phrases en remplaçant le mot écrit en orange par son contraire.**

a. Cette maison est **habitée** depuis un mois.
b. Ce sommet est **accessible**.
c. Jules est très **patient**.
d. Cette écriture est **lisible**.

10 **Réécris les phrases en remplaçant le mot écrit en orange par son contraire.**

a. Mon forfait téléphonique est **limité**.
b. Cette maison est **hospitalière**.
c. Sa mère lui a fait des reproches **mérités**.
d. Louise réagit toujours de façon **contrôlée**.

11 **Complète chaque famille par un mot commençant par im-, in-, il- ou ir-.**

a. manger – mangeable – ...
b. actif – activité – activer – ...
c. limite – limiter – limitation – ...
d. régularité – régulier – ...

12 **Trouve l'adjectif qui correspond aux définitions suivantes.**

a. Qui ne bouge pas.
b. Qui ne peut pas être remplacé.
c. Qui manque d'attention.
d. Qui n'est pas logique.

J'écris

13 **Réécris ce texte en remplaçant les adjectifs écrits en orange par leur contraire.**

Paul rêve qu'il est alpiniste. Il franchit des sommets **accessibles**. Il réalise des parcours **habituels** qui longent des ravins **praticables**. Il se retrouve devant un col **franchissable**. Mais Paul se réveille…

Distinguer l'infinitif en -*er* et le participe passé en -*é*

Je cherche

Texte A

Les élèves de CM1 ont participé à un marathon. Mehdi est arrivé le premier.

Texte B

Les élèves de CM1 vont participer à un marathon. Mehdi veut arriver le premier.

Texte C

Les élèves de CM1 décident de participer à un marathon. Mehdi réussit à arriver le premier.

1. **Identifie le temps des verbes du texte A et explique comment la forme verbale est construite.**

2. **Observe les verbes à l'infinitif du texte B. Quelle est la nature des mots qui les précèdent ?**

3. **Dans le texte C, identifie la nature du mot qui introduit l'infinitif.**

Je retiens

✓ Pour distinguer **l'infinitif en -*er*** et **le participe passé en -*é*** des verbes du 1er groupe , je dois **repérer** les mots qui me donnent **des signaux** :

- **l'auxiliaire *être* et l'auxiliaire *avoir* annoncent un participe passé.**
  La cigale a chanté tout l'été et la fourmi est exaspérée.
- **un verbe d'état annonce un participe passé.**
  Le château semble/paraît abandonné.
- **un verbe conjugué annonce un infinitif :** *Il veut gagner la course.*
- **les prépositions *de* et *à* annoncent un infinitif.**
  Il vient de terminer son repas ; Il pense à arroser son jardin.

Pour vérifier si je dois écrire un infinitif, **je remplace** le verbe **par un verbe synonyme du 2e ou du 3e groupe** dans lequel j'entends la terminaison de l'infinitif.
*Bruno doit **terminer** ses devoirs → Bruno doit **finir** ses devoirs.*

Je repère

1 **Recopie les phrases et entoure les mots qui donnent des signaux. Fais une flèche vers les mots qu'ils annoncent.**

a. Les élèves viennent de rentrer en classe.
b. Le champ est inondé par la rivière.
c. Les moutons vont s'échapper.
d. Le facteur a apporté un colis.

2 **Justifie la terminaison des formes verbales en indiquant le mot qui te donne un signal.**

a. Les éclairs ont **zébré** le ciel toute la nuit.
b. Pensez à **inviter** vos voisins.
c. Les journalistes ont **rédigé** un article sur le match de football.
d. Le volcan va **cracher** de la lave.
e. La police vient de **retrouver** les voleurs.

3 **Recopie les phrases. Souligne les verbes à l'infinitif et entoure le mot signal.**

a. Je viens de voir son frère.
b. Nous voulons partager nos gains.
c. Il anticipe pour gérer son temps.
d. C'est l'automne, les feuilles vont changer de couleur.

4 **Recopie les phrases. Souligne les participes passés et entoure le mot signal.**

a. L'enfant a déchiré ses vêtements.
b. Les voyageurs sont rentrés.
c. Elle est fâchée contre lui.
d. Ils ont marché longtemps.

5 **Réécris les phrases en choisissant le mot qui convient.**

a. La rue est ... par le lampadaire. (**éclairée**/**éclairer**)
b. Le chien vient ... ma main. (**léché**/**lécher**)
c. Il est ... à Paris. (**arrivé**/**arriver**)
d. Le garagiste vient de ... sa moto. (**réparé**/**réparer**)
e. Les baleines peuvent se reproduire en paix : elles sont .... (**protégées**/**protéger**)

Je manipule

6 **Réécris les phrases en suivant le modèle.**

Le crayon est taillé. → Je dois tailler le crayon.

a. La vaisselle est lavée.
b. Le yaourt est mangé.
c. La fenêtre est fermée.
d. Le motoculteur est passé dans le jardin.

7 **En utilisant les verbes proposés, écris des phrases sur le modèle ci-dessous.**

Essuyer la table. → J'ai essuyé la table.

a. peler des pommes – allumer le feu.
b. coller des feuilles – vider la poubelle – couper le bois.

8 **En utilisant les verbes de l'exercice 7, écris des phrases sur ce modèle.**

Essuyer la table. → La table est essuyée.

9 **Réécris les phrases suivantes en remplaçant les verbes à l'infinitif par un verbe du 1er groupe.**

a. Je voulais voir Marrakech.
b. Le loup risque de mordre l'agneau.
c. Le lion va bondir sur sa proie.
d. Ils apprennent à connaître les plantes.

10 **Complète les formes verbales et justifie ton choix en repérant le mot signal.**

a. Le jardin est arros... par la pluie fine.
b. Les élèves ont plant... des arbres.
c. Le vent fait ondul... les orges.
d. Le chat est prêt à griff....

11 **Complète les phrases suivantes à l'aide d'un verbe du 1er groupe.**

a. Les coureurs vont ....
b. L'élève a ....
c. Les fruits risquent de ....
d. Ce jardin est ....

J'écris

12 **Réécris le texte en remplaçant les verbes écrits en orange par des verbes du 3e groupe.**

Les touristes **sont arrivés** à la tour Eiffel. Ils **ont patienté** deux heures pour prendre l'ascenseur. Certains **ont monté** les marches pour aller plus vite. Ils **ont photographié** le Trocadéro.

Distinguer les homophones c'est/s'est et c'était/s'était

Je cherche

a. C'est Sherlock Holmes qui s'est occupé de résoudre l'affaire du ruban moucheté.

b. Ce sont Sherlock Holmes et Watson qui se sont occupés de résoudre l'affaire du ruban moucheté.

c. C'était Sherlock Holmes qui s'était occupé de résoudre l'affaire du ruban moucheté.

d. C'étaient Sherlock Holmes et Watson qui s'étaient occupés de résoudre l'affaire du ruban moucheté.

1. Compare la phrase de la bulle avec chacune des autres phrases : quels changements peux-tu observer ?

2. Relève en les classant les formes verbales homophones.

3. Donne l'infinitif du verbe écrit en orange.

4. À quoi servent les formes verbales *c'est*, *c'était*, *ce sont* et *c'étaient* ? Comment expliques-tu le fait qu'elles varient en nombre ?

Je retiens

✓ J'écris ***c'est*** ou ***c'était*** lorsque je reconnais le présentatif **« c'est… qui »**. Je peux le remplacer par **« ceci est »**.
C'est l'histoire d'une sorcière qui… → Ceci est l'histoire d'une sorcière qui…

✓ J'écris ***s'est*** ou ***s'était*** lorsque je peux conjuguer la forme verbale à la 1re personne.
Il s'est habillé → Je me suis habillé
• Le verbe conjugué est **un verbe pronominal** : *s'habiller, se promener, se laver…*

Je repère

1 Retrouve l'intrus dans chaque série.

a. Je me suis levé de bonne heure. – Il s'est accroché. – Nous nous sommes perdus. – Tu es parti.

b. C'est l'été. – Elle s'est inquiétée. – Ce n'est pas sa faute. – C'était une belle après-midi.

2 Relève les phrases qui comportent un présentatif.

a. C'est la fin de l'histoire.

b. Il s'est cogné avec le pied de la chaise.

c. C'est à ce moment-là qu'il est arrivé !

d. Pourquoi ne s'est-il pas présenté ?

e. Non, c'est moi qui ai gagné.

Je manipule

3 Réécris les phrases suivantes au présent. Donne ensuite l'infinitif des verbes.

a. Fabien Docet s'était lancé un incroyable défi : nager 900 km dans l'Allier et la Loire en suivant le parcours des saumons.
b. L'engin spatial s'est élevé vendredi dans le ciel, au large de l'île de Bornholm dans la mer Baltique (Europe).

Mon quotidien, juin 2011.

4 Recopie les phrases en remplaçant le pronom sujet par un GN.

Je me suis fait mal. Théo s'est fait mal.
a. Je me suis arrangé pour venir vous chercher.
b. Je m'étais couché sur le canapé.
c. Je m'étais trompé de sac.
d. Je me suis garé sur le parking.

5 Réécris chaque phrase à l'imparfait.

a. Il s'est amusé sur la plage.
b. L'arbre s'est abattu sur la maison.
c. C'est la fête au village !
d. Elle s'est roulée dans l'herbe.
e. C'est évident : il s'est trompé d'exercice.

6 Complète les phrases par c'est ou s'est.

a. … dimanche qu'il ira chez sa sœur.
b. L'enfant … perdu dans la forêt.
c. … lui qui t'a pris ta place.
d. Elle … cachée derrière le rideau.

7 Complète les phrases par c'était ou s'était.

a. … la vie des gens autrefois.
b. La flaque d'eau … transformée en verglas.
c. Le tuyau d'arrosage … coupé en deux.
d. … une grande découverte.

8 Réécris les phrases au passé composé.

a. Le soleil se lève.
b. L'avion se pose sans difficulté.
c. Il s'amuse toute la journée dans la piscine et il se défoule.
d. Son ami s'éloigne et il se perd.

9 Écris une phrase avec chaque forme verbale.

a. c'est
b. c'était
c. s'est
d. s'était

10 Complète avec c'était ou s'était.

a. … l'hiver. L'arbre … dépouillé de ses feuilles.
b. … le bateau bleu qui … perdu dans la brume.
c. … à Tom qu'il voulait parler, mais il … éclipsé par la porte de derrière.
d. … toujours agréable de se retrouver quand … la fête au village.

11 Construis deux phrases avec les étiquettes suivantes.

notre | qui | le | dépensé | s'est | aujourd'hui | goal | c'est | a | équipe | gagné | beaucoup

12 Répondss aux questions en utilisant s'est ou c'est dans ta réponse.

a. Qui a fermé la salle de sport ?
b. Qui s'est lavé le dernier et a oublié de fermer le robinet ?
c. À qui veux-tu parler ?
d. Où Emile s'est-il blessé ?

J'écris

13 Écris trois phrases à partir du dessin ci-dessous en utilisant au moins une fois c'est et les verbes se sauver, se balancer conjugués au passé composé.

Distinguer les homophones *ses/ces* et *mes/mais*

Je cherche

1. Réécris les phrases en mettant au singulier les mots écrits en orange.

2. Compare les phrases obtenues avec celles de la bulle. Que remarques-tu ?

Je retiens

✓ **ces** **est un déterminant démonstratif pluriel** qui devient ***ce, cet, cette*** au singulier.

ces *montagnes →* ***cette*** *montagne*

• Je peux remplacer le GN qui commence par ***ces*** par ***ceux-ci, celles-ci***.

✓ **ses** **est un déterminant possessif** qui devient ***son*** ou ***sa*** au singulier.

ses *chaussettes →* ***sa*** *chaussette*

• Je peux remplacer le GN qui commence par ***ses*** par ***les siens, les siennes*** :

César a cassé ***ses stylos*** *→ Il a cassé* ***les siens****.*

✓ **mes** **est un déterminant possessif** qui devient ***mon, ma*** au singulier.

• Je peux remplacer le GN qui commence par ***mes*** par ***les miens, les miennes*** :

Mes billes *sont rouges. →* ***Les miennes*** *sont rouges.*

✓ **mais** **est un mot invariable** qui permet de lier deux propositions entre elles : c'est une **conjonction de coordination**.

• Je peux remplacer ***mais*** par ***pourtant, cependant, or*** :

J'ai rangé toute ma chambre, ***mais /cependant*** *je ne retrouve pas mon livre préféré.*

Je repère

1 Classe les GN suivants dans le tableau.
mes enfants – ces gens – mes fleurs préférées – ses bijoux – ses voitures – ces forêts.

les siens / les siennes	ceux-là / celles-là	les miens / les miennes

2 Repère les GN, entoure les déterminants et justifie leur orthographe.
a. Mes amis nagent.
b. Ses chaussures sont usées.
c. Ces paysages sont magnifiques.
d. Il m'a interrogé, mais il n'a pas découvert mes secrets.

Je manipule

3 Remplace les GN écrits en orange sur le modèle de l'exemple.
*Paul perd **ses clés** → Paul perd **les siennes**.*
***Ces tables** sont sales → **Celles-ci** sont sales.*
a. Ces chaises sont abîmées.
b. Ses stylos sont rangés.
c. Il choisit ses vêtements.
d. Ces animaux sont dangereux.
e. J'aime ces matinées printanières.

4 Écris ces GN au pluriel.
a. ce pull – sa voiture – mon téléphone – ce personnage.
b. cette demeure – ma voisine – mon jeu – mon cheval – son pneu.

5 Écris ces GN au singulier.
a. ces chemins – mes étagères – ses chiens – mes chanteurs préférés.
b. ces hommes – ces fleurs parfumées – ces déserts d'Afrique – ses chaises usées.

6 Réécris ce texte en remplaçant mais par un autre mot.
Les températures actuelles sont en principe des températures du cœur de l'hiver. Mais ce n'est pas parce qu'il fait froid au début de l'hiver qu'il fera froid durant tout l'hiver.

Mon quotidien, 11 déc. 2010.

7 Recopie les phrases et complète-les par ces ou ses.
a. ... nuages annoncent un orage.
b. Il est parti avec tous ... bagages.
c. Avec ... pierres, tu dois pouvoir construire un mur solide.
d. Son portable est cassé, il ne peut plus appeler ... amis.

8 Recopie les phrases et complète-les par mes ou mais.
a. ... livres sont rangés dans mon casier.
b. Le mois prochain, je vais voir ... groupes de rock préférés à Paris.
c. ... professeurs sont contents de moi ... je veux encore progresser.

9 Réécris chaque phrase en mettant le GN écrit en orange au pluriel.
a. Cet animal est monstrueux.
b. Jules a perdu son livre préféré.
c. Personne ne peut promener mon chien.
d. Cette chute de neige est impressionnante et ce nuage n'annonce rien de bon.

10 Réécris les phrases en les complétant par ses, ces, mes, ou mais.
a. Le vent souffle, ... rafales couchent les arbres ... la tempête n'est pas encore là.
b. ... gens attendent devant la gare, ... le train ne passera pas aujourd'hui.
c. ... filles ont beaucoup grandi ... dernières années.
d. ... où sont rangés tous ... posters ?

J'écris

11 Raconte ce qui se passe sur le dessin, en utilisant mais, ses, ces, mes.

Distinguer les homophones *la/là/l'a/l'as*

1. **Relève les formes homophones [la].**

2. **Quelle est celle qui peut être remplacée par « ici » ?**

3. **Réécris la 2e bulle en remplaçant « ta bicyclette » par « ton vélo ».**

4. **Propose un classement des formes homophones pour justifier leur orthographe.**

Je retiens

✓ Je distingue **différentes orthographes pour écrire le son [la]** : *la*, *là*, *l'a*, et *l'as*.

- **la** **devant un nom est un déterminant** qui indique le féminin singulier. Je peux le remplacer par un autre déterminant.
- **la** **devant un verbe est un pronom.** Je peux le remplacer par **« le »** au masculin. *Je **la** vois → Je **le** vois*
- **là** **est un adverbe qui indique le lieu.** Je peux le remplacer par **« ici »** ou **« ci »** ou **« à cet endroit »**. *Il vit **là**. → Il vit **ici**.*
- **l'a** peut être remplacé par **« l'avait »** ; **« a » est le verbe** *avoir* **conjugué au présent à la 3e personne du singulier.**
  *Elle **a** vu la coccinelle. → Elle l'**a** vue. → Elle l'**avait** vue.*
- **l'as** peut être remplacé par **« l'avais »** ; **« as » est le verbe** *avoir* **conjugué au présent à la 2e personne du singulier.**
  *Tu **as** vu la fourmi ? → Tu l'**as** vue ? → Tu l'**avais** vue ?*

Je repère

1 **Relève les phrases dans lesquelles [la] est un pronom.**

a. Ma mère m'appelle : je la vois.

b. Il répare la voiture bleue.

c. L'artiste aime entendre la foule applaudir.

d. Il dit qu'il la verra un autre jour.

2 Indique pour chaque phrase si [la] est un déterminant ou un adverbe.

a. C'est la fin du film.
b. Entends la musique du vent dans la forêt!
c. Cet homme-là n'est pas sur la photo.
d. C'est là qu'il doit se rendre.
e. Il a pris ce livre-là pour réviser la grammaire.

3 Justifie l'orthographe de tous les [la] des phrases suivantes.

a. C'est la montre de Fabien. Il l'a égarée.
b. La nuit dernière, le vent a soufflé violemment et tu ne l'as pas entendu.
c. Cette journée-là, Paul ne l'a jamais oubliée.
d. Tu ne l'as pas vu depuis longtemps, ton cousin.

4 Justifie l'orthographe de tous les [la] de ce texte.

Cet arbre-là était le roi de la forêt. Mais une tempête l'a déraciné. Or, une chouette l'habitait. Et l'arbre la protégeait. Alors elle dut partir à la recherche d'un nouvel abri.

Je manipule

5 Recopie les phrases et complète-les par l'a ou l'as.

a. Léo a eu de bons résultats ; sa maman ... félicité.
b. Le loup ... mangé tout cru.
c. Ton écharpe est ... ; tu ... oubliée lors de ta dernière visite.
d. Ce livre, tu ... lu et tu ... adoré !

6 Recopie les phrases et complète-les par la ou là.

a. Cette poule-... pond des œufs superbes !
b. ... maison que tu vois ...-bas est à moi.
c. Il est passé par ici ; il repassera par ....
d. Caché dans les broussailles, ... biche se repose.

7 Complète les phrases par la, là, l'as ou l'a.

a. C'est ... que je dois me rendre.
b. Mon frère avait perdu son portable ; il ... retrouvé sous ses livres.
c. Voici ... maison qui m'enchante ; c'est ... que je veux habiter désormais.
d. Tu ... prévenu, mais il ne t'a pas écouté.

8 Recopie les phrases et complète-les avec la, là, l'a ou l'as.

a. ... musique ... réveillé.
b. Son père ... grondé car il n'était pas ... pour l'aider à réparer ... tondeuse.
c. C'est ... au bord de ... mer, que tu ... rencontré.
d. Blanche-neige prit ... pomme et ... mangea.
e. Le menuisier a scié ... planche puis ... rabotée.

9 Réécris les phrases au présent.

a. Ce livre était passionnant, mais tu l'avais déjà lu.
b. Tu l'avais appelé, mais il ne t'avait pas entendu.
c. La fleur était belle. Mon père l'avait photographiée pour la peindre.

10 Réponds aux questions en utilisant la, là, l'a ou l'as.

a. Où est ton frère ?
b. Comment a-t-il réparé la porte ?
c. À qui est cette voiture ?
d. Qu'ai-je fait de mon porte-monnaie ?

11 Réécris les phrases au présent.

a. Elle a lavé la vaisselle puis elle l'a rangée.
b. Tu as coupé la viande puis tu l'as hachée.
c. Il a perdu sa bicyclette puis il l'a retrouvée.

J'écris

12 Écris un court dialogue entre les deux personnages en utilisant au moins une fois la, là, l'a et l'as.

Former le genre et le nombre des noms et des adjectifs

Je cherche

une chanteuse célèbre — une maison neuve — une actrice inconnue

une personne brutale — une cavalière courageuse

une leçon intéressante — une route étroite — une jeune comédienne

une belle histoire — une bête craintive

1. Réécris ces groupes nominaux en remplaçant chaque nom par un nom masculin. Relève les différences.

2. Souligne les marques du féminin que l'on entend dans les noms et dans les adjectifs.

3. Réécris au pluriel tous les groupes nominaux masculins singuliers. Souligne les marques de pluriel qui ne s'entendent pas.

Je retiens

✓ Un nom est **féminin** ou **masculin** : c'est **son genre**.

✓ Un nom est employé au **singulier** ou au **pluriel** : c'est **le nombre**.

✓ Je sais **qu'en général** :

- **la marque du féminin est un « e ».**
  un ami généreux → une amie généreuse
- **la marque du pluriel est un « s ».**
  une voiture rouge → des voitures rouges.

✓ Les marques du féminin et du pluriel peuvent **s'entendre à l'oral**.
un cavalier rêveur / une cavalière rêveuse
un vent tropical / des vents tropicaux

✓ **Les noms et les adjectifs qui finissent en *-al*** font leur **pluriel en *-aux*** sauf :

- pour les noms : *les bals, les festivals, les récitals, les chacals, les carnavals, les régals*
- pour les adjectifs : *finals, navals, glacials, bancals, banals*

✓ J'apprends **les 7 noms en *-ou*** qui prennent **un « x » au pluriel** :
les cailloux, les choux, les hiboux, les genoux, les joujoux, les bijoux, les poux

Je repère

1 **Recopie les GN et souligne les marques de genre que l'on entend à l'oral.**

a. la lionne cruelle
b. un soleil magnifique
c. des vestes chaudes
d. un vent doux
e. une petite maison

2 **Recopie les GN et souligne les marques de nombre que l'on entend à l'oral.**

a. des voisins matinaux
b. des bocaux vides
c. des histoires passionnantes
d. des monuments célèbres
e. des yeux clairs

3 **Mets les noms et les adjectifs au pluriel puis barre l'intrus.**

a. un journal – un récital – un chacal – un festival
b. un pou – un animal – un clou – un bijou
c. beau – neuf – fou – petit
d. banal – glacial – oral – naval

4 **Indique si les mots écrits en orange sont au singulier ou pluriel. Justifie ta réponse.**

a. Le **repas** préparé est **copieux**.
b. La **souris** est un **gentil rongeur**.
c. Cet **animal** enfermé est **malheureux**.
d. L'enfant fait un **petit pas** en avant.

Je manipule

5 **Réécris les GN en remplaçant le nom par un nom masculin.**

a. une table ancienne
b. une femme innocente
c. une dame élégante
e. une princesse royale

6 **Réécris au féminin les sujets. Souligne les marques du féminin que l'on n'entend pas.**

a. Un chat gris miaule sous la fenêtre.
b. Mon fidèle ami est de retour.
c. Les sportifs matinaux courent au stade.
d. Les clients déçus rendent leurs billets.

7 **Enrichis chaque GN avec l'adjectif qui convient.**

dorsale – osseux – multicolores – brillantes

les poissons – des écailles – une nageoire
le squelette

8 **Donne le genre des mots écrits en orange. Indique ce qui t'a servi d'indice.**

a. Des **odeurs** nauséabondes envahissent la ville.
b. Dans la rue, les **passants** trempés par l'orage se bousculent.
c. Les **banquettes** sont dures.
d. Les **véhicules** mal garés bloquent les avenues.

9 **Réécris les GN au pluriel. Attention aux pluriels qui ne s'entendent pas !**

a. le canal silencieux
b. le signal sonore
c. un enfant étonné
d. le vent glacial
e. le chantier naval

10 **Complète les phrases par un adjectif qualificatif.**

a. Les chevaux semblent … .
b. Dans la forêt, les chênes paraissent … .
c. Les roses et les tulipes sont … .
d. Mon grand-père, sa femme et ma tante sont … .

J'écris

11 **Écris quatre phrases sur le décollage de la fusée vers la Lune. Tu peux utiliser des noms et des adjectifs parmi les suivants :**

• la fusée, les réacteurs, la fumée, les astronautes, le voyage, la lune…
• étonnant, fabuleux, extraordinaire, enflammé, noir, impatient…

Histoire Cycle 3, Magnard, 2010.

Former le pluriel des noms en -eu, -eau, -au, -ail

Je cherche

un manteau – le chandail – un épouvantail – le portail – un noyau – le tuyau – un seau – le neveu – un rail – un cheveu – un chapeau – un corbeau

des rails – des chapeaux – des noyaux – les tuyaux – des épouvantails – des cheveux – les neveux – des manteaux – des seaux – les chandails – les portails – des corbeaux

1. Associe chaque nom singulier à son pluriel.
2. Propose un classement qui explique comment on forme le pluriel de ces noms.

Je retiens

✓ J'écris les **noms qui se terminent au singulier par *-eu*, *-eau* et *-au* avec un « x » au pluriel.**
*un feu → **des** feu**x*** *un cadeau → **des** cadeau**x*** *un joyau → **des** joyau**x***

✓ J'écris les **noms qui se terminent en *-ail* au singulier avec un « s » au pluriel.**
*un détail → **des** détail**s***

J'apprends les exceptions :
- *un pneu → des pneus , un bleu → des bleus*
- *un landau → des landaus*
- *un travail → des trav**aux**, un bail → des b**aux**, un corail → des cor**aux**, un émail → des ém**aux**, un vitrail → des vitr**aux***

Je repère

1 **Classe les noms dans le tableau.**
un portail – le marteau – un noyau – un soupirail – un chameau – un drapeau – le corail – le blaireau.

pluriel en « x »	pluriel en « s »

2 **Classe les noms dans le tableau.**
le pneu – le milieu – le neveu – le cheveu – un vœu – le lieu – le pieu – le feu – un jeu – le bleu.

pluriel en « x »	pluriel en « s »

3 **Classe les noms dans le tableau.**

le seau – le corail – le moineau – le chandail l'éventail – le travail – l'agneau.

pluriel en « -eaux »	pluriel en « -aux »

4 **Relève l'intrus dans chaque série proposée.**

a. un portail – un éventail – un gouvernail – un émail
b. un jeu – un dieu – un bleu – un voeu
c. un soupirail – un rail –un bail– un vitrail

Je manipule

5 **Réécris le texte en mettant les GN au pluriel.**

Recette pour un épouvantail
Prendre un seau.
Y placer un poireau.
Ajouter un cheveu.
Couper un jambonneau.
Broyer un noyau
Verser le tout dans un chapeau.

6 **Écris les noms suivants au pluriel.**

a. un fardeau – un milieu – un aveu – un poteau – un rouleau
b. un chandail – un anneau – mon neveu – un préau – un cadeau
c. un épouvantail – un travail – un soupirail – un vœu – le corail

7 **Réécris les phrases en mettant les mots en orange au singulier.**

a. Mon père ne connaît pas les oiseaux pêcheurs.
b. Les pêcheurs construisent des bateaux.
c. Les forêts sont dévorées par les feux.
d. Je vois les drapeaux voler en haut du mât.

8 **Réécris les phrases en mettant les sujets au pluriel.**

a. Le bureau est envahi de papiers.
b. Ce jeu est dangereux.
c. Ce matériau est souvent utilisé dans la construction du bateau.
d. Le traîneau avance vite.

9 **Réécris les phrases en mettant les sujets au pluriel.**

a. Le portail est fermé.
b. L'eau de cette rivière est polluée.
c. Le travail de consolidation du pont est terminé.
d. Le lionceau joue dans l'herbe de la savane.

10 **Mets au pluriel les mots suivants et écris une phrase avec chacun d'eux.**

un tuyau – un vœu – un vaisseau – un éventail – un agneau – un détail

11 **Écris les noms au pluriel qui correspondent aux définitions.**

a. vêtements chauds.
b. parties dures contenues dans certains fruits.
c. synonyme de « endroits » et « emplacements ».
d. morceaux de verre colorés formant un dessin que l'on trouve dans les églises.

J'écris

12 **Écris la suite de la comptine en utilisant quatre noms parmi ceux proposés, employés au pluriel.**

l'eau – le rideau – un cheveu – un pieu – un château – un berceau – un corail – un travail – un souriceau – un blaireau – un chameau.

Les oiseaux volent au-dessus des esquimaux
Les esquimaux courent pour fuir les feux
Les feux envahissent les soupiraux
Et les soupiraux ?

Accorder le verbe avec son sujet

Je cherche

1. Écris plusieurs phrases pour dire ce que font les enfants. L'une de tes phrases commencera par : *Un groupe d'enfants* ...

2. Les verbes que tu as utilisés ont-ils tous la même terminaison ? Pourquoi ?

3. Réécris une phrase en remplaçant le sujet par le pronom « vous », puis par le pronom « nous ».

4. Lis les phrases obtenues : qu'entends-tu qui t'aide à accorder les verbes ?

Je retiens

✓ Je sais que **le verbe s'accorde toujours avec son sujet.**

✓ Le verbe peut avoir **plusieurs sujets** ; il est alors **au pluriel**.
*Les antilopes et les éléphants s'approch**ent** de la rivière → **Ils** s'approch**ent** de la rivière.*
*La douceur et la patience **sont** des qualités. → **Elles sont** des qualités.*

✓ Le sujet peut avoir **plusieurs verbes** ; j'accorde alors chaque verbe avec le sujet : *Silencieux, **le chat** guette, s'approche et bondit !*

|| Si **un sujet au singulier** représente un nombre important de personnes, le verbe reste au singulier :
*Une **troupe** de comédiens arrive dans notre village.*

Je repère

1 Recopie les verbes avec leur sujet.

a. Je fais mon travail avec plaisir.

b. Demain, nous partirons en vacances.

c. Les coqs, les poules, les canards et les oies sont des volailles.

d. Marina dansait et chantait au spectacle.

2 **Recopie les phrases, souligne les verbes et indique à l'aide d'une flèche le sujet avec lequel ils s'accordent.**

a. La jument, nerveuse, galope dans le pré.
b. Beaucoup d'enfants ne partiront pas en vacances cet été.
c. Les sabots des chevaux résonnent sur le pavés.
d. Des chariots et des charrettes chargés de marchandises arrivent sur la place du marché.

Je manipule

3 **Réécris le texte en mettant le nom en orange au pluriel.**

Le colvert se nourrit principalement de végétaux, mais aussi de petits vertébrés qu'il trouve dans l'eau et sur la terre… Il peut plonger en cas d'urgence, mais il le fait rarement. Sur la terre, il consomme des graines. À l'automne, le colvert se promène parfois dans les champs pour se nourrir des restants de graines de céréales après les récoltes.

Mon Quotidien, 6 février 2011.

4 **Choisis le verbe qui convient pour chaque phrase.**

a. Cette télévision (coûte – coûtent) cher.
b. Je (prend – prends) le bateau.
c. Aurélie, Pauline et Amélien (écouterons – écouteront) cette musique.
d. Tu ne (fais – fait) pas cet exercice.

5 **Choisis le verbe qui convient pour chaque phrase.**

a. Le liseron (pousse – poussent) sur le mur.
b. Cette troupe de clowns nous (amuse – amusent).
c. Tu (joue – joues) pendant que les autres (travaille – travaillent).
d. Ton père t'(appelles – appelle) : l'(entends – entend)-tu ?

6 **Réécris les phrases en mettant le sujet au pluriel.**

a. Le journaliste rédige un article.
b. Le photographe prépare le matériel.
c. Pourquoi crie-t-il ?
d. Le comédien entre en scène.

7 **Réécris les phrases en utilisant le pronom personnel tu.**

a. Axel et Sylvain étudient le code de la route.
b. Partagerez-vous le prix de la location ?
c. Maintenant il peut rentrer la voiture.
d. Souvent nous allions à Paris en train.

8 **Complète les phrases avec un GN sujet.**

a. … vit dans les zones polaires.
b. … court plus vite que l'éléphant.
c. … ne mange que de l'herbe.
d. … savent nager.

9 **Complète les sujets par un groupe verbal.**

a. Le maire du village … .
b. Les habitants du village … .
c. La rivière … .
d. Le musée … .

10 **Complète les sujets par un groupe verbal.**

a. La troupe des comédiens … .
b. La file des spectateurs … .
c. La classe de CM2 … .
d. L'équipe de France … .

11 **Utilise chaque verbe dans une phrase dans laquelle il aura plusieurs sujets.**

arriver – jouer – courir

J'écris

12 **Réécris le texte de la page 18 *Noir comme un diable* (lignes 1 à 6) en remplaçant « un très beau chat » par « deux très beaux chats ».**

Accorder le participe passé (1)

Je cherche

Texte A
Les skieurs sont arrivés très tôt. Ils sont montés en haut de la montagne. Ils sont descendus très vite quelques minutes plus tard. À la fin de la journée, ils sont repartis heureux.

Texte B
Les skieuses sont arrivées très tôt. Elles sont montées en haut de la montagne. Elles sont descendues très vite quelques minutes plus tard. À la fin de la journée, elles sont reparties heureuses.

1. **À quel temps les verbes de ces deux textes sont-ils conjugués ? Justifie ta réponse.**

2. **Compare les deux textes : quelles remarques peux-tu faire sur les terminaisons des participes passés ?**

3. **Réécris chaque texte au singulier.**

Je retiens

✓ **Lorsque le participe passé est employé avec *être*, je l'accorde en genre et en nombre avec le sujet.**
Les cigognes sont parties dans le sud.
sujet (fém. pl.)

✓ Je peux **remplacer le sujet par le pronom personnel** correspondant **pour m'aider à accorder** le participe passé :
Le voyageur est arrivé de bonne heure. → Il est arrivé de bonne heure.
Le docteur et l'infirmière sont entrés dans la chambre. → Ils sont entrés dans la chambre.

Je repère

1 **Recopie les phrases. Souligne les participes passés et fais une flèche vers le mot avec lequel il s'accorde.**
a. Les pommes sont tombées sur le sol.
b. L'écureuil est installé sur la branche.
c. Une mouche est tombée dans mon verre.
d. Les moustiques sont posés sur le mur.

2 **Recopie les phrases qui comportent des participes passés employés avec *être*.**
a. Mathilde a acheté une télévision.
b. Nous sommes partis en vacances début août.
c. La semaine dernière, les moutons sont partis vers les sommets.
d. Avez-vous rencontré Lou dans la salle ?

Je manipule

3 Réécris les phrases en complétant avec le participe passé qui convient.

a. Le petit déjeuner est (préparé/préparée/préparés) avec soin.
b. Le train était (partie/parti/parties) sans moi.
c. Bonjour Charline ! Tu es (venu/venue/venus) à vélo ?
d. Les salades sont (dévoré/dévorés/dévorée/dévorées) par les limaces.

4 Remplace le sujet par un pronom personnel et justifie la terminaison du participe passé.

a. Un voilier est arrivé dans le port.
b. Les premiers bateaux corsaires sont apparus au XVe siècle.
c. Le grand Turk est armé de 12 canons.
d. La goëlette est amarrée dans le port de Nantes.

5 Écris correctement les participes passés des verbes entre parenthèses.

a. Les devoirs sont (faire) sérieusement.
b. Hier, nous sommes (aller) au cinéma.
c. Vous êtes (rentrer) dans cette maison abandonnée.
d. La chatte et la souris sont (devenir) amis.

6 Reconstitue les phrases.

Vous •	• sont entassés dans le grenier.
Thomas •	• est débarrassée.
Les meubles •	• êtes chargés.
La table •	• sont dévorées par le rapace.
Les limaces •	• est assis près de son copain.

7 Recopie les phrases en complétant avec un GN sujet de ton choix.

a. … est allée visiter le château de Chenonceau.
b. Le mois dernier, … sont partis pour Djerba !
c. … sont allées faire une promenade à vélo.
d. Depuis quelques jours, … sont surveillés par le gardien.

8 Réécris les phrases en mettant le sujet au singulier.

a. Les volailles sont plumées et lavées.
b. Les oisillons blessés sont soignés rapidement.
c. Les eaux sont montées rapidement.
d. Mes cousins sont retournés en Auvergne.

9 Associe un sujet et un verbe parmi ceux proposés pour écrire des phrases.

a. les randonneurs – une lapine – les murs – les cerises
b. est partie – sont tombées – sont tombés – sont montés – est cachée – sont abîmés

10 Complète les phrases par un verbe conjugué au passé composé avec l'auxiliaire être.

a. Les astronautes … .
b. Le peloton … .
c. La neige … .
d. Les nourrices … .

11 Transforme les phrases selon le modèle.

Le loup épie les agneaux → Les agneaux sont épiés par le loup.

a. Le bateau pourchasse la baleine.
b. La rivière inonde les champs.
c. Mon grand frère lave les assiettes.
d. Le pont traverse le ravin.

J'écris

12 Écris un texte de trois phrases sur les hirondelles qui partent avant l'hiver vers les pays chauds. Tu utiliseras les verbes suivants conjugués au passé composé : partir, aller, arriver, revenir.

Accorder le participe passé (2)

Je cherche

Hier, nous sommes allés à Rennes pour voir nos correspondants.
Les garçons ont joué au rugby. Les filles ont joué au basket.
Le maître et la maîtresse ont applaudi les équipes.
Puis ils sont allés voir Antonin et Damia. Ces deux enfants malades sont restés sur le banc.
Louna a distribué les goûters. Dimitri a rangé les maillots.
Sam est allé les porter dans le car. Nous avons tous passé une bonne journée.

1. **À quel temps les verbes sont-ils conjugués ?**

2. **Classe les formes verbales en deux colonnes : les formes verbales comportant l'auxiliaire *être* et celles comportant l'auxiliaire *avoir*.**

3. **Observe les terminaisons des participes passés : quelles remarques peux-tu faire ?**

Je retiens

✓ **Je sais que le participe passé employé avec l'auxiliaire être s'accorde avec le sujet.**

La classe *est* *arrivée chez les correspondants.*
sujet (fém. sing.)

Mes cousines *sont* *parties en Angleterre.*
sujet (fém. pl.)

✓ **Le participe passé employé avec *avoir* ne s'accorde pas avec le sujet du verbe.**

Les correspondants *ont* *accueilli la classe.*
sujet (masc. pl.)

Les filles *ont* *gagné le match.*
sujet (fém. pl.)

Je repère

1 **Recopie les phrases. Souligne le participe passé et entoure l'auxiliaire.**
a. J'ai aimé ce film.
b. Ils n'ont pas retenu leur leçon.
c. Mes parents sont partis en vacances.
d. Des chercheurs ont observé la planète.

2 **Relève les phrases qui comportent un participe passé utilisé avec l'auxiliaire être.**
a. Les jardiniers ont arrosé les plantes.
b. Les plants sont cultivés dans une serre.
c. Elle a laissé son livre à la maison.
d. Son chien est parti depuis deux jours.

3 Repère chaque participe passé et explique son accord.

a. Les navigateurs ont planifié leur itinéraire.
b. Les bateaux sont arrivés tard dans le port.
c. Florence Artaud a gagné la course du Rhum.
d. La journaliste est allée voir le vainqueur.

Je manipule

4 Écris correctement les participes passés des verbes entre parenthèses.

a. Ils ont (**aimer**) mon repas.
b. Le train a (**dérailler**).
c. Avez-vous (**parler**) à son père ?
d. Les escargots ont (**dévorer**) les salades.

5 Réécris les phrases en mettant le sujet au féminin.

a. Mon frère est arrivé tard.
b. Le cheval a sauté par dessus l'obstacle.
c. Nos voisins ont cassé un carreau.
d. Vos grands-pères sont allés dans le jardin.

6 Réécris les phrases en mettant le sujet au pluriel.

a. La fourmi est entrée dans un petit trou.
b. La coccinelle est posée sur une feuille.
c. Le fleuve a inondé les plaines.
d. L'écureuil a caché ses provisions.

7 Écris les phrases au passé composé.

a. Les souris grignotent le fromage.
b. Nous rencontrons des amis.
c. Ramassez-vous les champignons ?
d. Ils ne parlent pas anglais.

8 Écris les phrases au passé composé.

a. Tout le monde mange des glaces.
b. Léo vend sa moto.
c. Jacky tond l'herbe.
d. Vous appelez vos parents.
e. Le cuisinier veut ajouter du poivre.

9 Réponds aux questions par des phrases.

a. Qu'avez-vous emporté dans vos bagages ?
b. Qu'as-tu vu dans ce musée ?
c. Qu'ont-ils gagné à ce jeu ?
d. Qui a mangé toute la réserve de bonbons ?

10 Recopie les phrases en conjuguant les verbes au passé composé.

a. Mes frères passent l'après midi à la piscine.
b. Accompagnés de Juliette et Léa, nous visitons Paris.
c. Elle téléphone à sa grand-mère.
d. Ils ne participent plus aux courses de chevaux.

11 Choisis trois sujets et trois verbes et écris trois phrases au passé composé.

a. les camions – un loup – Léo et Elsa – les randonneurs
b. dévorer – rapporter – choisir – transporter – faire – prendre

12 Transforme les phrases selon le modèle. Puis justifie la terminaison du participe passé.

Les enfants ont perdu leur cahier.
→ Les cahiers sont perdus.

a. Les pilotes ont fini la course.
b. Le boulanger a vendu tout son pain.
c. Tu as acheté des cerises.
d. Nous avons envoyé des cartes postales.

J'écris

13 Réécris ce texte au passé composé.

La compagnie Royal de Luxe organise son grand défilé. Cette année, elle présente des poupées géantes.
Le public apprécie ce spectacle. Les enfants applaudissent au passage des marionnettes et poussent de grands cris d'admiration !

Accorder l'adjectif qualificatif

Je cherche

Sur la Terre, on rencontre divers types d'espaces.
Les forêts pluviales sont des forêts denses, chaudes et humides.
Les déserts sont des espaces secs et chauds. Mais **les nuits** y sont très froides.
Les savanes africaines sont des plaines très vastes et très sèches. Elles sont poussiéreuses et la végétation ne s'y développe pas.

1. **Réécris le texte ci-dessus en mettant les noms en orange au singulier.**
2. **Quelles sont les modifications auxquelles tu as dû penser ?**
3. **Explique comment tu as choisi les terminaisons de l'adjectif qualificatif.**

Je retiens

✓ **J'accorde l'adjectif qualificatif en genre et en nombre avec le nom ou le pronom qu'il qualifie**, qu'il soit épithète ou attribut.
Lilou mange une ***clémentine*** *juteuse.*
nom fém. sing. — adj. fém. sing.
Ces caisses *sont lourdes.*
nom fém. pl. — adj. fém. pl.

✓ Je peux m'aider de ce que j'entends pour bien orthographier l'adjectif.
Les beaux fruits ***frais****.* → *Les belles poires* ***fraîches***

Si un adjectif qualifie plusieurs noms, le masculin l'emporte sur le féminin et donc l'adjectif est accordé au masculin pluriel.
Ta robe et ton pantalon *repassés attendent dans l'armoire.*
nom fém. sing. — nom masc. sing. — adj. masc. pl.

Je repère

1 **Recopie les GN contenant un adjectif épithète. Fais une flèche qui relie l'épithète au nom qu'il qualifie.**
a. Les arbres verts embellissent la forêt.
b. Le linge lavé est rangé dans l'armoire.
c. La foule déchaînée chante à tue-tête.
d. Les fleurs fanées sont jetées.
e. Le petit serpent traverse la route.

2 Recopie les phrases. Entoure les adjectifs attributs et souligne le sujet.

a. Ces fromages sont délicieux !
b. Les magasins étaient ouverts tous les jours.
c. Dans ce pays, la terre est aride.
d. L'histoire racontée est passionnante.

3 Repère les adjectifs épithètes et explique leur écriture.

a. De nombreux animaux vivent grâce à la rivière.
b. L'eau propre risque de manquer un jour.
c. La rivière abrite de nombreuses espèces animales et végétales.
d. Les sources polluées sont inutilisables.

4 Repère les adjectifs attributs et explique leur écriture.

a. La rivière est vivante, respectons-la !
b. La rivière est-elle polluée ?
c. Sais-tu par exemple que 500 000 litres d'eau sont nécessaires pour fabriquer une tonne de papier ?
d. La Loire est belle !

Je manipule

5 Complète les GN avec le bon adjectif.

a. Les oignons (cueilli/cueillis/cueillies) sèchent.
b. Les bûches (fendue/fendues/fendus) s'empilent dans la remorque.
c. Le tissu (jaunie/jauni/jaunis/jaunies) ne convient plus.
d. Les poissons (séché/séchés/séchées) et (salé/salées/salés) se conserveront.

6 Complète les phrases en ajoutant un adjectif attribut.

a. Ses cheveux sont ....
b. Les murs sont ....
c. Mes mains sont ....
d. Les fruits sont ... et ....

7 Ajoute un adjectif épithète dans chaque phrase.

a. Des parfums parviennent jusqu'à nous.
b. Ce chemin mène à une propriété.
c. L'homme dévoila les cachettes du roi.
d. Il portait un chapeau et une chemise.

8 Complète chaque phrase avec deux adjectifs de ton choix.

a. La fillette dort sur le canapé.
b. Des oiseaux volent au loin.
c. La marée laisse des coquillages sur le sable.
d. Des champignons poussent dans le bois.

9 Complète les phrases avec un sujet de ton choix.

a. ... paraissent dangereux.
b. ... étaient inquiètes.
c. ... est violent.
d. ... semble délicat.

10 Enrichis les phrases en ajoutant un adjectif épithète à chaque GN.

a. Mon cousin est un pêcheur.
b. Les ennemis sont capturés par les soldats.
c. La princesse épousa le crapaud qui se transforma en prince, sous l'effet d'une potion.
d. Jules, un adolescent, sauta par la fenêtre pour arrêter le voleur.

11 Utilise les étiquettes proposées pour écrire trois phrases.

les · pays · ces · maisons · restaurées · vieilles · sont · semblent · ensoleillés · attirants · ensoleillées · accueillantes

J'écris

12 Utilise deux adjectifs épithètes et deux adjectifs attributs pour décrire le paysage.

Écrire ce que j'entends

1 Complète la grille avec des mots en [aj], [œj], [ɛj].

a. Famille des oiseaux de la basse-cour.
b. Doigt du pied.
c. Insecte qui fabrique du miel.
d. Outil qui soulève des charges lourdes à l'aide d'un câble.
e. Mot de la famille de feuillage.

2 Devinettes : comment appelle-t-on…

a. des ciseaux qui coupent le fil de fer ?
b. une ouverture dans une cave ?
c. les travaux agricoles qui consistent à semer ?
d. un objet que l'on agite pour se faire de l'air ?

3 Trouve l'intrus dans les listes de mots.

a. imprenable – imprimante – imprécis – immortel
b. irrégularité – irréfléchi – irrité – irrespirable
c. inexploré – infection – incalculable – inexistant
d. illisible – illégal – illogique – illustration

4 Trouve l'adjectif qui correspond aux définitions.

a. Que l'on n'arrive pas à consoler.
b. Qui est très mauvais à manger.
c. Qui est impossible à comprendre.
d. Qui ne semble pas vrai.

5 Recopie les phrases et complète les verbes. Attention aux accords !

a. Le car de ramassage scolaire est pass… mais tu n'as pas voulu mont….
b. Les cheveux hériss…, la mine réjouie, elle est arriv… à la fête.
c. Il aimerait pass… son brevet de natation.
d. Le sol est gel… et la voiture a gliss… dans le fossé.
e. Elle a écout… du jazz et maintenant elle veut jou… du saxophone.

6 a. Réécris le texte suivant en remplaçant « Harry Potter » par « Ron et Hermione ».
b. Réécris le texte obtenu à l'imparfait.

C'est Harry Potter qui est un apprenti sorcier. Il s'est engagé dans le combat contre des créatures maléfiques. Il s'est méfié de tous les dangers. C'est avec courage qu'il s'est battu contre Voldemort. C'est un grand héros.

7 Résous les charades.

a. Mon premier est la onzième lettre de l'alphabet.
Mon second est un déterminant possessif au pluriel.
Mon troisième est un article défini au pluriel.
Mon quatrième est un pronom indéfini.
Mon tout est un reptile qui change de couleur pour se camoufler.

b. Mon premier est un déterminant démonstratif au pluriel.
Mon second est une accumulation d'objets.
Mon troisième est un déterminant démonstratif au pluriel.
Mon tout est un groupe de mammifères qui comprend les baleines, les dauphins…

8 Remplace les mots écrits en orange par la, là, l'a ou l'as.

a. Elle est passée par ici, je sens encore son parfum.
b. Tu l'avais déjà rencontré à une fête.
c. C'est une tante de Paolo qui habite ici.
d. Il a pu partir avec sa bicyclette puisqu'il l'avait réparée.

Apprendre à accorder

9 **Recopie les phrases. Souligne les noms et les adjectifs qui portent une marque de genre que l'on entend à l'oral.**
a. Les musiciennes sont ponctuelles.
b. Mes amies sont courageuses.
c. Quatre maisons du village sont anciennes.
d. Tes histoires sont trop tristes !

10 **Relève les adjectifs et explique leur orthographe.**
a. Lorsque l'été est sec, la végétation souffre.
b. Les ours polaires ont une épaisse fourrure.
c. Cette année , comme les plages sont polluées, nous éviterons les séjours côtiers.

11 **Complète les GN avec un adjectif.**
a. une feuille (mort/morte/mortes)
b. un vélo (rouillé/rouillée/rouillés)
c. des individus (stupide/stupides)
d. des barbes (rasé/rasée/rasés/rasées).

12 **Réécris les phrases en mettant les mots écrits en en orange au pluriel.**
a. Le vent agite le roseau.
b. Elle a trouvé un cheveu dans la soupe.
c. Le portail de la maison ne ferme plus.
d. Tu dois acheter un tuyau d'arrosage.

13 **Repère les verbes et explique leur accord.**
Aujourd'hui les guépards sont surtout victimes des fermiers, qui les tuent pour protéger leurs chèvres. Pour éviter cela, le centre élève des chiens d'Anatolie… Ces grands chiens considérent les chèvres comme leur famille. Ils intimident les guépards. Du coup, les guépards s'approchent moins des chèvres et retournent chasser leurs proies habituelles.
Le petit quotidien, 21 juin 2010.

14 **Remplace dans chaque phrase le sujet par un pronom personnel et justifie ton choix.**
a. Antonio jouait aux échecs avec sa sœur.
b. Les algues envahissent la côte.
c. Un cerf, une biche et leur petit mangent les feuilles tendres de la haie.
d. Ce matin, la brume envahit la vallée.

15 **Réécris les phrases en mettant le sujet au pluriel.**
a. Je faisais mon lit chaque matin.
b. Tu montes lentement l'escalier.
c. Le jardinier cueille les tomates.
d. Je veux t'aider à ranger la maison.
e. La voiture roule trop vite.

16 **Choisis un sujet et un verbe parmi ceux proposés et écris trois phrases en ajoutant un complément de ton choix.**
a. L'équipe des joueurs – les baigneurs – tu – mon ami – le boulanger
b. penses – trichent – aiment – fabrique – court – pétrit – courent – nage

17 **Réécris les phrases au passé composé.**
a. Nous arrivons au zoo.
b. Les filles tombent dans l'eau.
c. Le petit singe monte dans l'arbre.
d. Les pompiers descendent de l'échelle.
e. Vous allez en Haute-Savoie pendant les vacances de février.

18 **Écris correctement les participes passés des verbes entre parenthèses.**
a. Ils sont (partir) en avion.
b. Avez-vous (voir) ce film ?
c. Pauline est (monter) dans sa chambre.
d. Nous sommes (venir) de suite.
e. Les musiciens ont (jouer) toute la soirée.

19 **Écris les phrases au passé composé.**
a. Mes cousins arrivent aujourd'hui.
b. Ma tante apporte des jouets de plage.
c. Mon oncle gonfle le bateau.
d. Nous allons à la plage.
e. Au mois de janvier, vous préparez les galettes des rois.

20 **Réécris les phrases en remplaçant le sujet par un sujet au féminin pluriel.**
a. Les beaux comédiens répètent.
b. Le cheval fougueux gagne la course.
c. La tarte meringuée est excellente.
d. Mon petit frère est heureux.
e. Les parents admiratifs embrassent leur petit garçon.

Savoir utiliser le dictionnaire

Je cherche

Texte 1

Le dictionnaire de mes parents datait de 1960. Il était moche, il pesait trois tonnes, et ses deux mille pages étaient recouvertes d'une écriture de fourmis. [...] Chaque fois, mon regard s'attardait sur les illustrations. Je mettais un temps fou à trouver le mot que je cherchais et parfois, je l'oubliais. Au bout de cinq longues minutes, je trouvais enfin mon bonheur à la page 89.
Bonheur : n.m. État de parfaite satisfaction intérieure.
Je ne comprenais rien à cette définition. Je connaissais les mots *satisfaction* et *intérieure.* Mais les deux ensemble, c'était du chinois pour moi.

Mathis, *Cinq six bonheurs*, © éditions Thierry Magnier.

Texte 2

bonheur n.m. ❶ État dans lequel on est quand on est heureux. *Quel bonheur de te revoir!* **SYN. joie. CONTR. malheur.** ❷ Chance. *Nous avons eu le bonheur de les rencontrer.* **CONTR. malchance, malheur.** ❸ **Porter bonheur,** porter chance. ❹ **Par bonheur,** par chance. *Par bonheur, mon porte-monnaie a été retrouvé.* **SYN. heureusement.**

Dictionnaire Larousse junior 7/11 ans © Larousse, 2010.

Texte 3

bonheur n. m. 1. État dans lequel on se trouve quand on est tout à fait content. ❑ contr. **malheur.** *Le maire a souhaité beaucoup de bonheur aux jeunes mariés.* **2.** Chance. ❑ contr. **malchance.** *On dit que les trèfles à quatre feuilles portent bonheur.* **Par bonheur** *il n'a pas plu,* par chance. → **heureusement.**
▷ Autre mot de la famille : PORTE-BONHEUR.

Le Robert junior 8/11 ans, © Le Robert, 2010.

1. Explique les problèmes rencontrés par le narrateur du texte 1.

2. Compare la définition du texte 1 à celles des textes 2 et 3 : indique les informations communes et les différences.

3. Relève les abréviations présentes dans toutes les définitions et indique ce qu'elles signifient.

Je retiens

✓ **Dans un dictionnaire**, je trouve **des informations importantes sur chaque mot** :
- **son orthographe** : c'est l'entrée de la définition
- **sa classe grammaticale** : *v. pour « verbe »*
- **son genre** (dans le cas d'un nom commun) : ***n. f.*** *pour « nom féminim »*
- **ses synonymes** : signalés par l'abréviation *syn.* ou bien par une flèche ou par ***voir aussi***
- **ses contraires** : signalés par ***contr.*** ou par *antonyme*
- **les mots de la même famille.**

✓ La définition comporte aussi **des exemples** qui **aident à comprendre le mot.**

Je repère

1 **Lis l'article suivant.**

phare n. m. 1. Haute tour munie d'une très forte lumière servant à guider les bateaux, la nuit. *La lumière du phare balaie la mer.* 2. Lumière placée à l'avant d'une voiture pour éclairer la route, la nuit. *Il a fait régler les phares de sa voiture.* ❍ homonyme : fard.
▷ Autre mot de la famille : GYROPHARE.

phare

Le Robert junior 8/11 ans, Le Robert, 2010.

a. **Donne l'entrée de l'article.**
b. **Identifie la nature du mot défini.**
c. **Combien de sens ce mot a-t-il ?**
d. **Relève le mot de la même famille.**
e. **À quoi sert le dessin ?**
f. **Combien d'exemples cet article de dictionnaire comporte-t-il ? À quoi les reconnais-tu ?**

2 **Lis l'article suivant.**

bondir v. (conjug. 2) 1. S'élever brusquement en l'air par un saut. → **sauter**. *Le tigre bondit sur sa proie.* 2. Se précipiter. → **courir**. *Julie a bondi sur le téléphone à la première sonnerie.*
▷ Autres mots de la famille : BOND, REBOND, REBONDIR, REBONDISSEMENT.

Le Robert junior 8/11 ans, Le Robert, 2010.

a. **Indique la nature du mot défini.**
b. **Combien de sens ce mot a-t-il ?**
c. **À ton avis, que signifie l'information qui est entre parenthèses ?**
d. **Comment sont annoncés les synonymes ?**
e. **Relève un exemple.**
f. **Pourquoi cette définition ne comporte-t-elle pas d'illustration ?**

Je manipule

3 **Associe chacune des phrases ci-dessous à l'une des définitions suivantes.**

guetter v. (conjug. 3). ❶ Surveiller attentivement quelque chose. *Le lion guette sa proie.* ❷ Attendre avec impatience. *Léo guette l'arrivée du facteur depuis ce matin.* ❸ Être une menace. *La maladie le guette.*

Dictionnaire Larousse junior 7/11 ans © Larousse, 2010.

a. L'enfant guette le peloton des cyclistes du Tour de France.
b. La famine guette certains pays.
c. Le faucon guette le rongeur.
d. Les spectateurs guettent l'arrivée de la star.

4 **Lis l'article suivant et indique si les observations sont vraies ou fausses.**

épais, épaisse adj. ❶ Qui a une épaisseur donnée. *Une planche épaisse de 4 cm.* ❷ Qui a une épaisseur importante. *Une épaisse couche de neige.* SYN. **gros.** CONTR. **fin, mince.** ❸ Qui est compact, consistant ou dense. *La sauce est trop épaisse.* SYN. **pâteux.** CONTR. **fluide, liquide.** *Une épaisse fumée envahit la pièce.* SYN. **dense.** CONTR. **léger.**

Dictionnaire Larousse junior 7/11 ans © Larousse, 2010.

a. Dans l'article suivant, deux mots différents sont définis.
b. « adj. » signifie adjectif.
c. Le mot a trois synonymes et trois contraires.

5 **Associe chacune des phrases ci-dessous à l'une des définitions de l'article de dictionnaire de l'exercice 4.**

a. Ma mère choisit une couverture épaisse.
b. Un épais brouillard entoure la maison.
c. Le cuisinier coupe des tranches de pain épaisses de 2 cm.

J'écris

6 **Rédige un article de dictionnaire pour définir le mot spacieux.**
Tu n'oublieras pas de proposer un exemple.

Utiliser les synonymes et les antonymes

Je cherche

Un vent **froid** se lève sur la côte. Des nuages **sombres** s'amoncellent à l'horizon. Un **gros** bateau de pêche essaie d'**entrer** dans le port. Des touristes **téméraires** avancent sur la digue pour le voir passer. Les mouettes tournoient **rapidement** au-dessus de leurs têtes.

1. Réécris les phrases en remplaçant les mots écrits en violet par un synonyme.
2. Réécris une nouvelle fois les phrases en remplaçant les mots écrits en violet par un antonyme.

Je retiens

✓ Je peux reconnaître **les mots qui sont synonymes : ils ont presque le même sens.**
un magasin / un commerce *blêmir / pâlir*

✓ Je peux aussi reconnaître **les mots qui sont antonymes : ils ont des sens contraires.**
petit / grand *partir /arriver*

✓ Je peux **former l'antonyme** de certains mots **en ajoutant un préfixe.**
*possible / **im**possible* *obéir / **dés**obéir*

Je repère

1 Relève un antonyme du mot défini ci-dessous.

> **divertir** et **se divertir** v. Faire passer le temps agréablement. *Ce film comique nous a bien divertis.* **SYN.** **amuser, distraire.** **CONTR.** **ennuyer.** ◆ **se divertir.** S'amuser, se distraire. *Marie s'est divertie en allant au cinéma.*

Dictionnaire Larousse junior 7/11 ans © Larousse, 2010.

2 Relève un synonyme du mot défini ci-après.

> **guerroyer** v. Mot littéraire. Faire la guerre. *Au Moyen Âge, les seigneurs guerroyaient.* **SYN.** **se battre, combattre.**

Dictionnaire Larousse junior 7/11 ans © Larousse, 2010.

3 Dans l'article suivant, combien de synonymes comptes-tu ?

> **brusquer** v. ❶ Traiter quelqu'un de manière brusque, brutale. *Mon petit frère se mettra à pleurer si tu le brusques.* **SYN.** **bousculer, malmener.** ❷ Faire quelque chose de manière précipitée. *Ils ont dû brusquer leur déménagement.* **SYN.** **hâter, précipiter.**

Dictionnaire Larousse 7 / 11 ans, Larousse, 2011.

4 Dans l'article suivant, compte le nombre de synonymes et le nombre d'antonymes du mot.

> **tumulte** n.m. Grand désordre accompagné de bruit, de cris. *La réunion s'est terminée dans le tumulte.* **SYN.** **brouhaha, vacarme.**

Dictionnaire Larousse 7 / 11 ans, Larousse, 2011.

5 Associe les adjectifs qui sont synonymes.
vaste – angoissé – haut – spacieux – distant – éloigné – anxieux – élevé

6 Associe les adjectifs qui sont antonymes.
téméraire – généreux – avare – sournois – frêle – prudent – franc – robuste

7 Associe les verbes qui sont synonymes.
alimenter – sauter – éparpiller – monter – nourrir – gravir – disséminer – bondir

8 Associe les verbes qui sont antonymes.
dissuader – défendre – apaiser – baisser – encourager – énerver – lever – attaquer

Je manipule

9 Réécris chaque phrase en remplaçant le mot écrit en violet par un synonyme.
a. En classe, les élèves sont calmes.
b. Il faut attacher tes lacets.
c. Cette voiture va trop vite.
d. Je fonce vers la sortie.

10 Réécris chaque phrase en remplaçant le mot écrit en violet par un antonyme.
a. L'avion décolle de la piste.
b. Cet animal se caractérise par sa rapidité.
c. Cette histoire est réelle.
d. La couverture en polaire est rugueuse.

11 Cherche un adjectif qui correspond à chaque personnage, puis propose un antonyme.

a.

c

b.

d.

12 Réécris le texte en remplaçant chaque mot écrit en violet par un synonyme.
C'est au cours d'une promenade sur les docks que j'achetai l'objet qui devait à jamais transformer ma vie : une énorme dent couverte de gravures étranges.

François Place, *Les derniers géants*, Casterman.

13 Réécris chaque phrase en remplaçant le verbe prendre par un synonyme de la liste.
avaler – s'emparer – saisir – acheter
a. Le basketteur prend le ballon.
b. Il prend tous les matins son pain dans cette boulangerie.
c. Les Parisiens ont pris la Bastille en 1789.
d. Le malade prend son médicament avec de l'eau.

14 Pour éviter les répétitions du mot maison, utilise des synonymes.
Au Moyen-Âge, les paysans vivaient dans des maisons peu solides. Ces maisons étaient faites en bois et en chaume. Aujourd'hui pour construire les maisons actuelles, on utilise du béton, des ardoises ou des tuiles.

J'écris

15 Réécris le texte en remplaçant les mots écrits en gras par des synonymes puis par des antonymes.
J'ai vu une énorme soucoupe volante atterrir. Un petit bonhomme vert et mince cherchait une personne célèbre. Je n'ai pas pu lui répondre. Était-ce un rêve ? Cette histoire était-elle vraie ?

Utiliser un mot générique

Je cherche

les salamandres – les phoques – les otaries – les chauves-souris – les chats – les crapauds – les singes – les chiens – les crocodiles – les serpents – les kangourous – les baleines – les tortues – les lézards – les grenouilles – les dauphins

1. **Propose un classement des noms ci-dessus en trois colonnes.**
Aide-toi d'un dictionnaire ou d'une encyclopédie.

2. **Choisis un nom pour définir chaque colonne.**

3. **Cite cinq noms qui peuvent entrer dans une autre colonne qui aura pour titre le mot « insecte ».**

Je retiens

✓ Pour **classer les êtres vivants et les objets en catégories**, je peux utiliser **des mots génériques**. Ils désignent une généralité.
des arbres : *le palmier, le marronnier, le pommier…*

✓ **Les mots génériques** s'appliquent aussi **aux éléments abstraits**, c'est-à-dire aux éléments que l'on ne peut ni voir ni toucher.
des qualités : *la générosité, la patience, l'honnêteté…*

✓ **Les verbes** peuvent aussi être des mots génériques.
jardiner : *semer, planter, arroser, couper, tailler…*

‖ Un mot générique regroupe **des mots particuliers** :
semer, planter, arroser sont des mots particuliers du mot générique *jardiner*.

Je repère

1 **Repère le mot générique de chaque liste.**
a. un fauteuil – un canapé – un siège – une chaise – un tabouret – un banc
b. une assiette – une fourchette – un plat – la vaisselle – un bol
c. un pommier – un arbre – un cerisier – un poirier – un prunier

2 **Associe chaque mot particulier à son mot générique.**
a. Mots particuliers : football – chocolat – table – paquebot
b. Mots génériques : navire – meuble – aliment – sport

3 Repère le mot générique de chaque liste.

a. un peintre – un musicien – un artiste – un sculpteur – un écrivain
b. un chirurgien – un dentiste – un dermatologue – un médecin
c. le métal – le fer – le cuivre – l'aluminium – l'or

4 Dico Ces affirmations sont-elles vraies ou fausses ?

a. Le melon est un légume.
b. L'araignée est un insecte.
c. Un têtard est un poisson.
d. Un mammifère est un chien.

5 Recopie le texte, entoure le mot générique et souligne les mots particuliers.

Les grenouilles, les crapauds, les tritons et les salamandres sont des amphibiens. La plupart des espèces peuvent vivre à la fois sur terre et dans l'eau. Ils pondent le plus souvent leurs œufs dans l'eau.

Mon Encyclopédie Découvertes 6-9 ans, Gallimard.

6 Relève les mots particuliers du mot générique surligné.

Les êtres humains ne peuvent arrêter les fureurs de la planète. Ils savent seulement suivre le trajet des tempêtes et des inondations et se mettre à l'abri lorsqu'elles approchent, ou fuir les éruptions volcaniques quelques heures avant le déclenchement. Beaucoup de catastrophes sont donc inévitables. D'autres sont en revanche provoquées par l'imprudence des hommes. C'est le cas des feux de forêts, des coulées de boue ou de certaines avalanches.

Dokéo+, Nathan.

7 Quel est le mot générique qui réunit les deux listes a et b ?

a. scooter – bicyclette – moto
b. voiture – bus – train – avion

Je manipule

8 Donne trois noms liés à chaque mot générique.

a. légume
b. fruit
c. aliment
d. livre

9 Propose le mot générique qui convient pour chaque série.

a. les hippocampes, les soles, les requins
b. les chalutiers, les navires marchands, les sous-marins
c. le marteau, la perceuse, le tournevis
d. l'honnêteté, la franchise, la générosité

10 Propose le mot générique qui convient pour chaque série.

a. le violon, la flûte, le piano, le violoncelle
b. le tennis, le cinéma, le chant, la lecture
c. la peur, la joie, la tristesse, la colère
d. les châteaux, les immeubles, les maisons
e. une casserole, un couteau, une fourchette

11 Remplace le mot générique écrit en violet par un mot particulier qui convient.

a. Je vois les fleurs pousser.
b. J'aime les agrumes.
c. Il a peur des animaux.
d. Il fabrique des meubles.
e. Il enfile un vêtement.

12 Cite quatre verbes pour chaque mot générique.

a. bricoler
b. manger
c. parler
d. se déplacer

13 Dico Propose une définition pour chaque mot en utilisant un mot générique.

a. une tortue
b. un pingouin
c. une araignée
d. un papillon
e. une tomate
f. un melon

J'écris

14 Dico Écris un paragraphe de quatre phrases dans lequel tu définiras le mot coléoptère.

Identifier les différents niveaux de langue

Je cherche

Lucien a donné rendez-vous à Marco et Dédé. Il veut leur montrer ce qu'il vient de découvrir : un lingot d'or.

– Quand je vous disais qu'on allait à la chasse au trésor, j'ai pas menti, hein ?

– Où t'as trouvé ça ? demande Marco, toujours pratique.

– Heu… Tu l'as pas volé, au moins ? s'inquiète Dédé, toujours méfiant.

– Tu me prends pour qui ? s'offusque Lucien. J'ai trouvé un vrai trésor, j'en fais profiter mes meilleurs potes, normal, non ? Maintenant, si ça ne vous plaît pas…

Les meilleurs potes protestent de concert :

– Ça va pas la tête ? On est avec toi, Lulu… Lucien ! Allez, raconte !

Jean-Hugues Oppel, *Trois fêlés et un pendu*, Syros.

1. **L'auteur a choisi de rapporter les paroles des personnages dans le registre familier, c'est-à-dire un registre que l'on choisit entre amis. Indique ce qui le prouve.**

2. **Relève les expressions qui montrent que l'auteur a aussi choisi le registre soutenu, c'est-à-dire un registre plus recherché.**

3. **Relève une phrase qui est du registre courant.**

Je retiens

✓ Lorsque **je m'adresse à quelqu'un, à l'oral ou à l'écrit**, je dois choisir **le niveau de langue** qui convient.

- De façon générale, j'utilise **le registre courant**.
  *Il habite une **belle maison**.*
- **À l'oral, avec des amis ou des membres de la famille**, j'utilise souvent **le registre familier**.
  *Il habite dans une **super bicoque**.*
- **À l'écrit ou avec quelqu'un que je ne connais pas**, je choisis **le registre soutenu**.
  *Il habitait dans une **somptueuse demeure**.*

✓ **Le niveau de langue familier** se reconnaît au **vocabulaire** choisi mais aussi dans **la construction des phrases**.

- Certaines lettres ne sont pas prononcées : ***T'as** gagné ?*
- La phrase interrogative ne respecte pas l'inversion du sujet : *Où **tu as** mis les clés ?*
- Le « ne » de négation n'est pas prononcé : ***J'ai pas** envie d'aller me coucher.*

Je repère

1 **Classe les mots suivants en fonction du niveau de langue.**
se marrer – tomber – se casser la figure – s'émerveiller – habiter – miroiter

2 **Relève la phrase qui est du registre familier.**
a. Ma sœur rit tout le temps.
b. Mon petit frère rigole tout le temps.
c. Mon grand-père est toujours hilare.

3 **Relève l'intrus de chaque liste.**
a. papoter – un pote – une bagnole – un livre
b. une demeure – résider – un clébard – se vêtir

4 **Associe chaque verbe familier au verbe courant qui lui correspond.**
a. verbes familiers : jacter – bouffer – roupiller – vadrouiller – râler
b. verbes courants : protester – marcher – dormir – manger – parler

5 **Classe les mots selon le niveau de langue.**
la crainte – la bagnole – un enfant – le nez – la chevelure – la bouffe – la tignasse – le pif – un gosse – la frousse – la nourriture

6 **Indique à quoi tu reconnais que les phrases suivantes sont d'un registre familier.**
a. Cet homme a des grosses paluches.
b. T'es pas mon pote !
c. T'as déjà fini tes exos ?
d. Il est où le ballon ?

7 **Parmi les deux sens du verbe balancer, recopie celui qui correspond au registre familier.**

> **balancer** v. ❶ Faire aller alternativement d'un côté puis de l'autre. *Marcher en balançant les bras de l'avant vers l'arrière.* ❷ Jeter un objet. *Il a balancé ses baskets au milieu de la chambre.*

Dictionnaire Larousse 7 / 11 ans, Larousse, 2011.

Je manipule

8 **Réécris les phrases de l'exercice 6 dans un registre courant.**

9 **Réécris le texte suivant dans un registre courant.**
– Je crève de chaud, j'ai la bouche comme du buvard, ça me gêne pour chanter ! proteste le gros Dédé en s'épongeant le front. Et pis, vous êtes marrants, la hulotte, c'est pas de la tarte à imiter, voilà !

Jean-Hugues Oppel, *Trois fêlés et un pendu*, Syros.

10 Dico **Ces verbes sont du registre soutenu. Cherche le mot qui leur correspond en langage courant.**
s'enquérir – dissuader – maugréer – s'extasier

11 **Lis le texte suivant.**
a. Indique quel est le niveau de langue de l'expression surlignée.
b. Propose une réécriture du texte dans un registre courant.
c. D'après toi, pourquoi l'auteur a-t-il préféré utiliser ce registre ?

Ce matin-là, l'ancien boxeur Simon le Melon était de fort méchante humeur : Adeline l'Aubergine venait de lui mettre une prune et cette contravention était d'autant plus malvenue qu'il n'avait plus un radis.
Du coup, lorsqu'il avait buté sur les pieds de Louison de Citron, qui prenait un verre à la terrasse d'un café, et s'était retrouvé par terre, il était entré dans une rage folle et lui avait collé une châtaigne.

Emmanuel Trédez, *La carotte se prend le chou*, Nathan.

J'écris

12 **Complète les bulles en choisissant le niveau de langue qui convient.**

Utiliser le contexte pour comprendre un mot inconnu

Je cherche

Des **météores**, appelés aussi étoiles filantes, apparaissent dans le ciel nocturne lorsque des particules de poussières issues des comètes plongent dans l'atmosphère terrestre et brûlent à son contact.

Une **comète** est un gros morceau de glace et de poussière circulant dans l'espace. Elle ressemble à une énorme boule de neige sale.

Parfois, des morceaux de roche venus de l'espace entrent en collision avec les planètes et leurs satellites : ce sont des **météorites**.

Mon Encyclopédie Découvertes 6-9 ans, Ed. Gallimard.

1. **Cherche dans un dictionnaire la définition des mots écrits en violet dans les textes.**

2. **Dans chaque texte, relève la phrase ou l'expression qui donne le sens du mot écrit en violet.**

Je retiens

✓ Lorsque je ne connais pas le sens d'un mot, je peux utiliser **le contexte**, c'est-à-dire **ce qui entoure le mot, pour le comprendre.**

✓ Je dois **faire des liens entre les informations** et **repérer les indices** :

- le présentatif ***c'est*** ou ***ce sont*** après **les deux points** : **:**
  Des scientifiques font des voyages dans l'espace : ***ce sont*** *des spationautes.*
- **des expressions** telles que « **appelé…** », « **que l'on nomme…** »
  Les scientiques qui voyagent dans l'espace, ***appelés*** *spationautes, font avancer les recherches.*
- **l'attribut du sujet** sert aussi à définir un mot.
  Un spationaute ***est*** *un scientifique qui fait des voyages d'étude dans l'espace.*

Je repère

1 **Relève l'expression qui explique le mot écrit en violet.**

Des roches composant la Terre jusqu'aux planètes et étoiles des galaxies les plus éloignées, en passant par les animaux, les plantes et toutes les créatures vivantes, la matière – solide, liquide, ou gazeuse – est constituée de minuscules particules : **les atomes**.

La grande encyclopédie, Ed. Gallimard.

2 **Relève l'expression qui explique le mot écrit en violet dans l'extrait suivant.**

Les Égyptiens utilisaient une écriture dont les caractères étaient des dessins et des symboles appelés **hiéroglyphes**.

Mon Encyclopédie Découvertes, Ed. Gallimard.

3 **Relève l'expression qui permet de comprendre le mot en violet. Indique si le mot est employé au sens propre ou au sens figuré.**

Il lui fallait maintenant inventer un instrument capable d'atteindre le balcon de Mme Silver depuis le sien, et d'y pêcher une tortue. Pour un professionnel comme M. Hoppy, la tâche ne présentait pas de grandes difficultés. Tout d'abord, il fabriqua deux **mâchoires**, ou doigts de métal, et les disposa à l'extrémité d'un long tube métallique.

Roald Dahl, *Un amour de tortue*, Ed. Gallimard

4 **Relis les pages 88 et 89 (sur les volcans) et relève les expressions qui définissent ces mots.**

a. le magma
b. les sismologues
c. la lave
d. un séisme

Je manipule

5 **Réécris les phrases en utilisant l'expression « que l'on nomme... » ou « qui sont appelés... ».**

a. Certains vertébrés se déplacent en rampant : ce sont des reptiles.
b. Certains mollusques portent une coquille en spirale et rampent : ce sont des gastéropodes.
c. Certaines personnes sont spécialisées dans les plans et la construction des bâtiments : ce sont des architectes.
d. Certaines personnes sont spécialisées dans la fabrication des violons : ce sont des luthiers.

6 Dico **Rédige la définition des mots suivants en utilisant la construction « verbe + attribut du sujet ».**

a. les métaux **c.** un opéra
b. un cyclone **d.** une tirade

7 Dico **Rédige une phrase qui définit chaque mot, en utilisant les expressions « que l'on appelle... » « ce sont... ».**

a. les spationautes **c.** les feuillus
b. les douves **d.** les impressionnistes

8 Dico **Rédige pour chaque mot une phrase qui expliquera son sens dans le domaine de la géographie.**

a. un plateau **c.** un méandre
b. un isthme **d.** une presqu'île.

9 **Dans le texte suivant, repère les expressions qui te permettent de comprendre les mots écrits en violet. Réécris ensuite un texte dans lequel tu définiras ces deux mots.**

Longtemps, les paysans ont appartenu au seigneur qui pouvait les vendre avec la terre ; on les appelait les « **serfs** ». Puis ils sont devenus libres ; on les appelle alors les « **vilains** ».

Encyclopédie Méga, Larousse.

10 **Utilise chaque mot dans deux phrases qui seront liées à des contextes différents : géographie, mathématiques ou sciences. Tes phrases permettront de comprendre le sens des mots.**

milieu – espace – aire – sommet – arête

J'écris

11 Dico **Rédige un paragraphe dans lequel tu utiliseras les mots suivants en les expliquant.**

affluent – confluent

Reconnaître le sens propre et le sens figuré

Je cherche

Rosalie est une tête de linotte ! Elle est tête en l'air. Elle a toujours la tête dans les nuages. Je lui dis pourtant de garder la tête sur les épaules, de se creuser la tête !

Isidore en a gros sur le cœur ! Lui qui a le cœur sur la main, il n'aime pas les gens qui ont un cœur de pierre. Et il est terriblement déçu de voir qu'Ernest n'a pas de cœur !

1. Cherche dans le dictionnaire le premier sens du mot *tête* et du mot *cœur* et recopie-les.

2. Compare les définitions que tu as recopiées avec les expressions utilisées dans le texte ci-dessus. Que remarques-tu ?

3. Réécris le texte en remplaçant les expressions qui comportent les mots *tête* et *cœur* par des expressions synonymes.

Je retiens

✓ Les mots que j'utilise peuvent avoir **un sens propre** ou **un sens figuré**.

✓ **Le sens propre** est **le sens courant** du mot.
Ève a les cheveux longs.

✓ Le **sens figuré** est **un sens imagé** du mot.
Ton explication est tirée par les cheveux !

Le sens propre est le premier sens du mot : dans le dictionnaire, il est toujours donné avant le sens figuré.

tomber v. ❶ Être entraîné vers le bas et venir heurter le sol. *Ma petite sœur est tombée de cheval.* ❷ Rencontrer par hasard. *Lucie est tombée sur Gabriel à la boulangerie.*

Je repère

1 Dico **Indique si les mots écrits en violet sont employés au sens propre.**
a. Julie a l'air sombre, ce soir.
b. J'entre dans une pièce sombre.
c. J'ai mal au pied droit.
d. Le pied de la chaise est cassé.

2 **Indique si les mots écrits en violet sont employés au sens propre.**
a. Sherlock Holmes fait la lumière sur cette affaire.
b. Il allume la lumière.
c. Elle met sa main devant sa bouche.
d. La bouche d'aération est au-dessus de la fenêtre.

3 **Parmi les expressions suivantes, recopie celles qui relèvent du sens figuré.**

a. être au four et au moulin
b. se battre contre des moulins à vent
c. entrer comme dans un moulin
d. être un moulin à paroles
e. moudre le blé au moulin

4 **Parmi les phrases suivantes, relève celles qui comportent un verbe au sens figuré.**

a. Max vole de ses propres ailes.
b. Qui a volé la voiture de mon oncle ?
c. L'hirondelle vole vers les pays chauds.
d. Le pompier vole au secours de la voisine.

5 **Associe chaque expression à son synonyme.**

a. avoir un chat dans la gorge – passer du coq à l'âne – ne pas avoir froid aux yeux – avoir du pain sur la planche – avoir un appétit d'oiseau
b. être courageux – avoir beaucoup de travail – changer de sujet – manger très peu – être enroué

6 **Associe chaque expression à son synonyme. Puis écris une phrase avec le verbe courir au sens propre.**

a. courir deux lièvres à la fois – courir un danger
b. risquer sa vie – s'occuper de plusieurs choses à la fois

7 **Dans cet article de dictionnaire, repère les définitions qui se rapportent au sens figuré du mot.**

mouton n. m. 1. Animal au poil épais et frisé. → aussi **agneau, bélier, brebis.** *Les moutons bêlent. Le berger mène paître son troupeau de moutons. — Nous avons mangé des côtelettes de mouton.* 2. Flocon de poussière. *Il y a des moutons sous le lit.* 3. Petite vague surmontée d'écume. *La mer est agitée, regarde tous ces moutons !*
▷ Autre mot de la famille : SAUTE-MOUTON.

Dictionnaire le Robert junior 8/11 ans, Le Robert, 2010.

8 **Dans cet article de dictionnaire, relève un exemple illustrant le sens figuré.**

s'épanouir v. ❶ Pour une fleur, s'ouvrir complètement. *Les pivoines se sont épanouies.* ❷ Manifester de la joie. *Le visage d'Alexandre s'est épanoui quand il a vu son amie.* SYN. **s'éclairer.** ❸ Se développer le mieux possible : être bien, heureux. *Ma cousine s'épanouit depuis qu'elle vit à la campagne.*

Dictionnaire Larousse junior 7/11 ans, Larousse, 2010.

Je manipule

9 Dico **Utilise les mots suivants au sens propre et au sens figuré dans deux phrases différentes.**

a. pied
b. dent
c. souris
d. puce

10 Dico **Utilise les mots suivants au sens propre et au sens figuré dans deux phrases différentes.**

a. inonder
b. courir
c. dévorer
d. dévoiler

11 Dico **Trouve tous les sens figurés du verbe rouler. Utilise-les chacun dans une phrase.**

12 **Utilise chaque expression dans une phrase qui expliquera son sens.**

a. chercher une aiguille dans une botte de foin
b. avoir la tête sur les épaules
c. mettre la puce à l'oreille

J'écris

13 **Les dessins illustrent des expressions avec le verbe « prendre » au sens figuré. Retrouve-les, puis utilise-les dans une phrase ?**

Identifier et utiliser les préfixes

Je cherche

défaire – redire regonfler – dérégler refaire – déplaire – dégonfler	irréel – maladroit malhabile – malhonnête illisible – inutile – impossible

1. **Indique la nature des mots de chaque ensemble.**

2. **Recopie chaque mot en entourant son radical. Quels sont les mots qui sont de la même famille ?**

3. **Classe les mots en fonction de leur préfixe.**

4. **À l'aide du dictionnaire, cherche le sens des préfixes relevés.**

Je retiens

✓ Je peux **ajouter un préfixe** à un mot pour **former un mot de la même famille.**
*différent → **in**différent*

✓ En ajoutant un préfixe, je change **le sens du mot**.
*plier → **dé**plier (faire le contraire de plier)* *légal → **il**légal (qui n'est pas légal)*

✓ Lorsque j'ajoute un préfixe à un mot, je ne change pas **sa nature grammaticale.**
*heureux → **mal**heureux*
adj. adj.

Je repère

1 **Recopie les mots et entoure les préfixes.**
a. découdre – dépasser – déposer – dépeupler
b. imparfait – immortel – impraticable – impropre
c. remonter – remâcher – refaire – rejeter
d. inconnu – inactif – inaccessible – indirect

2 **Recopie les mots écrits en violet et entoure les préfixes.**
a. Ce sirop est **imbuvable**.
b. Je suis **incapable** de l'avaler.
c. Être malade est **désagréable**.
d. Mon **imprudence** est la cause de mon rhume.

3 **Chaque mot doit être construit avec un préfixe. Relève l'intrus.**
a. dénouer – décoller – décider – débrancher
b. impossible – immense – impuni – improbable
c. recoudre – remettre – relire – refuser
d. désobéissant – désordonné – désastreux – déshonoré

4 **Relève les mots formés avec un préfixe. Souligne le radical.**
illimité – illustré – surlendemain – automobile – inattendu – incisive – redresser – refroidir – illisible – déshabillé – renaître – transmettre

5 **Relie chaque préfixe à son radical.**

auto •	• mensuel
extra •	• dépendant
bi •	• vision
in •	• ordinaire
télé •	• mobile

6 **Souligne le préfixe des mots écrits en violet et indique ce qu'il signifie.**

a. Le facteur transporte des lettres.
b. Il n'est pas inactif.
c. Il recommence chaque jour.
d. Certaines adresses sont illisibles.

7 Dico **Le préfixe bi- signifie « deux ». Cherche les mots correspondant aux définitions.**

a. Un drapeau avec deux couleurs est un drapeau …
b. Un animal qui marche sur deux pieds est un animal …
c. Un magazine qui paraît deux fois dans le mois est un …
d. Une personne qui parle deux langues est une personne …

8 **a. Dans la liste suivante, relève les mots qui comportent le préfixe re-.**
b. Donne la signification de ce préfixe.

redire – une recette – recevoir – revoir – renaître – un repas – le repos – reprendre

Je manipule

9 **Ajoute un préfixe à chaque mot suivant pour obtenir son antonyme.**

a. plaire
b. habiller
c. obéir
d. faire

10 Dico **Recopie les verbes. Souligne leur radical et entoure leur préfixe. Utilise ensuite chaque verbe dans une phrase.**

importer – transporter – exporter

11 **Remplace l'expression écrite en violet par un adjectif.**

a. un vaccin contre la grippe
b. un shampoing contre les pellicules
c. un médicament contre une inflammation
d. une semelle qui empêche de déraper

12 Dico **Le préfixe aéro- signifie « air ». Cherche trois mots construits avec ce préfixe et utilise-les chacun dans une phrase.**

13 **Pour chaque verbe, utilise deux préfixes différents pour changer son sens.**

tenir – placer – couper – venir

14 **Pour chaque adjectif, utilise un préfixe pour changer son sens.**

prévisible – armé – naturel – national – ordinaire

15 **Continue la liste de mots en ajoutant un mot respectant la nature des mots et le préfixe.**

a. déboucher – déposséder – …
b. imprenable – impensable – …
c. télécommande – téléviseur – …
d. antirouille – antimite – …

16 **Utilise quatre préfixes différents pour écrire quatre verbes ayant porter comme radical.**

17 **Trouve l'antonyme de chaque mot en ajoutant un préfixe.**

régler – réparable – perméable – content – habile – teindre – accorder

18 Dico **Les mots suivants ont chacun un antonyme qui commence par le même préfixe. Trouve-les et utilise-les chacun dans une phrase.**

propre – adroit – honnête – heureux

J'écris

19 **Identifie les trois mots formés avec le même préfixe. Puis écris un court texte avec ces mots.**

Identifier et utiliser les suffixes

Je cherche

le jardinage	mangeable	agressif	la faiblesse
le feuillage	lavable	sportif	la maladresse
le plumage	jetable	imaginatif	la gentillesse

1. Recopie les mots ci-dessus en respectant les colonnes et entoure les suffixes.
2. Trouve le radical de chaque mot.
3. Parmi ces mots, choisis-en quatre et propose des mots de la même famille.
4. Indique la nature des mots dans chaque colonne.

Je retiens

✓ Je peux **ajouter un suffixe** à un mot **pour obtenir un mot de la même famille.**
*travail → travai**ller**, travai**lleur*** *nage → nag**er**, nag**eur***

✓ Lorsque j'ajoute un suffixe, **le radical est parfois modifié.**
*corrig**er** → correc**tion***

✓ En ajoutant un suffixe, **je peux modifier le sens du mot.**
*maison → maison**nette** (une petite maison)*
*jaune → jaun**âtre** (d'un jaune terne)*

✓ En ajoutant un suffixe, **je peux changer la nature du mot.**
*franc / franch**ise***
adj. nom

Je repère

1 Relève les mots de la famille de jardin. Entoure les suffixes.
jardinier – jardiner – jars – jardinage – jasmin – jardinière – jardinet

2 Recopie les mots. Entoure le suffixe.
rapidement – orangeade – habileté – hardiesse – skieur – voleter

3 Recopie les mots. Entoure le suffixe –eur. Souligne le radical.
blancheur – longueur – mineur – lenteur – tireur – docteur – épaisseur – lourdeur – hauteur

4 **Recopie les mots et entoure leur suffixe.**
trouvaille – aménagement – grandeur – hauteur – laitière – cheminot – parenté – roseraie – vingtaine

5 **Relève l'intrus parmi ces noms de métiers. Justifie ta réponse.**
pâtissier – charcutier – menuisier – fleuriste – plombier – charpentier – meunier

Je manipule

6 **Explique comment est formé le nom blessure et trouve deux noms formés avec le même suffixe.**

7 **Écris le nom qui correspond à chaque action. Souligne le suffixe.**
a. action d'expliquer
b. action de corriger
c. action de diriger
d. action de soustraire

8 **Écris le mot qui correspond à chaque définition. Souligne le suffixe.**
a. Que l'on peut livrer.
b. Que l'on peut rembourser.
c. Que l'on peut adapter.
d. Que l'on peut vendre.

9 **À partir de chaque adjectif, construis le nom d'un métier en utilisant le même suffixe.**
technique – informatique – pharmaceutique – mécanique – électrique

10 **Ajoute un suffixe pour modifier le sens de chaque mot.**
une fille – blanc – une table – une botte – une île – bleu

11 Dico **Ajoute un suffixe pour changer la nature de chaque mot.**
courir – un mensonge – voler – un cube – le courage – lire – gentil

12 Dico **Ajoute un suffixe pour former un mot de la même famille.**
matin – cuiller – haut – aliment – poire

13 Dico **Une peupleraie est un lieu planté de peupliers. En utilisant le même suffixe, cherche le mot qui correspond à chaque définition.**
a. Un lieu planté de bananiers.
b. Un lieu planté de rosiers.
c. Un lieu planté de chênes.
d. Un lieu planté de cerisiers.

14 **Cherche le radical des mots suivants puis écris leur masculin.**
a. conductrice – directrice – illustratrice – navigatrice
b. épicière – boulangère – bouchère – fermière
c. musicienne – pharmacienne – esthéticienne

15 **Construis un verbe avec chacun des noms.**
a. plan
b. solide
c. immobile
d. fertile

16 **Trouve trois adjectifs formés avec le suffixe -al.**

17 **Écris le nom des habitants des pays suivants.**
a. Le Maroc
b. Le Brésil
c. Le Cambodge
d. La Suède

J'écris

18 **« Un chasseur doit savoir chasser sans son chien. »**
Écris une phrase avec chacun des mots suivants en respectant la même construction.
Un **navigateur** doit savoir …
Un **explorateur** doit savoir …
Un **pêcheur** doit savoir…
Un **chanteur** doit savoir…

Utiliser les verbes de mouvement, d'action, de parole et de pensée

Je cherche

Maître Renard s'était mis à creuser à toute vitesse avec ses pattes avant et, derrière lui, la terre voltigeait follement. Dame Renard et les quatre enfants accoururent pour l'aider. […] La mère, le père et les quatre enfants creusaient de concert. Leurs pattes de devant remuaient si vite qu'on ne les voyait plus. Et, peu à peu, les bruits se firent de plus en plus lointains. Une heure après, Maître Renard s'arrêta de creuser.
– Stop ! dit-il.
Tous s'arrêtèrent. Ils se retournèrent et levèrent les yeux sur la longue galerie qu'ils venaient de creuser. Tout était tranquille. […]
Ils s'assirent, à bout de souffle. Et Dame Renard dit à ses enfants :
– Il faudrait que vous sachiez que sans votre père, nous serions tous morts à l'heure qu'il est. Votre père est fantastique.

Roald Dahl, *Fantastique Maître Renard*, trad. M. Saint-Dizier et R. Farré, Illustration de Quentin Blake, Gallimard.

1. **Relève les verbes qui indiquent des déplacements des personnages.**
2. **Relève les verbes qui indiquent des actions.**
3. **Par quels verbes pourrais-tu remplacer le verbe *dire* dans le texte ?**

Je retiens

✓ Dans **les textes que je lis**, je rencontre **de nombreux verbes**.
Je dois aussi savoir **choisir les verbes** avec précision **lorsque j'écris**.

✓ **Je peux distinguer :**
- **des verbes de mouvement :** *avancer – reculer – s'approcher*
- **des verbes d'action :** *construire – casser*
- **des verbes de parole :** *dire – annoncer – déclarer*
- **des verbes de pensée :** *réfléchir – se demander*

Je repère

1 **Classe les verbes en deux colonnes : verbes d'action et verbes de mouvement.**
réparer – sauter – bricoler – cuisiner – descendre – enjamber – courir – cheminer

2 **Classe les verbes en deux colonnes : verbes de parole et verbes de pensée.**
prononcer – envisager – se demander – proclamer – réfléchir – annoncer – demander

3 Repère l'intrus et justifie ton choix.

a. lever – dire – casser – peindre – laver
b. courir – ralentir – s'imaginer – franchir
c. répondre – s'exclamer – répéter – tailler
d. aimer – adorer – répondre – apprécier

4 Dans la liste suivante, relève les verbes de pensée.

interroger – réfléchir – creuser – avancer – songer – rêver – imaginer

Je manipule

5 Recopie le texte et souligne les verbes d'action.

Ce samedi soir-là, comme les autres samedis soir, Harper s'étira, solitaire dans la maison, et commença les préparatifs en vue de la soirée. Il prit sous son bras gauche une dizaine d'illustrés, quitta sa chambre, descendit à la cuisine, sortit l'assiette de poulet et pressa presque entièrement le tube géant de mayonnaise par-dessus : Harp adorait la mayonnaise.

Claude Klotz, *Drôle de Samedi soir*, Hachette.

6 Recopie le texte et souligne les verbes de mouvement.

Notre corps est un extraordinaire organisme vivant capable de marcher, de courir ou de penser. Il est en permanente interaction avec son environnement grâce aux sens qui lui permettent de percevoir le monde qui l'entoure, ainsi qu'aux muscles et aux os, qui lui donnent la possibilité de se mouvoir et d'agir.

Mon Encyclopédie Découvertes, Gallimard.

7 Classe les verbes suivants du plus faible au plus fort.

hurler – chuchoter – crier – murmurer – dire

8 Explique le point commun de ces trois verbes.

balbutier – marmonner – bredouiller

9 Explique le point commun de ces quatre verbes.

errer – cheminer – parcourir – flâner

10 Explique le point commun des trois verbes.

se rappeler – se souvenir – se remémorer

11 Dico **Utilise chaque verbe dans une phrase puis donne son synonyme.**

gravir – arpenter – dévaler

12 Réécris les phrases suivantes en remplaçant l'expression avec le verbe *faire* par un verbe qui convient.

a. Ma grand-mère adore **faire de la couture**.
b. Mon grand-père adore **faire de la peinture**.
c. Ma tante adore **faire de la cuisine**.
d. Mon petit frère adore **faire des dessins**.

13 Utilise chaque verbe dans deux phrases. Dans la première phrase, il sera verbe de mouvement. Dans la deuxième phrase, il sera verbe d'action.

monter → 1. Je monte l'escalier.
→ 2. Mon père monte un meuble.

avancer – rouler – pousser – lever

14 Réécris chaque phrase en remplaçant le verbe *dire* par un synonyme.

a. « Attention à l'échelle ! Poussez-vous ! » **dit** le pompier.
b. « Dors, ma chérie. Demain, tu iras mieux… » **dit** la mère à sa fillette malade.
c. « Tu crois qu'il va voir où nous sommes cachés ? » **dit** Ernest à Jules.
d. « On a gagné ! » **disent** les footballeurs.

J'écris

15 Rédige un texte court qui raconte la scène ci-dessous. Tu utiliseras au moins un verbe de mouvement, un verbe d'action, un verbe de parole et un verbe de pensée.

Utiliser les mots du domaine des sensations

Je cherche

Texte A

Nous entrons dans un large ascenseur, je m'adosse aux parois métalliques dont j'aime la fraîcheur. Le temps que dure notre montée, nous restons silencieux. Quand la porte s'ouvre à nouveau, il y a de tout petits pleurs d'enfants, le chuintement de chariots que l'on roule sur le lino.

Hanno, *Jusqu'au bout des doigts*, Ed. Thierry Magnier.

Texte B

sens n.m. ❶ qui permet de recevoir les impressions physiques qui viennent de l'extérieur. *La vue, l'ouïe, l'odorat, le toucher, le goût sont les cinq sens.* ❷ Capacité à comprendre, à percevoir les choses de manière immédiate, intuitive. *Avoir le sens de l'orientation.* SYN. **don, instinct.** ❸ Signification de quelque chose. Dans un dictionnaire, on trouve le sens des mots. [...]

Dictionnaire Larousse Junior 7/11 ans, © Larousse.

Texte C

sensation n.f. ❶ Ce que l'on ressent physiquement. *Éprouver une sensation de froid.* ❷ Impression plus ou moins précise. *J'ai eu la sensation d'être observé.* ❸ Faire sensation, produire une forte impression sur les gens. *Ce film a fait sensation.*

Ibid.

1. Lis les trois textes.

2. Relève, dans le texte A, deux phrases qui expriment des sensations.

3. Parmi les cinq sens cités dans l'article du texte B, quels sont ceux qui correspondent aux sensations relevées dans le texte A ?

4. Quels sont les sens qui ne sont pas utilisés dans le texte A ?

Je retiens

✓ Je perçois le monde qui m'entoure grâce aux **cinq sens**. **Les sensations** que je ressens peuvent s'exprimer par **des verbes, des adjectifs** ou **des noms**.

- **l'ouïe :** *J'**entends** la **voix mélodieuse** d'une chanteuse.*
- **le toucher :** *Je **caresse le poil soyeux** d'un chien.*
- **l'odorat :** *Je **respire le parfum délicat** des roses.*
- **la vue :** *J'**admire la falaise blanche** d'Étretat.*
- **le goût :** *Je **déguste une glace** légèrement **sucrée**.*

‖ Certains mots peuvent être utilisés pour exprimer des sensations liées à deux sens différents : ***sentir** un parfum / **sentir** le froid.*

Je repère

1 Classe les verbes en fonction des cinq sens. Justifie ton choix.

entendre – apercevoir – observer – gratter – frissonner – déguster – écouter – caresser – humer – pétrir – éblouir

2 Classe les adjectifs en fonction des cinq sens. Justifie ton choix.

doux – âcre – amer – fort – tonitruant – parfumée – aigu – sucré – éblouissant

3 Repère l'intrus. Justifie ton choix.

a. observer – admirer – regarder – entendre
b. sentir – humer – malaxer – respirer
c. goûter – déguster – examiner – savourer
d. tâter – écouter – caresser – pétrir

4 Dico **Relève les mots qui expriment des sensations liées à l'ouïe. Justifie ton choix.**

le brouhaha – le tintement – le tintamarre – l'obscurité – crépiter – le silence – grésiller – grabouiller

5 Relève les mots ayant un lien avec l'ouïe.

Un peu plus tard, Mona ma sœur ainée se met à raconter l'histoire des hommes des sables qui vivent dans des tentes et dont les enfants ont la chance de ne jamais aller à l'école, j'écoute attentivement le début, petit à petit ; je ne reçois plus qu'un mot sur deux, ensuite une phrase sur deux, et enfin je ne perçois plus rien, le son est coupé, je suis endormi.

Azouz Begag, *Un train pour chez nous*, Thierry Magnier.

6 Relève les mots ayant un lien avec le toucher.

Max avança un orteil et retoucha la chose poilue. Puis il enleva aussitôt son pied. Ils lui avaient peut-être acheté une nouvelle couverture de laine. Il tâta encore. Ça n'y ressemblait pas. Les couvertures n'ont pas autant de poils. Il y avait aussi quelque chose de dur à l'intérieur. « Je vais être obligé d'allumer ? » se dit-il en tendant le bras. Il trouva le petit bouton et la pièce baigna peu après dans la lumière rouge de la veilleuse.

Bjane Reuter, *Oscar à la vie à la mort*, Livre de poche.

Je manipule

7 Utilise les noms suivants dans une phrase en les accompagnant d'un adjectif qualificatif ou d'un complément du nom.

a. odeur
b. senteur
c. saveur
d. parfum
e. arôme
f. goût

8 Complète les phrases par le verbe qui convient.

entendre – malaxer – goûter – chatouiller

a. Pour apprécier ce plat, il faut le ....
b. Le pâtissier a ... la pâte.
c. Nous ... la sirène des pompiers.
d. Amélie ... son petit frère.

9 Utilise l'adjectif piquant dans deux phrases différentes.

a. L'une pour exprimer une sensation liée au toucher.
b. L'autre pour exprimer une sensation liée au goût.

10 Remplace les verbes surlignés par un synonyme plus précis.

a. Je regarde le coucher du soleil.
b. Le chien respire la trace du gibier.
c. Il mange un beignet aux pommes.
d. La cloche fait du bruit.

J'écris

11 Rédige un texte de cinq lignes qui raconte une promenade en forêt. Tu utiliseras une expression pour chaque sens.

Le dictionnaire

1 **a. Indique la nature du mot défini.**
b. Relève un exemple.
c. Quelle définition correspond au sens figuré ?

> **semer** v. ❶ Mettre en terre des graines pour les faire germer. *Semer du gazon, des céréales.* ❶ Répandre en propageant. *Les rebelles sèment la terreur dans la région.*
> ➢ Mots de la même famille : **ensemencer.**

Dictionnaire Larousse junior 7/11 ans, Larousse, 2010.

2 **a. Indique la nature du mot défini.**
b. Que signifient les abréviations écrites en vert ?
c. Que signifie la flèche « → » ?

> **odorant, e** adj. Qui répand une odeur. *Le lilas est une fleur très odorante.* **SYN. parfumé. CONTR. inodore.**
> → Vois aussi **odoriférant.**
> ➢ Mot de la famille de **odeur.**

Dictionnaire Larousse junior 7/11 ans, Larousse, 2010.

Le sens des mots

3 **Indique l'antonyme de chaque verbe.**
a. enterrer
b. atterrir
c. débarquer
d. exporter

4 **Recopie le texte. Entoure le mot générique et souligne les mots particuliers.**
Les insectes sont, pour la plupart, des animaux de petite taille, mais ils présentent une grande diversité de formes et de couleurs. Sauterelles, papillons, mouches, fourmis ou abeilles sont autant d'insectes différents.

Mon encyclopédie découvertes 6-9 ans, Gallimard.

5 **Propose un mot générique pour chaque série.**
a. la colère – la déception – la surprise
b. l'amour – la haine – l'amitié
c. la jalousie – la méchanceté – le mensonge – la malhonnêteté
d. Le courage – la franchise – la générosité – la gentillesse

6 **Cite quatre mots particuliers pour chacun des mots génériques suivants.**
a. agrumes
b. épices
c. insectes
d. qualités

7 **Dans le texte suivant, relève le mot générique et les mots particuliers liés à ce mot générique.**
La plupart des mammifères, comme les singes, les chats, les chiens, etc., donnent naissance à des bébés vivants et parfaitement formés, ressemblant à leurs parents. Les petits se développent dans le ventre de leur mère jusqu'à leur naissance.

Mon Encyclopédie Découvertes 6-9 ans, Gallimard.

8 **Réécris ces phrases dans un registre courant.**
a. Il réside dans une spacieuse demeure.
b. Elle s'offusque d'entendre de telles sornettes.
c. Ce client s'emporte aisément.
d. Ce point de vue sur la mer ravit les estivants.

9 **Lis le texte suivant.**
a. Pourquoi le narrateur de ce texte reformule-t-il toujours ses propos ? Justifie ta réponse.
b. D'après toi, comment va-t-il reformuler sa dernière réplique ?

Papa, il est prof de français... Oh, pardon : *mon père enseigne la langue et la littérature françaises*. C'est pas marrant tous les jours ! Je veux dire : *parfois, la profession de mon père est pour moi cause de certains désagréments*.
L'autre jour, par exemple. En sciant du bois, je me suis coupé le pouce. Profond ! J'ai couru trouver papa qui lisait dans le salon.
– Papa, papa ! Va vite chercher un pansement, je pisse le sang ! ai-je hurlé en tendant mon doigt blessé.
– Je te prie de bien vouloir t'exprimer correctement, a répondu mon père sans même lever le nez de son livre.

Bernard Friot, *Nouvelles histoires pressées*, Milan.

10 Dico **Utilise chaque mot dans une phrase qui expliquera leur sens.**

a. la toundra
b. la steppe
c. la banquise
d. l'archipel

11 **Utilise chaque mot dans deux phrases qui correspondent à deux contextes différents.**

a. un plateau
b. une barre
c. un lit
d. le duvet

12 **Utilise chaque expression dans une phrase qui expliquera son sens.**

a. prendre son courage à deux mains
b. prendre le taureau par les cornes
c. prendre la vie du bon côté

13 **Réécris ces phrases en remplaçant les mots en violet sans changer le sens de la phrase.**

a. La vieille dame est **tombée dans les pommes**.
b. J'ai trop travaillé : **je tombe de fatigue**.
c. La monarchie de Louis XVI **est tombée** en 1789.
d. La température extérieure **tombe fortement** les soirs d'hiver.

Les familles de mots

14 **Cherche quatre verbes pour constituer des trios de verbes selon l'exemple.**

coudre → découdre, recoudre

15 **Écris le plus de mots possible de la famille du mot *terre*. Pour chaque mot trouvé, entoure le préfixe en vert et le suffixe en bleu.**

16 **Parmi ces mots, recopie ceux qui comportent le suffixe *-ette*.**

fourchette – fillette – brouette – navette – maisonnette

17 **Ajoute un suffixe à chacun des mots pour indiquer l'origine.**

Amérique → américain

Europe – Afrique – France – Allemagne – Paris – Marseille

18 Dico **Dans cette famille de mots, relève l'intrus.**

barbe, barbu, barbier, barbecue, imberbe, barbiche

19 **Ajoute des préfixes au verbe *coller* pour former d'autres verbes.**

Acquérir du vocabulaire

20 **Utilise les groupes verbaux suivants dans des phrases puis souligne celles qui expriment un déplacement.**

a. progresser vers le sommet / progresser dans le classement
b. gagner un concours / gagner la côte
c. monter la côte /monter un meuble
d. parcourir le sentier /parcourir le dictionnaire

21 **Classe ces verbes en quatre colonnes : mouvement, action, pensée, parole.**

proclamer – coudre – accrocher – rouler – se demander – glisser – tourner – annoncer – songer

22 **Relève les verbes de mouvement dans ce texte.**

Et quel silence ! Cette pêche n'avait rien de commun avec un avion. L'avion, lui, traverse l'espace avec un bruit de tonnerre. À son approche, les nuages s'enfuient en emportant tous leurs secrets. C'est pourquoi les gens qui voyagent en avion ne voient jamais rien. Mais la pêche, voyageuse patiente et discrète, planait sans bruit.

Roald Dahl, *James et la grosse pêche*, Gallimard.

23 **Indique lequel des cinq sens est évoqué dans chaque phrase.**

a. Je trouve cette clémentine vraiment très sucrée.
b. Mon perroquet parle trop fort !
c. Comme ce pull est doux !
d. Le détective traverse une pièce très sombre.
e. Cette pièce est envahie par un parfum délicat.

Crédits photographiques

p. 21 : Rue des Archives/Tal (mandarin) ; **p. 37** : Wikispectacle/Fabienne Rappeneau ; **p. 46** : AKG-Images ; **p. 47** : ht. Aisa/Leemage, b. Rue des Archives/RDA ; **p. 53** : Leemage/Luisa Ricciarini ; **p. 54 et 55** : Prod DB © Twentieth Century Fox - American Empirical Pictures / DR ; **p. 63** : Leemage/Raffael (tableau) ; **p. 67** : Gamma/Alain Kubacsi (Giverny) ; **p. 68 et 69** : Prod DB © Walt Disney Animations Studio/DR ; **p. 86** : Leemage/Photo Josse (Vinci) ; AKG-Images (Michel-Ange) ; Leemage/De Agostini (Galilée) ; **p. 87** : Leemage/ Luisa Ricciarini ; **p. 88-89** : SPL ; Weatherstock ; Ecoscene ; **p. 91** : Lookatsciences/Pierre Philippon (ornithoptère) ; AKG-Images (aéroplane) ; **p. 93** : RMN (château de Versailles)/Christian Jean/Jean Schormans ; **p. 94** : Leemage/Photo Josse ; **p. 95** : Roger-Viollet ; **p. 96 et 97**: Rue des Archives/Louis Monier ; **p. 98** : Roger-Viollet ; **p. 103** : Gamma/Hoa-Qui/Michel Renaudeau (griot) ; Corbis/JAI/Mark Hannaford (pêcheurs) ; Imagetrust/ Achim Pohl (agriculteurs) ; **p. 121** : **A.** Rue des Archives/AGIP ; **B.** Rue des Archives/RDA ; **C.** Anders Thirsgaard Rasmussen ; **D.** AKG-Images/Ullstein bild Histopics ; **p. 138** : Aisa/Leemage ; **p. 148** : Walter B. Myers/Novapix ; **p. 165** : AFP/Boris Horvat ; **p. 169** : AFP/Jung Yeon-Je ; **p. 177** : Robert Doisneau/Rapho ; **p. 179** : SIPA/REX features/Solent News ; **p. 184** : AFP/Getty Images/Shaun Botterill ; **p. 189** : Leemage/Photo Josse ; **p. 193** : Leemage/Photo Josse ; **p. 194** : Eric Lessing/Akg Images ; **p. 221** : AFP Photo ESA/CNES/ARIANESPACE. **p. 229** : Taecilla/Tae S. S. Murgan/Tae Sandoval Murgan ; **p. 251** : SIPA/EFE/Toni Albir

fotolia.com : p. 21, p. 67, p. 83, p. 90, p. 91, p. 130, p. 140, p. 152, p. 153, p; 158, p. 161, p. 186, p. 223, p. 225, p. 226, p. 231, p. 238 (dauphin), p. 243, p. 245, p. 247 (parachute), p. 253

istockphoto.com : p. 62, p. 135, p. 141, p. 143, p. 144, p. 151, p. 155, p. 156, p. 171, p. 187, p. 197, p. 211, p. 213, p. 215, p. 227, p. 230, p. 235, p. 238 (salamandre), p. 239, p. 242, p. 247 (parasol), p. 248

Illustrations

▸ Illustrations intérieures : Alexandre Arlène (p. 16-17), Aurélie Abolivier (p. 14-15, 22-23, 34-36, 128, 191), Vincent Bergier (p. 30-31, 127, 131, 134, 1345, 139, 142, 145, 149, 150, 154, 157, 159, 164, 165, 166, 167, 172, 173, 174, 179, 180, 181, 189, 198, 199, 209, 210, 212, 215, 216, 217, 218, 219, 220, 222, 224, 237, 244, 245, 249, 252), Marie Caudry (p. 9, 18-20, 42-43, 56, 132, 136, 146, 160, 225), Tatiana Daumas (p. 58-59), Olivier Deloye (p. 107-117, 122), Élisa Géhin (p. 100-102), Anaïs Goldemberg (p. 28-29, 40, 147), Anne Horrenberger (p. 175), Louise Heugel (p. 104-105), Delphine Jacquot (p. 57, 64-66), Laetitia Le Saux (p. 95-99, 106), David Lopez (p. 12-13, 24, 44-45, 48-49, 129, 133, 168, 183, 191, 192, 195, 240, 241), Charline Picard (p. 10-11, 32-33), Marion Puech (p. 71, 74, 76-78), Béatrice Rodriguez (p. 41, 50-52), Carole Xénard (p. 60-61, 70, 118-120, 124, 125, 196, 200, 208, 214, 228, 234, 236, 237).

▸ Illustrations extraites d'œuvres originales : Quentin Blake, *Un amour de tortue* © Gallimard (p. 80-81), Quentin Blake, *Fantastique Maître Renard* © Gallimard (p. 250), Alex Godard, *Maman D'lo* © Albin Michel Jeunesse (p. 25, 38-39), Alex Langlois, *Pépites CE2* © Magnard (p. 185), Hélène Rajcak, *Petites et grandes histoires des animaux disparus* © Actes Sud Junior (p. 84-85).

▸ Illustration de la couverture : Olivier Deloye

Conception de couverture et maquette intérieure : Delphine D'inguimbert et Valérie Goussot
Mise en page : Delphine D'inguimbert et Valérie Goussot (pour la partie Lecture)
Al'Solo (pour la partie Étude de la langue)
Droits textes : Sophie Delauney
Iconographie : Geoffroy Mauzé
Relecture : Béatrice Pelletier
Édition : Sophie Hamon

Dépôt légal : février 2012 – n° d'éditeur : 2015_0735
Achevé d'imprimer en mars 2015 par Pollina - L11423